中港新感覺

發展夢裡的情感政治

黃宗儀 ———— 著

目次

備註：

第一章原載於《中外文學》40：4，2011，頁121-155。

第二章原載於《台灣社會研究季刊》第106期，2017，頁43-87。

第四章原載於《女學學誌》第30期，2012，頁187-224 。

第六章原載於《中外文學》43：3，2014，頁43-76。

致謝辭

　　從1990年代開始從事香港的城市文化研究，雖然未曾真正在這個城市長時間工作或生活，總覺得香港既熟悉又親切。直到2014年8月赴香港中文大學文化與宗教研究系講學兩年，方才深刻領悟，小說電影與研究資料裡的香港再怎麼貼近終究是霧裡看花。人與城市的親密關係總要親歷其中，貼膚貼肉地生活一段時間，才能明白情感結構的具體意義，理解屋苑唐樓的地景脈絡，窺得在地人情的千姿百態。單身赴任的異地工作，原應波瀾不驚，畢竟台港不過80分鐘航程，語言文字相通，任教之處又是熟悉專擅的學術領域，所以那年夏末飛機起飛時，怎樣也無法預料眼前等著我的並非僅是理性平靜的教學與研究。開學不久後學生罷課，雨傘運動迅速展開，中港矛盾急遽升高，而與此同時台港之間也在反中基調下快速發展出新的情感連結。身為台灣人的我，在校園內外，在中港衝突愈見激烈，也是台港關係最親密的時刻，見證了日常生活中眾人如何面對身分與文化認同的衝突與協商。在原本冷靜自持，強調理性與效率的現代大都會香港，看見各式各樣的情感浮於塵世──愛與恨、樂觀與失望、沮喪與同情、罪惡與羞愧等等，心心念念該如何呈現這些複雜多樣的情感／情緒，並以此紀念在香港這段旅程中所有有幸相遇的人們，促成了本書的出版。有鑑於兩岸三地地緣政治與情感的交互作用必須從中國近年的發展主義談起，本書的前半部（第一章到第三章）試圖勾勒後

社會主義時期中國的新自由主義發展與新社會主體的生產，後半部（第四章到第七章）則聚焦中港關係，旁及台港之間的新連結。書中有部分章節曾出版於國內學術期刊，經過不同程度的修改後收入本書。

本書部分章節的合作者魯凌清是我在香港任教時期結識的研究助理，我們一見如故，兩年異地生活亦師亦友，至今難忘那些暢談賈樟柯與郭敬明的飲茶時光。聰慧機敏的她除了讓我深刻感受得英才而教的喜悅，也讓我更深入地了解當代中國社會與文化，多虧她的大力協助才有了本書的出版。

一本書的出版總是要感謝許多人。首先感謝聯經出版公司給了本書面世的機會，以及兩位匿名審查人的寶貴建議在此一併致謝。感謝香港中文大學文化與宗教研究系的同事，特別是彭麗君、黃慧貞、黃維珊與胡嘉明的真摯情誼。台大地理系的同事徐進鈺、李美慧、林楨家與溫在弘，一路上給了我無比的能量與勇氣。幾位學生胡俊佳、賴彥甫與王芮思多年來在研究上與情感上的支持與陪伴，一直感念在心。也要感謝完稿期間林靄彤及劉晉庭的辛苦校對。還有親愛的家人長久以來的支持，謝謝母親，謝謝妹妹宗慧與宗潔、妹夫彥彬。這幾年妹妹們出版的好書給了我很大的寫作動力，宗潔百忙之中還協助校稿，謝謝紀舍總是支持我所做的決定，並在我赴港兩年期間費心照顧多多，謝謝最可愛的小狗多多溫暖的陪伴，辛苦地默默過了兩年分離焦慮的日子；還有已經當天使的咕嚕與晶晶。最後，這本書獻給天上的繼父徐亮，大恩不言謝。

導論

中港的發展敘事、「文化感覺」與地緣政治

　　當我們嘗試講述21世紀以來的東亞發展敘事時，不得不驚嘆十幾年來所發生的地緣經濟及政治格局翻轉。20世紀下半葉還是另一番光景，東亞資本主義地帶正迎來各自的繁榮：60年代日本經濟起飛，70年代、80年代則分別是「亞洲四小龍」和「亞洲四小虎」的騰躍。再到90年代，冷戰終結了，正式宣布轉向市場經濟的中國開始嶄露頭角。之後，世紀末的一場金融風暴，幾乎讓世界經濟體系中曾經最活躍的東亞國家遭遇了「降維」級別的打擊；[1]而進入新世紀以來，轉型中的中國則作為一個巨大經濟體不斷崛起。發展的事實令中國開始置身全球權力的中心地位，也衝擊了舊有的亞洲區域結構，尤其是開啟了東北亞地區統合的新想像──然而這種想像不盡然正面樂觀。在新的經濟文化融合的過程中，各地（尤其是與中國有著深切文化連結和複雜歷史糾葛的港台地區）真實而混雜地經歷了「中國崛起」所帶來的不安、憂慮、反感乃至恐懼。

　　從以上的觀察出發，本書將以2000年初至2015年的時間跨度為主，從文化政治的分析框架，探討新的中港（台）發展敘事如何在都會空間中生成，尤其關注此一過程對於新興社會主體的形塑。本書的組織邏輯建立在對於東亞區域連結、中港（台）政經文化拉扯的整體性理解之上，希望能以此為視野，確實切入人們具體而複雜的情感／情緒和精神結構之中，並在此一過程中加深對兩岸三地的歷史過程、以及人們何以如此的理解與批判性分析。全書共分兩部分，第一部分聚焦中國，改

1　出自劉慈欣科幻小說《三體》（2011），指外星高級文明將高維度生物降到低維度的毀滅性打擊，如三維生命降到二維。

革開放的成果具體地展現於新興社會主體的生產──新世紀形成的新富人、富二代與中產階級文化主體，探討他們如何援引本土語境與西方資源來創造自身的形象與文化形式。換言之，本書將在「中國崛起」以及此後「中國夢」的論述脈絡之下，探究發展的大敘事孕育了怎樣的「感覺結構」，又（再）生產了何種文化想像與社會新主體。第二部以香港為主軸，分析中港矛盾與港台連結現象，我們將試圖論證香港如何回應如北進或區域整合這類主流發展論述，同時分析香港近年出現的新城市發展連結與主體性的建構方式。具體來說，新的發展敘事是以本土為訴求、反中為內在結構、情感／情緒政治為依託。矛盾的是，此類敘事雖以排除中國為前提，但實際的操作又與中港親密的地緣關係與經濟連結糾葛難分。在此「感覺結構」下，台灣亦成為香港重要的參照與連結的新對象。以下將分別梳理中國與香港代表性的發展敘事，繼而概述本書研究方法、理論脈絡與各章論點。最後，我們將試圖揭示當代中港（台）的發展敘事與主體形塑的差異，從文化與情緒的微妙層面來剖解紛繁難解的現實症候。

一、發展敘事

從中國崛起到中國夢

　　改革開放 30 年來，中國迎來了它的「崛起時代」。90 年代以來，中國憑藉對國家、市場和政黨的制度整合實踐（肖濱，2014），告別受挫的計畫經濟，融入世界市場秩序，並由此急

速發展，成為世界第二大經濟實體、世界工業生產第一大國、世界最大的國內投資國、第三大貿易國以及世界人力資本最大的國家（胡鞍鋼，2005）。高速的經濟起飛與日益增強的綜合國力，都在情感／情緒和認識層面上召喚著一種與之相應的「感覺結構」：「中國需要自己的夢想」，這種情緒後來在官方及民間的表述便是「中國夢」。

「中國崛起」過程中的心態轉變，同樣體現在外交論述的不斷修正之中。90年代市場經濟改革之初，鄧小平在外交上倡導「韜光養晦」、「善於藏拙」以及「決不當頭」。2003年底，胡錦濤悄然扭轉了此一對外基調，最高領導人首次使用「和平崛起」的概念。此後，「做負責任大國」的外交新論述明確提供了一種以「崛起」作為感覺框架、富有進取意味和擔當興致的未來形象表述，與改革開放之初作為第三世界「後發展國家」的自我定位真正拉開了距離（賀照田，2014：215）。某個意義上，「中國崛起」作為事實、話語及想像，編織並改寫著當下中國的主流意識形態，孕育了下一階段的代表性論述——中國夢。

「中國夢」最廣為人所知的說法，來自習近平政府的官方話語。一定程度而言，「中國夢」被確立為國家層面的發展話語，成為對此前「和平崛起」論述的修正與補充。2012年11月，習近平在十八大接任中共最高領導人後，旋即高調提出中國夢之願景，稱「實現中華民族偉大復興，就是中華民族近代以來最偉大的夢想」（〈【摘編】習近平關於實現中華民族偉大復興的中國夢論述〉，2013）。次年，中共中央文獻研究室即出版《習近平關於實現中華民族偉大復興的中國夢論述摘編》

（2013），收錄習有關「中國夢」的講話、書信、批示等50餘篇文獻。習近平將先人的理想追求與當下中國的發展夢想掛鉤，指出「中國夢是歷史的、現實的，也是未來的」；並由國家層面具體落實到人民的層面，提出「在新的歷史時期，中國夢的本質是國家富強、民族振興、人民幸福」（〈【摘編】習近平關於實現中華民族偉大復興的中國夢論述〉，2013）。中國夢經由官方話語的推動成為全民擁抱的流行語彙，各地政府及教育部門均展開相應的宣傳教育活動，以「中國夢」為題的報導、論文和書籍數目隨之飆升。

　　儘管作為國家論述的「中國夢」快速融入大眾的日常話語，但這並不意味所有人在做「同一個夢」。一方面，中國夢一說本身即存在意涵空泛含糊的問題，如同一個等待被賦予所指的空洞能指，其所汲取的歷史遺產與理論資源充滿矛盾和衝突；另一方面，民間解讀與官方詮釋之間存在裂隙乃至意義爭奪，仍未具備清晰的意涵與理解上的共識，[2]「中國夢」一詞從政治宣傳到日常思想或文化話語的轉化尚未自然地達成。官方、媒體、學界及民間的中國夢論述之所以存在差異，主要是

2　2013年《南方週末》的新年獻詞事件體現了「中國夢」的定義爭奪。《南方週末》在2013年的新年獻詞〈中國夢，憲政夢〉強調「中國夢本應就是憲政夢」。這篇獻詞隨後被中共廣東省委宣傳部新聞處審查，並迫於其壓力而遭大幅刪改。在此一基調的「憲政夢」訴諸西方的憲政制度與「公民」主體，以質疑和反對中國革命根基以及現有政治制度為前提。例如其文將社會主義革命中國定性為「認錯為對、指鹿為馬」的「噩夢時代」。《南方週末》對於官方意識形態的劫持，使其詮釋「中國夢」的正當性遭到政府打壓。

由於他們對1949年革命建國以及1978年後告別革命、走向改革的歷史脈絡的不同認識。值得注意的是，其共同之處在於，中國夢的籌劃與想像無不是以中國置身全球資本主義體系下的現今發展處境與未來想像為前提。換言之，「中國」與「夢想」的界定是為了回應新世界秩序下的時代命題，但問題在於，「中國」這一概念本身已涉及複雜的歷史面向，並非所有的歷史章節都可隨意取用。

在官方論述之中，中國夢的合法性既來自古老的中華文明傳統，也源於近現代民族獨立運動和共產主義運動的雙重革命。更關鍵的是，其合法性還來自於改革時代「社會主義市場經濟」的成功——正如執政黨今日的合法性同樣有賴於奇蹟般的經濟發展與民生改善。

「美國夢」一詞或許可以作為「中國夢」在某種意義上的參照。「美國夢」一詞在20世紀30年代開始流行，強調每個人無論出身如何，只要努力就能追求並實現他所選擇的目標，無論是政治、金錢或者社會目標。這種向上流動的神話，其根源可上溯至整個美國歷史「白手起家」的政治宣言和個人主義觀念。美國夢被編織到美國的民族主義意識之中，美國的國家意識不像其他國家那樣主要受到種族的約束，而是因「機會均等」、「只要努力人人皆可成功」之類的理念而生。社會上大量名人故事（美國巨富卡內基、洛克菲勒，以及前美國總統歐巴馬等）使人們間接享受美國夢的真實感，而美國夢也是美國文學中反覆出現的主題，最早可追溯到殖民時代的作品。例如，霍瑞修・愛爾傑（Horatio Alger）是美國流金歲月時代的代表作家，描寫了很多出身窮苦，最後依靠自身努力奮鬥而發家致

富、實現「美國夢」的人物形象，人們將之稱為「霍瑞修·愛爾傑式」（「男兒當自強」）神話（Sternheimer, 2011; Obama, 2006）。

　　同時作為國家與個人敘事的「美國夢」具有深厚的歷史與大眾文化根基，而晚近才提出的「中國夢」儘管在自我實現與國家發展上的強調具有相似性，但兩者的社會脈絡相去甚遠，後者是作為一種意識形態整合而出現的。「中國夢」作為「中國崛起」的「夢想」宣言，旨在處理崛起後的國家與個人該如何理解過去、現況和想像未來的問題，而只有成為像「美國夢」一樣可知可感、且具備合法性的大眾敘事，中國夢才能獲得不斷更新的意識形態生命力。

　　「夢想」的界定涉及眾多具體問題。例如，國家與個人之「夢」如何連結？除了經濟崛起與物質豐富之外，中國夢有何文化本質與認同？論述中國夢的主體人民時，應如何處理底層與中產階級的關係，以及社會主義公民身分與資本主義消費者身分的關係？更進一步來說，這些問題實際上涉及如何理解「中國」與「現代」的歷史意義，包括如何處理「中國」所面臨的社會主義與「後社會主義」的價值斷裂，應基於何種歷史觀來論證「新中國」的連續性？尤其在當今的全球化時代，中國夢的現代設計與未來想像與美國夢有何本質上的差異？如前所述，儘管中國夢試圖透過一套整合性論述創造認同與共識，但其所指的「中國」已非一個不言自明的概念。從封建時期到半殖民地半封建、社會主義、「中國特色社會主義」（或是很多人判定的準資本主義）的歷史穿梭來看，中國「摸著石頭過河」，期間充滿著發展的曖昧性與可能性，無人能對發展的性

質提出讓所有人都滿意和認同的判斷；相反地，這甚至成為人們產生巨大認識分歧與認同衝突的問題來源。或如羅崗（2015）所言，定義「中國夢」的關鍵還在於如何理解「中國」。[3]

　　總體而言，中國夢論述將「人民」確立為主體，即是要以不同階層之個人夢想，連結中國的發展夢想。理解上述問題的方式之一，是深究中國夢涉及社會主體、文化層面及日常生活時的具體表述。舉例來說，在《「中國夢」與中國道路》（周天勇，2011）一書中，「中國夢」被具體化為數個民眾之夢，包括「成為城裡人：數億中國農民之夢」、「安居和樂業夢」、「生活的社會保障夢」、「公共服務夢」、「生態環境優美和家庭平安夢」、「精神生活之夢」。又如中共中央組織部人才工作局編著的《我的中國夢：國家千人計畫專家心語》（2013）一書，則透過講述歐美留學歸國創業者的經歷，確認海歸企業家、「企業家精神」與中國夢的連結。張頤武的中國夢電影研究進一步表明，中國夢默認的人民主體是中產階級，或是「慾望並將要成為中產階級的人」。21世紀社會主義年代靠集體性與精神性的動員促進生產、消費及其預示的美好生活被延遲為未來的承諾。改革開放以來，追求個人生活幸福及國家富強的中國夢在新的社會語境下重獲一致性，實現了「公民」和「消費者」、「英雄」與「凡人」之統一（張頤武，2009：16）。這意味著讓所有人都有機會成為「中產階級」是「中國夢」所

3　羅崗等人試圖透過社會主義時期的「新人」設計，賦予「中國夢」更為複雜且超出官方表述的意義可能。雖然這並非本書探討的主要範疇，但仍是檢視現有「夢想」論述的一個有效視角。

承諾的歷史合法性，「『中產夢』就是『中國夢』」（張頤武，2013c：117-120）。[4]然而今天中國「中產階級」的意識形態是什麼？他們做的中國夢是否具有堅實的歷史厚度與溫度？答案令人困惑不解。新世紀以來，光鮮亮麗的城市「新中產」及其引導的生活方式備受人們的關注與讚美，他們所過的小康生活被視為中國夢實現的明證之一。然而與此同時，中產階級群體主流的消費主義與犬儒主義意識形態同樣遭到嘲諷和批評。中國的「新中產階級」在傳統左翼視角下是欠缺合法性的主體，背負原罪又數典忘祖。他們的「中國夢」無異於「美國夢」。事實上，在日趨分化和固化的階級社會之中，不同階級的夢想表述是複雜乃至高度矛盾的。在相互關聯的社會生產關係之中，一部分人的夢想實現，某種程度上阻礙甚或剝奪另一部分人的夢想。

為了更深入挖掘中國夢的社會文化內涵，本書的第一部分嘗試藉近十幾年來中國具代表性的電影及小說文本，透視中國接軌世界之初到崛起時期的發展論述，分析不同身分的社會主體如何將自身置入國家的發展想像之中。本書選取的這些文本，主要是因其一度暢銷、具有一定程度的影響力而值得深入分析，例如第一章探討的女性企業家張茵傳記和《杜拉拉升職記》，都曾是流傳度很高的中國女性職場成功學的代表作品，

4　張頤武認為「中國夢」與「美國夢」同為個人憑藉努力改變命運、獲得成功的發展之夢，「這種『中國夢』是相信在這個國家的全球化和市場化的進程中每個人都有自己的機會，都有可能實現自己期望的夢想。它相信行動的力量，相信個人能夠迸發出無限的能量，相信這個社會還有無限的發展的可能。」（2004：37）

反映了中國新中產階級女性的形象如何形塑打造；又如第二章的郭敬明散文及小說《小時代》，皆是深刻影響了中國「80後」、「90後」青年的青春文學暢銷書，體現出中國城市化過程中小城青年對於大都市的典型想像。另一部分視覺文本的選擇，則是基於它們對於特定形象（例如富二代、跨境女性等）的再現值得深思，這些作品的作者本身通常也具有相當的影響力或藝術地位，例如第三章探討的中國第六代導演賈樟柯、管虎，以及第四章、第五章分析的陳果、許鞍華、邱禮濤、杜琪峰、彭浩翔等香港導演，他們的作品體現出作者對於特定社會主體的思考與看法（無論是就藝術抑或市場的層面而言）。

北進與中港融合

　　如果說90年代中國主流的發展論述是接軌世界，那麼同一時期香港最具代表性的發展敘事則為「北進」。北進原為90年代大批香港人積極前進中國內地尋求發展的現象，其驅策力大多源於資本投資轉移和廠房移地中國這兩種因素，基本的預設是挾香港現代性進程的優勢，得以在快速發展的中國贏得先機並發揮影響力。這與1979年以來香港扮演的引導性作用有關。改革開放之初，香港與台灣曾分別占中國大陸的外商投資的第一和第二位（Sung, 2004: 1）。[5] 此一趨勢衍生了許多相關的文化論述。在《文化想像與意識形態：當代香港文化政治評論》（陳清僑，1997）一書中，收入了〈「北進想像」初探〉

5　到改革進一步深入的階段，兩者的影響力都減弱了，再到今天則是某種程度上達到了相對位置的翻轉。

專題（3-181）。在此專題中，諸多學者具體指出資本主義驅力所形塑的北進想像，其背後的意識形態其實是企業主義甚或殖民主義。他們的論述主要處理回歸後香港之於中國的定位，試圖為迫在眉睫的回歸重新思索香港的文化身分。探問的議題包括：除了作為中國「特別行政區」的政治地位之外，香港還有些什麼可能？在形塑香港與中國的想像群體時，經濟和文化扮演了什麼樣的角色？是否可能以香港的經濟成功促成發展中的中國「文化轉型」？評論者也對北進論述進行反思，指出北進隱含的意識形態是以企業主義殖民中國。總體而言，北進論述所反映的主要是後過渡期的香港社會如何藉由回應中國的發展，尋找香港在中國發展中的定位以及香港社會的身分認同。

隨著與中國之間經貿往來愈加緊密，政權移交中國後的香港社會更傾向以經濟發展的面向看待中港關係。麥高登（Gordon Mathews）等學者（Mathews, Ma and Lui, 2008: 115）於2001至2005年期間就香港人對國家身分的認同問題與115位大學生進行訪談。結果顯示面對中國對香港社會的影響，香港的大學生普遍以所謂「具香港特色」的愛國觀念決定對中國的認同程度，亦即以「市場」的發展前景而非愛國情感作為認同的意識形態，決定其是否認同以及認同哪一部分的「中國」（116, 127）。如此的市場考量前提下，相較於將中國作為自身定位的參照，大部分的香港人更認定香港是面向世界的（126）。香港社會以市場作為論述是否認同國家的標準，明顯與中、美等國家的「愛國」定義不同，反映了香港學生根深蒂固地認為香港有別於中國，也在觀念上建立了與中國國家論述的區隔（130）。如此以市場作為評估是否接納「中國」的立場

持續可見。舉例來說，封小雲（2017）討論香港經濟發展特性時指出，隨著中國日益開放，香港對中國的獨特性越來越小，經濟優勢也隨之下降，因此需要在政權移交中國20年後，結合「世界所趨，國家所需，香港所長」，從中提出香港經濟發展的新優勢（10-11）。換言之，以市場發展前景考量北進中國的發展論述，仍是香港社會理解與中國連結的重要想像，香港亦從這樣的連結形式繼續尋求自身作為「特區」的獨特性。

自2003年《內地與香港關於建立更緊密經貿關係的安排》（CEPA）實施以來，新型態的經濟連結、人口流動與中港市民社會的互動等等促成了更緊密的中港關係。特區政府不斷強調CEPA開創了中港關係的新里程，未來經濟發展榮景可期。董建華在2003年的施政報告中除了重申香港為亞洲國際都會，更強調香港明確的發展方向是加強與內地的經濟關係，亦即與珠三角的區域融合。同年董在中國銀行主辦的「CEPA：香港經濟轉型的新契機」研討會中提出了：「香港未來發展的定位，必須是背靠祖國，面向世界，鞏固和提升國際金融中心、物流中心、旅遊中心及工商服務中心的地位，走高增值的道路。」（林志文、劉韜，2003）隔年香港簽訂了第二個區域化協定──「九加二泛珠三角經濟區」。這個人口總數與歐盟相當的經濟區域，旨在擴大廣東等9個省份與港澳的經濟合作。

此後中港區域化迅速成為香港主流發展論述，強調香港應善用珠三角的平台提升自身競爭力。[6]楊汝萬指出，2003年的政策訴求使得香港與珠三角融和的前景成為各方共識，主張香港

6　例如，當時的香港貿易發展局與旅遊局都視CEPA為重大利多。

應重新將自身定位為珠三角的商業中心，而非門戶或中介（Yeung, 2003: vii）。岑艾玲從區域競爭力討論整合的發展藍圖。她主張中港簽署的CEPA以及香港智囊組織關於競爭力的知識論述，塑造了「大珠三角」（Greater Pearl River Delta）的跨界發展的區域聚落概念，為香港與珠三角的產業跨界關係帶來展望，建立了兩地之間協同大都會（synergetic megalopolis）的想像（Sum, 2010: 566-568）。其中，珠三角被定位為製造業生產地和地區的經濟龍頭（economic powerhouse），香港則尋求在金融、物流等服務業方面與珠三角的製造業合作，以配合大陸企業「走出去」的政策目標（566-567）。[7]又如葉嘉安和徐江聚焦次國家（sub-national）尺度，指出泛珠三角（Pan-PRD）區域合作平台為該區域地方政府之間的合作制度提供了制度修補（institutional fix），補足過往缺乏政府之間正式聯盟制度的鬆散狀況，以新的區域治理體制（regime）促進區域內的資本積累（Yeh and Xu, 2008: 413, 423）。沈建法和羅小龍亦認為以市場和制度整合為主導的區域化，促進了香港和深圳之間在經濟發展、環境保護和生活素質上的改善（Shen and Luo, 2013: 963-964）；港深大都會（Hong Kong-Shenzhen metropolis）獲得了香港民間智囊與大眾的廣泛支持，認為內地旅客到香港店鋪「掃貨」，推動了零售業務，區域整合有助於香港的發展

7　卡蒂耶（Carolyn Cartier）則以「大中華」區域概念分析南中國的「南」所象徵的文化經濟（cultural economy）。範圍除了珠三角，更擴及福建與台灣等地。在「大中華」的語境中，「南中國」是跨境、跨國的國際化區域（Cartier, 2001: 68），擁有類似的藍海文化（43）和宗族等社會制度運作（29）。

（960-962）。葉嘉安則強調近年北京力推的粵港澳大灣區發展
計畫可望促進地區內各城市之間的交流、理解與合作，實現共
建有創造力又宜居的智能型可持續發展的大都市帶。[8]

　　針對中港關係的討論，除了上述強調經濟發展榮景的觀點
之外，亦不乏對發展願景抱持保留態度者，認為區域整合帶來
的流動，不必然能促進兩地社會的交流與理解，更常見的反而
是矛盾及衝突。舉例而言，蘇耀昌認為中港經濟整合其實是中
國與香港統一（Hong Kong-China unification）過程的一部分，
相關政策推動往往是在香港經歷危及國家統一進程的危機時所
出現新的組織原則，以重新定義「一國兩制」政策的性質（So,
2011: 100）。所以討論中港經濟整合時，必須將社會、政治、
法律、文化各方面的整合並置，共同思考「一國兩制」在這些
面向的推動如何影響中港關係的變化，探討危機對政治帶來的
轉變（100, 112）。馬嶽認為中國加快經濟整合儘管為香港帶來
更多經濟利益，但隨著大量內地旅客赴港分娩及大量採購藥物
或奶粉等民生用品之後，香港人越來越懷疑一體化在各個方面
的影響，因而漸漸衍生反中情緒，亦影響了2012年的立法會
選舉結果（N. Ma, 2015: 39, 46-47）。再者，楊春研究珠三角區
域整合產生的跨境治理，探討其中的地緣政治問題──諸如港
珠澳大橋的興建如何涉及中央、省和經濟特區和特別行政區之
間多層級治理之張力（Yang, 2006: 817），以及CEPA施行之後
出現的大量自由行旅客，使香港社會視大陸觀光客為入侵者，
意外造成香港市民與陸客之間的政治衝突（Yang and Li, 2013:

8　〈葉嘉安：未來社會經濟環境下的粵港澳大灣區發展與規劃〉（2017）。

32）。陳智傑指出中國市場對香港經濟發展的影響遍及社會生活層面（例如奶粉短缺），香港地方的認同亦逐漸因此改變，與國家認同之間形成張力，左右了香港社會對「文化—經濟中國」（cultural-economic China）的接受度（C. K. Chan, 2014: 25, 28）。凡此討論都反映了區域流動與合作涉及經濟、政治、社會、文化等不同層次的影響，這亦是珠三角乃至中港之間的地緣政治關係複雜糾結的主要原因。

本書的第二部分將深入剖析從北進到區域融合等不同發展論述脈絡下的社會主體如何協商個人與在地（香港）及國家（中國）的發展想像及其中隱含的地緣關係及情感／情緒政治。我們將探討香港如何回應跨界連結的發展論述，不斷協商自我與中國的互動關聯。一方面重新想像社群，如何看待因不同目的赴港的大陸人；同時重新定義本土，中港矛盾加深之際，港人對自身與中國的感覺已大不相同，新一波的本土主義越來越強調在各方面與中國切割，無論是北進論述中隱含的影響中國的企圖，或者區域整合論述中利用珠三角平台的中國機會之說，如今都面臨了重大的考驗，而台灣也在此時成為香港的親密他者，提供新的（反）發展想像與實踐的可能。

值得一提的是，本書希望能在前三章以中國發展敘事為主的基礎上，透過第四到七章對於中港（台）跨境區域流動的聚焦，提供一種認知架構上的翻轉與對照，亦即，從香港的主體情感政治出發，重新理解兩岸三地在政治、經濟與文化上的糾纏。儘管就政治經濟層面而言，中國崛起的巨大能量撬動了三地的關係，形成了一種分析上的結構性落差，然而如果從文化後果上來看，這種影響是多方面、多層次與多視角的。近年香

港對於自身文化身分的思索、香港電影的「北進」、晚近港人的「哈台」現象等等，這些面向的成形與香港、台灣與中國彼此連動的發展狀態以及地緣政治息息相關。只有基於對中港台三地生命經驗的對照與換位思考，才能探索更為豐富的認知框架。

二、研究方法與概念

本書取徑文化研究與文化地理學，參照政治經濟與社會之發展，進行文本分析，透過歷史的視野，強調批判地理解發展敘事的文化邏輯與情感／情緒政治，探討其對社會主體的影響，特別關注階級與性別的意涵。書中的文化文本包括電影、小說、散文、傳記與移民書寫等等。以下概述兩個主要的理論脈絡──「文化感覺」／「感覺結構」，與情感／情緒的地緣政治。

「文化感覺」（cultural feelings）與「感覺結構」（structures of feeling）

探討中國崛起與世界關係的研究中，賀照田提出了由文化─心理感覺轉向來理解中國發展現實及變化的方法。他以「國家感覺」與「國際感覺」的概念來詮釋中國深入世界後中國人民（自我）與亞洲周邊國家（他者）互動的複雜性，認為作為發展事實的中國崛起，不但牽動世界格局的變化，亦使中國的自我感覺和世界感覺發生了重大變化。具體來說，改革開放以來伴隨中國不斷深刻地捲入世界，中國人民對自我及世界的基

本意識感覺急遽改變。他爬梳了這種「國家感覺」及「國際感覺」的變遷過程及其背景。就國際感覺而言，1990年代以前，「中國大陸一般人還很少擁有國際經驗的機會」，但自從中國進一步融入世界經濟政治，一般擁有國際經驗的中國人越來越多。賀照田認為「90年代中期中國大陸最有代表性的世界感是『與國際接軌』」；而伴隨中國崛起及其帶來的國際政治經濟變動，中國人民的國家感覺與國際感覺又發生了新的轉折。在深入世界的過程中，中國的世界感覺由「與國際接軌」的急切渴望，以及對美國主導的世界秩序的「玫瑰色想像」；逐漸轉變為「你中有我、我中有你」的國際感覺，以及基於本國發展成就的「道路自信」、「理論自信」和「制度自信」（亦即2012年胡錦濤提出的「三個自信」）（賀照田，2014：213-215）。

　　雖然賀沒有對「國家感覺」與「國際感覺」的概念提供具體的定義，但其論點深具啟發性，提醒我們透過文化與心理面向來理解社會變化與地緣政治的可能。同時，上述說法指向了感覺的變化與轉折，一方面涉及社會主體（中國人民）深入世界的各種經驗積累，另一方面則與官方論述的教導（pedagogy）息息相關（從「與國際接軌」到「三個自信」）。換言之，在中國快速發展，經濟起飛的時代，從計畫經濟到新自由主義的全球化時代，除了重新建構理性經濟人主體之外（Li and Huang, 2014），人民必須同時摸索學習如何正確地感受自我、國家與世界（learning what to feel and how to feel）。賀照田在文中指出，中國近年遭遇了眾多不愉快的國際經驗，在許多中國人的感覺中，中國在與其他國家的互動上，外交政策從「雙贏」到「共贏」，或者「和」與「和諧共存」等主張，皆是善意的

表達，卻仍遭遇了「不同社會的民眾」「針對中國大陸、針對在他們社會的中國大陸公民的強烈不滿」（2014：215-216）。他認為如此的經驗必須從中國近年的國家感覺與國際感覺切入，而可能的出路則是重新在他者的脈絡下理解他者，具體來說便是應努力獲得對亞洲周邊國家「殖民現代性及其所引發的多方面歷史—社會—文化—心理後果的感受接通、理解接通」（219）。在此，除了闡述中國人面對國際互動往來的挫敗與傷害感的緣由，他更提出了新的「文化感覺」方案，亦即「中國大陸對世界的感覺不要過度往不安和戒備的方向發展」，而是較為樂觀地在理解他者的善意為基礎上，重新思考「共贏」與「和」的意義。如此調整以經濟與武力裝備為重點的發展模式，「會讓中國人感覺心安，會更讓中國人感覺自我實現」（221-222）。

或許可以說，中國面臨了海默爾（Ben Highmore）所稱的「教育情境」（pedagogic situation）——官方說法、媒體報導、學術研究與文化文本等不同教案紛紛出現，引導人民如何感受與回應發展帶來的種種問題。此處，海默爾的研究有助於進一步思考「文化感覺」與教育情境的關聯。他所謂的「文化感覺」源自威廉斯（Raymond Williams）經典的「感覺結構」（structures of feeling）。「感覺結構」意指歷史特定時期出現的支配性思想（Highmore, 2016: 147）。這些競相出現的思考方式，「存在於官方政策規定、社會大眾對其之回應以及文學與文化文本的挪用等不同論述的間隙中。威廉斯使用感覺而非思考（thought）一詞來指涉，關鍵處（what is at stake）不太可能透過完整的形式來表達而是必須由字裡行間推論」（Buchanan,

2010: 455）。學術討論普遍認為威廉斯的「感覺」概念有其必要的含糊性，因為此一概念主要強調所有事物只能被視為軌跡（trajectory）與過程，必須由不同的論述及思考脈絡來推斷（Buchanan, 2010: 455），同時要對文化過程（cultural process）與相關的分析保持懷疑，並尋找其中不連續和斷裂（discontinuity）之處（Highmore, 2016: 156-157）。

　　「文化感覺」則是描述某一歷史時期中特定群體經驗的某些特質——認為感覺（feelings）與情緒（moods）具有社會歷史特質與物質性，亦是勞動的形式（Highmore, 2017: 1-15）。進一步來說，海默爾指出，雖然是看似模糊曖昧的詞彙，但感覺與情緒不僅涉及經驗的慣常（habitual）與情感面向，更能包含日常生活的尋常實踐以及激情時刻的劇烈爆發（2）。「文化感覺」更強調「人造世界的物質性，以文化歷史性之名，尤其是日常生活變化的歷史性」（Highmore, 2016: 147）。透過分析感覺與情緒作為一種文化與政治的形式，有助於理解社會主體與世界的互動。

　　海默爾以二戰時期英國的官方與民間組織的宣導、電影、雜誌與前衛社會運動等為例，說明國家尺度的「文化感覺模式」（patterns of cultural feeling）。他指出當時出現的「保家衛國振奮士氣」（"Home Front Morale"）的「文化感覺」是在『國家極度的焦慮與國土持續受威脅的時期進行的「情緒管理」（"mood management"）與感覺協作（feeling orchestration）』（55），教導平民學習如何感受或者不去感受（恐懼的情感）進而從容應對日常生活隨時可能出現的戰爭暴行。這個案例也呼應了海默爾一再強調的觀點，亦即感覺與情緒並非主觀、個人

與內在的狀態，而是有其集體性。

　　回到賀照田（2014）描述的中國，我們所見是個更複雜的案例。發展年代的中國需要的情緒管理與感覺協作並非較為單一的恐懼或焦慮，賀所謂的國際感覺或世界感覺還摻雜了發展的慾望與興奮，成功發達帶來的自信自尊，戰爭歷史留下的羞恥感，乃至發展不均造成的挫敗與失落等等。舉例來說，2008年是崛起敘事坐實於當下具體現實的關鍵。這是與當時諸多戲劇性事件齊發造成的經驗衝擊與「文化感覺」的重建有關。作為中國改革開放30年的特殊時刻，這一年美國金融危機爆發，全球經濟頹勢蔓延，但中國經濟發展勢頭良好，甚至實現了GDP「保八」的高速增長；加上彰顯國力的北京奧運會順利舉辦，汶川地震、南方雪災以及劫後重建的展開。這些事件既促成民族主義自信的興起，亦催生了社會對於集體性和凝聚性的情感需求。在此一背景下，「中國模式」論在國內外引發關注，將中國的自我肯定從經濟領域擴展到包括政治模式、文化模式在內的治國實踐。與此同時，一系列以「中國」（而非「中國人」）為主體、以「情緒」為主題的暢銷書在市場運作下成為大眾輿論的焦點：《中國不高興：大時代、大目標及中國的內憂外患》（宋曉軍等，2009）、《中國很高興：全球視野下中國時代來臨的前瞻與後顧》（章夫、雅蘭、鞏勝利，2009）、《中國為什麼不高興》（賀雄飛，2009）、《中國憑什麼不高興》（成墨、白袷，2009），諸如此類，引發人民瞻望中國未來的論辯高潮。上述敘事之中不乏內憂外患、軍事強國乃至領導世界等具有侵略性的論斷，也可見陰謀論色彩濃厚的排他性說法。正如沈旭暉所言，冒進外向的民族主義話語湧現，

某種意義上是官方及主流學者較少採取此類立場而造就的市場空間（2014：331-332）。此外，這類暢銷書也顯示國恥的幽靈與民族主義是發展的教育情境中反覆出現的文本（pedagogical text）。必須同時強調的是，崛起論述表面彰顯的道路自信與發展雄心隱含了地緣政治的不安，實際上折射出中國在主體重建期間的身分焦慮。論爭背後的論述建構，實際上召喚著一種創造共識的整合性話語來管理集體情緒與協調感覺，這即是後來中國夢論述在崛起論之後逐漸登場的背景。

　　本書的一到三章以中國崛起與中國夢的歷史時代，檢視中國發展主義主導下具有代表性的文本（傳記小說與電影等）如何傳導（convey）主流、新興與殘餘的「文化感覺」，以此理解不同階級與性別之社會主體的情感／情緒經驗，進而思考感覺與情感／情緒在生產社會與文化經驗中的作用。具體的文本分析將可延伸賀照田提出的國家感覺與國際感覺說法，並提供海默爾以當代英國為案例的「文化感覺」論述參照比較。海默爾認為「感覺（feeling）有時可由『經驗』一詞涵蓋，可包含各種態度、儀態、行動與行為等等。結構（structure）一字則似乎暗示一種共通性，是一系統的社會關係與重複所產生的共通性，堅持感覺並不是屬於個人私有，而是共有的**社會**文化的一部分」（2017: 22；強調為原文所加）。他雖指出「結構」一詞讓「感覺」比較不那麼情緒化（emotional），但並未試圖區隔情感／情緒（emotion）與感覺。由此觀之，感覺與情緒是相關的，只是結構讓感覺變得更穩定，讓感覺更能重複出現在思想和行為，最後成為社會成員的共通性。本書亦認為無須特別區分情感／情緒與感覺，情感／情緒亦是文化的一部分，會

重複出現在行為中，其瞬間的感染力甚至可能在特定尺度造成強大與廣泛的影響。以下我們將說明與情感／情緒與地緣政治的關聯。

情感／情緒的地緣政治（Geopolitics of Emotion）

上述無論是威廉斯、海默爾或賀照田的說法皆顯示公共生活與情感／情緒的緊密關聯。在探討情感／情緒與政治的研究中，眾多學者指出情感／情緒並非個人擁有（property），而是「形塑從家庭到各類組織，乃至更廣泛的公民社會之社會運動等不同社會層級的結構與質地」（Thompson and Hoggett, 2012: 3）。情感／情緒（愛與恨）尤其在「衝突與後衝突的動態關係中扮演重要角色──對某個群體的仇恨通常無可避免地連結對自身群體的愛」（5）。雅內（Niza Yanay）亦指出，仇恨是透過特定論述實踐所建構的情感知識，分析仇恨有助於重新理解主體與知識形成的關聯（1996: 32）。探討衝突情境的愛與恨的論述實踐是近年情感／情緒研究的重要主題。其中艾哈邁德（Sara Ahmed）的著述深入剖析了情感／情緒的文化政治。艾哈邁德主張情感促成社會連結（social bonding）並非僅存在於個人或社會，而是生產了允許個人與社會被描述的表面與邊界（2004b: 10）。其論述主要以英國為例，探討種族情結與多元文化的社會中移民對國家的情感。取徑文化研究與精神分析，她在分析集體情感的研究中指出「個人透過對某種理想的認同而配合集體，愛在其中扮演至關重要的角色，而如此的配合有賴於無法企及該理想之他者之存在」（2004b: 124）。引用佛洛伊德的群體心理學，艾哈邁德進一步分析個體將國家視為理想的

愛的客體的複雜意涵。愛既是需要回饋（相愛）但同時又能在
沒有回饋，「甚或在愛的客體缺席的情境下以更激烈的情感形
式存在，即使此處愛的對象是國家。」她強調：「愛在國家無
法對個人主體實現好生活的承諾時尤為關鍵。因此國家無法回
饋主體的愛強化了主體對國家的（情感）投資……因為離開將
意味著承認一生愛國的投資毫無價值。於是出於希望以及對於
國家其實能有所不同的懷舊心理而愛國……我們甚至可將對國
家的愛視為一種等待的形式（a form of waiting）。」即使如
此，國家（的愛）仍需要說明為何無法回饋主體的情感，而如
此的解釋通常以防衛敘事的形式出現。例如，國家作為愛的客
體被奪取，此時，種族他者便成為主體追求好生活的障礙，也
是造成國家無法回報主體愛國情感的禍害（2004b: 130-131）。

　　若借用艾哈邁德對國家之愛（national love）的論述來檢
視香港，不難發現香港的愛的政治或許是比艾哈邁德分析的英
國更為複雜的案例。我們首先遭遇的難題是所謂「愛國」在今
日香港究竟所指為何？如許寶強所言，理解當代香港政治的關
鍵是理解「愛的政治」（politics of love），亦即，本土派與親
中派各自以愛之名提出種種政治訴求（許寶強，2015：93）。
誠然，政治光譜上的兩極訴求的是反中與愛國，但在香港的
語境中，「國家」可能指涉代表「祖國」的中國北京政府，但
也可能包含特區政府，乃至想像中的「香港獨立城邦」。換言
之，個體對「國家」所對應的共同體有各自的想像與殊異的感
覺。然而，官方與親中派大力鼓吹的「愛國愛港」這類的政治
主張則明白定義「國家」即為中國，愛國更是「愛港」的前
提與必要條件。對照現實狀況，近年港人普遍對北京與特區

政府表達了強烈的失望、不信任、反感甚至仇恨，懷念港英殖民時代的情緒（戀殖現象）時有所聞，例如近年的諸多遊行皆出現了港英時期代表香港的龍獅旗（港英旗）。羅永生認為港人的戀殖現象，除了反映港人對回歸後種種現實的不滿產生的懷舊心理，亦有知識分子是出於「守衛香港人作為香港的歷史主體地位」，為了抗拒中國國族主義而採取的「策略性戀殖」（2014：95）。尤有甚者，部分港人近年更將愛轉向台灣——移民台灣的人數急速增加，哈台風氣日盛，台灣一夕之間成為港人的夢土。身處特區的香港主體看似並未如艾哈邁德所言，持續投注對國家的情感，當國家承諾的好生活落空時，主體的懷舊對象為殖民地時期的香港，並將愛轉移到另一個尚未形成想像共同體之處。而艾哈邁德所言的防衛敘事在本土派的論述中（如陳雲）可見類似的邏輯：本土香港作為愛的客體被國家（北京與特區政府）奪取，湧入香港搶奪各種資源的大陸人乃是今日香港生活大不如前，人人壓力沉重的罪魁禍首。

　　然而愛與恨的激烈情感／情緒雖然指向政治主體的情感認同與社會連結方式，但要充分說明中港之間的衝突情境，還必須進一步釐清恐懼與希望的糾結拉扯。此處借鏡的是批判地理學者史帕克（Matthew Sparke）的研究。他以美國的反恐戰爭為例，指出情感／情緒與地理想像的複雜關聯，認為地緣政治論述中的「恐懼」與地緣經濟論述中的「希望」，兩者的交互作用有助於理解情感／情緒的「地理場域」（geographical grounds）（2007: 338）。史帕克主張將地緣政治與地緣經濟理解為特定地理策略（geostrategic）的論述，以不同的方式想像地理與書寫空間。大致來說，地緣政治敘述側重國家領土與主

權，區分安全與危險空間，地緣經濟的視野則傾向於預期（與他者）進行資本融合而非強調邪惡他者的排除或汙染。地緣經濟的想像也重視連結與跨境，例如許多強調後國家與跨境區域成長策略的論述。相較於地緣政治論述中充斥的恐懼情緒，地緣經濟論述的主調為希望樂觀。兩者雖然看似殊異，但史帕克認為「地緣經濟的希望視野可與對危險空間與他者之域拜物式的恐懼起共伴作用，產生一種強而有力，雖然是誤導且矛盾的複視」（double vision）。他以美國的案例來說明複視的現象——「當美國的地緣政治論述導向對各種外來威脅的恐懼時，地緣經濟論述提供了超越分裂的希望，從而彌補安撫人心，亦即，超越令人畏懼的邪惡軸心與其他可怕的敵人，全球資本主義的公平競爭環境勢必擴張，鋪天蓋地，所向披靡。」（340）

　　對照史帕克闡述的美國反恐與自由化貿易形成的複視現象，我們要探問中港關係中地緣經濟敘事扮演了何種角色？產生了怎樣的效應？如前所述，在香港的脈絡中，愛國的認同經常取決於中國提供的發展機會。因此，除了愛的政治之外，決定中港關係的另一種情感／情緒是發展帶來的希望。當然，此處史帕克地緣政治論述的引述是情感的地緣政治，是文化研究的取徑，而非正統的地緣政治學。若是後者，則香港的地緣政治要從冷戰、中美爭霸下的夾縫地位再到中國「一帶一路」的新格局之中談起，對於香港前途的理解會依據它在亞洲版圖的位置及國際關係中的客觀處境來判斷現狀和預測未來。此處要強調的是，正是由於缺乏地緣政治的視野，只有地緣經濟的意識，才導致情感性而非分析性的地緣關係成為理解中港關係的主導因素。

　　莫以西（Dominique Moisi）在其《情感的地緣政治》（2009）一書中將世界以各種情感／情緒分類。情感／情緒不僅如海默爾所言是感覺和文化的背景，[9]更是莫以西主張的，具有相互反饋的特性（reciprocal）（2009: 15）。如此的相互反饋特性，讓情感／情緒變得有感染力，短時間內影響著互動雙方的表現和反應。同時，情感／情緒亦隨著不同時間與不同的國家或地區產生不同程度的影響力（27）。換言之，情感／情緒與地緣政治的尺度關係息息相關。莫以西舉例說明，以中國為首的亞洲，主導的情感便是欣欣向榮，希望無限。參照上述中國發展的論述，無論是中國崛起或者中國夢，一再表述的也是發展與現代化的願景。香港回歸之後，中國在港施行CEPA，積極推動區域融合，呼籲香港「面向世界、背靠祖國」，而香港的北進論述與中國機會之說，可視為回應崛起論述的發展策略與定位。由此觀之，理想的中港關係是透過充滿希望的地緣經濟論述（geo-economic discourse of hope）來定義彼此，透過複視的作用消解回歸初期的人心不安。然而，從珠三角區域整合產生的地緣政治爭議來看，CEPA施行十餘年後至今，這套試圖強化中港融合的發展策略，似乎無法實現治理者對港人好生活的允諾，反而使港人與「祖國」漸行漸遠。當然，在此必須強調的是，港人未能實現好生活的原因眾多，中港融合的問題並非造成香港發展低潮的唯一或根本因素，實際上香港本地固有的產業及經濟的結構性問題是更為複雜且難以解決的困

9　海默爾認為情感／情緒是社會文化的背景（background），設定個人思想呈現的狀態與形式（Highmore, 2017: 29-30）。

境，而這個問題有其歷史因素（殖民及冷戰時期香港的世界性功能以及回歸後香港政商界的運作方式等）。然而，就港人心理感覺而言，本地長久以來的產業與經濟結構問題遠不如中國因素感受強烈。香港近年普遍的反中情緒訴求雖有不同，但皆充分表達了港人對特區政府在中港邊界開放後的治理感到憤怒不滿，認為明顯損害本土利益。隨著各種社會與政治運動（反內地孕婦、反水貨客、新界東北開發規劃案與雨傘運動等）出現了大量的反中敘事，譴責大陸人（陸客、內地孕婦、水貨客、陸生等等）掠奪本土資源，使得香港日常生活地景急速改變，連鎖藥房、化妝品店、高級珠寶店等取代了老店小鋪；而社會民生方面，無論是住房、醫療與教育資源等等，也因面對大陸人的激烈競爭而備感壓力與恐懼。

2011 年出現的蝗蟲論具體反映了港人對中國的負面情感，蝗蟲修辭在 2012 年「高登人集體登報反雙非孕婦事件」中具體化為資源分配問題。高登網民當年 2 月 1 日於《蘋果日報》及《爽報》所刊登的反雙非孕婦海報（圖1），表明了香港社會對跨境侵犯資源的內地人已忍無可忍，呼籲港府應修法阻止雙非孕婦入港生育。此海報的主要意象為一隻巨大蝗蟲高踞山頭，望向香港維多利亞港，伺機飛往象徵香港的「獅子山」掠奪資源。海報之視覺意象警示蝗蟲已踏入香港門戶，將隨時侵略香港社會。蝗蟲意象雖指向內地孕婦，但文字標題與內容主要控訴的是雙非兒童造成的負荷：「你願意香港每 18 分鐘花 $1,000,000 養育『雙非』兒童嗎？」換句話說，蝗蟲修辭指涉內地孕婦掠奪資源的意涵，同時包括合法分配公共資源的蝗蟲後代對香港社會所造成的龐大壓力。整體而言，蝗蟲修辭形塑

圖1　香港人，忍夠了！

資料來源：〈港人身分及香港
主體性論壇爆火　反蝗罵戰
梁國雄對撼陳雲〉（2012）

內地孕婦為外來入侵、在港侵食資源、繁衍遺禍的害蟲。在
《基本法》24條的現行制度基礎上，香港社會面對內地孕婦入
境生育，迫於現實、出於無奈。隨著香港本地家庭明顯感受到
奶粉與產科病床等資源供應不足的問題時，近年港人與內地人
間的敵對情緒加劇，中港之間的社會心理邊界遂越形鞏固（馬
傑偉，2013：268）。馬傑偉在討論香港2019年的反修例運動
時亦指出，怒、哀、憂、懼、惡等壞情緒籠罩香港，這除了是
香港特區政府的管治所造成的集體情緒（2019），也是香港社
會因長年面對中國對香港的影響愈加強大，並限制香港政治改
革而產生的集體反應。總體而言，近年無論是內地孕婦零配額

的實施，減少陸客的政策，或者反東北開發案等，皆指向香港在經濟發展與政治治理之間的重大衝突，新興本土主義的崛起，也反映了地緣政治情感的恐懼與憎惡決定性地壓倒了地緣經濟發展論述訴求的希望，成為香港社會主導的「文化感覺」。

　　地緣政治的恐懼進一步提供了本土主義發展敘事的養分。當今香港快速發展的經濟論述著眼在地，宣稱致力保護香港社會的「核心價值」，這類新的發展敘事常以對中國的不滿與恐懼作為論述依據。例如，馮應謙與陳智傑（Fung and Chan, 2017: 410）認為CEPA和自由行等經濟政策以及中港之間前所未見的人口流動，導致中國成為回歸後香港身分認同的不確定因素，喚起香港社會對「核心價值」的認同，並對中國提出異議。此處意指近年部分香港市民以其在中國市場的競爭力較弱，或內地市場較不開放的特性與港人強調的「核心價值」有落差等理由，拒絕接受前述以市場與商業機會決定中國認同的說法（409）。香港社會早於2000年初便開始以「本土經濟」論述所謂「本土文化」，特區政府也將發展本土經濟作為解決泡沫經濟的政策重點，主張藉由發展本土經濟來刺激消費與增加本地就業機會（C. K. Chan, 2017: 423）。之後隨著本土經濟與本土主義掛鉤，本土派認為需要發展本土農業，以避免過度依賴中國而使本地農業受打擊，並確保自給自足的資源安全無虞（陳雲，2011：243-244）。有香港的非政府組織在接受傳媒訪問時，以中國糧食危機及重金屬汙染等理由，強調香港不能過度依賴中國，需要「全面復興農業」；[10] 亦有政黨以食品安全

---

10 參見〈綠色生活：復興香港農業有可能？農業復興（一）〉（2014）。

為由，提出建立自給自足的香港之說。[11]本土經濟和本土農業的論點，顯示香港社會正以市場和經濟發展模式定義符合「核心價值」的本土認同，藉此在意識形態上與中國區隔，致力保護本土主義主張的「核心價值」，此種視角亦逐漸成為香港社會抗拒兩地更緊密經貿關係的論述依據。值得注意的是，本土主義的發展敘事難以涵蓋當下中港融合地緣經濟論述及其展開情形的全貌。對於眾多投身於中港融合的經濟活動中的港人而言，[12]要解決香港發展問題，不必然僅以本地空間作為唯一尺度，而是要透過流動的跨區域性的經濟活動，例如以粵港澳大灣區或珠三角作為新的發展版圖。[13]

11　強調「民主自決」的政黨「香港眾志」便曾提出要「營造一個自給自足的香港……香港人食香港嘢」，相關內容參見：〈還我們一個自給自足的香港〉（2016）。

12　依據香港政府2015年6月出版的統計數字顯示，2014-15年期間，前往中國內地逗留30天或以下的香港居民人數估計有3,849,100人，占所有15歲及以上香港居民的65.5%。其中，65.1%為從事經濟活動的人士，14.8%為退休人士。90.2%最經常到訪廣東省內的城市，到訪的主要目的分別為旅遊（50.5%）、探親（36.5%）以及工作和經營業務（7.8%）。關於短期逗留在中國內地的香港居民之特徵，參見：《主題性住戶統計調查第55號報告書：短期逗留在中國內地的香港居民的特徵》（2015）。

13　李克強在2017年3月提出「粵港澳大灣區」規劃，包括廣州、香港、澳門、深圳等城市，是繼美國紐約都會區、大洛杉磯地區和日本東京都市圈之後世界第四大灣區。大灣區的發展強調國際化，致力吸引香港年輕人北上「一小時生活圈」，把握大灣區創業機會，例如，港府政務司司長張建宗指出，「粵港澳大灣區建設不僅將為香港經濟發展帶來新增長點，也將為香港青年提供新機會、新跑道、新選擇。」詳細內容參見：〈張建宗：粵港澳大灣區將為香港青年提供新機遇〉（2018）。

本書的四到七章檢視香港的地緣政治與地緣經濟敘事，除了官方論述之外，亦從文化文本（香港電影與移民書寫）切入，探討愛與恨等集體情感／情緒在近年中港台地緣關係中的意涵（implications）。

三、章節概述

第一章聚焦發展敘事與性別主體，以書寫中國新富階層的女性敘事為討論焦點，從成功女性發達敘事與中國南方區域都市化發展的關聯，來探討流行文本中符合大眾想像的新女性形象的建構過程如何充滿張力：一方面這些形象具體演示了中國經濟起飛與世界接軌如何為女性開啟了自我發展的慾望與嶄新的都會生活經驗，教導女性如何感覺自身、國家及國際；另一方面，這樣的形象建構也隱含了刻板的性別意識，並受中國當今主流的都市與區域發展主義意識形態所牽制。在方法論上則是參照珠三角與廣州的經濟發展歷程及論述，批判地解讀女性發達史。

第一部分以女首富張茵的傳記為主，第二部分則以職場女性為例，分析李可的暢銷小說《杜拉拉升職記》以及所謂的「杜拉拉現象」。透過分析再現的語言（意象、比喻、修辭、幻想等）來論證成功女性的敘事正如艾斯柯巴（Arturo Escobar）所言，是「創／捏造」（invent）發展的文化歷程的一部分（1999: 384）。換言之，本研究並非預設這些成功女性的敘事只是地理脈絡下區域與都市發展的消極產物（亦即彼此相互參照），而是試圖從地理環境的物質條件切入，說明文化文本以

成長敘事（*bildungsroman*）所呈現的成功想像與其中隱含的發展意識形態。誠然，「新流動女性」作為大都會菁英，其性別化的生活經驗不僅具體顯現了女性主體的能動性及個體對當代中國都會空間的擘劃理解，她們的流動路徑更闡明了當今中國區域與都市連結的多元綿密。然而，弔詭的是，無論是在張茵傳記裡作為成功先決條件的珠三角，或是杜拉拉小說中的廣州大都會樣貌，皆透過性別角色與性別議題的再現，再製了中國崛起的年代發展論述的主流意識形態——區域化的發展（珠三角／長三角等）與城市競爭，各個城市競相自我打造、爭做世界一級明星城市。本章將論證張茵的傳記應和了官方區域政策對民營企業的推廣，杜拉拉的故事則迎合了「世界城市」（world city）虛構的範式性（paradigm）。

　　第二章探討的「小城」是90年代以來中國快速城市化與新世紀10年間城市競爭及城市等級差序化的空間效應，「小城青年」作為相應的發展論述產物以及新興社會主體的形成，亦是基於當代「小城」與大都市的二元框架。馮驥才（2004）以「新造城運動」形容80年代中期之後、尤其是90年代中期以來的中國城市化實踐，不論大都市或是小城鎮，均投入翻天覆地的城市建設與急就速成的舊區改造之中。80年代初以深圳為楷模的經濟特區以及90年代初以上海浦東為代表的國家級新區，以其成功的「造城」經驗，為其他中國城市的曼哈頓化確立了可供模仿的發展藍圖。北上廣等明星都會皆以「全球城市」為目標，爭相進行經濟資本與歷史文化資源的重組與積累（黃宗儀，2004; Dirlik, 2005; Xu and Yeh, 2005; Wei and Leung, 2005），以期自我整編，躋身世界經濟體系。第二章試圖論證

正是「小城青年」置身此一發展脈絡的流動經驗和身分認同，
參與建構了「都會」、「鄉村」與「小城」的歷史意涵及當代
論述。

本章以曾獲「中國夢踐行者」榮耀的暢銷作家郭敬明的個
人經歷與作品（《小時代》系列小說與散文）中再現的上海為
例，說明小城青年的都會中產慾望與國際感覺。郭敬明的寫作
透露出立足異鄉、成為「真正」都會人的慾望，他透過流動性
實踐對社會主體身分的重塑，其背後正是晚近中國格調與品
味（class as taste and distinction）取代階級分層（class as social
strata）成為主流論述，以及「明星都會」替換「鄉土」作為故
鄉認同的歷史性轉變。換言之，郭敬明在處理「小城青年」與
「上海人」身分時所表現出的曖昧，必須切入當代中國小城與
大都會的複雜關聯來理解。如果說千千萬萬的進城農民工是中
國新都會景觀的建設者，那麼難以計數、經由向外與向上流動
抵達都會的「小城青年」則成了此一都會空間中學習、展演新
生活的新興社會主體，或可稱之為「新」都會人士或「準」都
會人士。在一定意義上，正是他們對於大都會經驗的沉浸、以
及對於小城經驗的諱莫如深，使其成為中國城市化幻景的有效
敘說者和新中產神話的主要營造者。倘若不能釐清大都會與
「小地方」、「本地人」與「外來者」的密切關係，學界所津津
樂道的上海、北京等都市研究與本土文化論述便始終有所缺
失，中國社會變動之下種種看似隱晦難明的身分轉化將無法揭
示，當代中國人對於「故鄉」由「鄉土」到「明星都會」的指
認轉換更無從理解。「小城青年」在「小城」和「都會」之間
盤根錯節的流動故事，關乎中國城市化發展產生的切膚感受與

主體重建。

　　第三章繼續探問當中國作為具有影響力的大國崛起時，此一新的發展階段造就了怎樣的個體經驗與「文化感覺」？有別於小城青年，本章試圖藉由富二代的再現來理解「後社會主義」中國的發展敘事與個體經驗的關聯。顯然，個體經驗的框架與主流的「中國夢」極為不同，疊加了更為微妙的歷史碎片與敘事裂隙。「中國崛起」的現實造就了民眾自豪感與剝奪感並存的「感覺結構」，人們在享受全球化成果的同時也承受著巨大的剝奪。後社會主義進入第4個10年，在以企業家精神為範式導向的社會準則漸趨階序化的日常生活中，貧富懸殊不斷拉開，階級秩序再度定型。近年飆漲的城市房價以及蓬勃發展的資本投機，愈發將中國人口之中依靠資本或財產所有權的富裕階層，與依靠出賣勞動力的普通大眾區隔開來（Davis and Wang, 2009: 12-13）。當社會主義的平均主義不再作為主流意識形態而被推崇，新意識形態似乎不斷培育出「消費主義、不關心公共問題與似乎永遠容忍不平等和不公正的大眾文化」（Dirlik，2009：31）之時；當追求財富不再因有悖階級政治難以啟齒，反而成為國家和平崛起、民族復興的關鍵之時，如何處理社會財富主體的主體性及階級便成為當下關鍵的問題。準確來說，中國改革開放近40年的發展轉型生產出新的經濟論述與產業模式，著實改變了社會的組織方式以及人民在其中的位置（及慾望），我們因此必須在財富流向與資本生產的關係變遷的軌跡中重新審視社會主體的形構與想像。

　　就微觀層面而言，新的發展經驗之下，以北京、上海等大城市為範例的新興中產主體，成為中國大小城鎮與鄉村青

年學習的對象。而這樣一種對歐美現代性的模仿與嚮往、對消費生活的鑽研講究，也包涵了對於出身地、對中國以及對世界的重新想像。後社會主義新一代在「中國崛起」的政治經濟結構、以及具體的流動軌跡和空間體驗之下，經歷了慾望版圖的重整，這涉及羅麗莎（Lisa Rofel）所言的後社會主義中國的寰宇主義（cosmopolitanism）經驗（2007: 111-134; 2012: 443-451）。這種寰宇主義是有關在後社會主義、後冷戰世界如何為人的知識生產。如果說「中國特色的社會主義」意味著中國政府如何將資本主義帶入中國，那這種改變同樣也意味著出現了一種衡量人類活動的新方式，亦即在世界中定位中國的新方式。羅麗莎認為，這種世界感與中國新興的中產階級密切相關。她將其理解為個人的文化政治，一種四海皆可為家（feeling at home in the world）的從容自在，而如此的感覺有賴於主體如何理解「世界」和「家」的意涵（2012: 443）。

有趣的是，在講述後社會主義新階段的地方與世界感覺的敘事中，「富二代」是顯著且不可或缺的敘事符號，某種意義上此一群體正是理想跨國中產生活的人物設定。顧名思義，「富二代」有一個富爸爸或是富媽媽。儘管其社會學定義始終較為模糊（比如「富」的界定標準可能介於千萬乃至上百億人民幣之間），但卻不妨礙其成為時代慾望風口浪尖的新興社會主體——無論是在現實或是想像的層面。在近年的電影《小時代》系列、《喜歡你》、電視劇《歡樂頌》、《守護麗人》、紀錄片 *Ultra Rich Asian Girls*，以及真人秀《非誠勿擾》等眾多的影視節目中，越來越多「富二代」角色占據著搶眼又有魅力的位置。本章將討論近年頗受矚目的兩部影片《老炮兒》和《山河

故人》中的富二代角色與代際衝突，從「後社會主義」的論述視野，闡明新舊世代在經驗與話語斷層下的「感覺結構」。影片顯示了父一代因種種原因無法實現全球化中產階級的主體想像，從而導致「父親之名」的喪失；子一代身為全球化雜種，試圖在衝突之下尋回精神之父或缺席之母，呼喚父親歸來，某種意義上是對過去無依託、未來無著落的情緒表述。無父或無母之狀態，使得「富二代」被再現為發展主義下的無辜之輩；不徹底的叛逆，使其成為成人式（rite of passage）無限延宕的「後社會主義」之子。

第四章從香港回歸後最具代表性的發展敘事——北進為例，探討幾部香港電影如何想像中港關係與跨界社群，如此的書寫又隱含什麼樣的慾望與焦慮。自 1990 年代起，香港打造地方的企圖與中國因素越來越難分難解，中國不僅是吸引香港的外在經濟力量，更成為香港自身的內在渴望。這個傾向充分展現在「北進」的熱潮與論述中。香港電影同樣逐漸開始批判地思考北進的意義。文中以不同歷史階段的中港融合再現來說明南下／北進的互動如何體現在影片中女性形象的轉變上。在香港的脈絡中，回歸之初仍承繼 1980 年代對中國的刻板印象，視內地為發展落後的化外之地，此時中港融合的再現多以內地女性南下淘金的情節為主。2000 年後隨著中國的急速開發，加上香港的經濟衰退遲滯，中港兩地的發展此消彼長，影片中不再僅見去南方的女性，而是港人角色出現了北進創業的念頭，或前進內地鄉下與都會尋求大展身手的機會。原本的邊緣弱勢女性也大量地被專業新貴取代。具體而言，本章聚焦跨境來港之中國女性，透過分析其形象的社會文化意涵，以理解

香港自我書寫中的情感政治。影片中的中國女性可用「移動女性」（mobile women）一詞來含括。卡蒂耶所謂的「移動女性」原指「自1980年代以來中國南方的男性企業家主義製造出來的弱勢性別身分，包括移工、性工作者以及台商和港商的二奶」（Cartier, 2001: 199）。她的定義方式與史書美的觀察相近。史書美指出，1990年代以來在香港的中國女性群體，主要包括「新移民」、「大陸妹／妓女」與「中國情婦」，「雖然偶有成功的女企業家或專業女性新移民在社會上出現」，但大多數的中國女性還是屬於較底層的新移民（Shih, 2007: 103）。本章討論的流動女性包括陳果的《香港有個荷里活》裡的中國妓女和阮世生的《神經俠侶》中從事按摩業的中國女子，邱禮濤《我不賣身，我賣子宮》與許鞍華的《天水圍的夜與霧》再現的中國新移民女性，以及《我不賣身，我賣子宮》和《單身男女》中的中國專業菁英女性。

　　透過分析上述香港電影，本章將指出近期港片中的內地女性角色，除了反映社會現實中底層移動女性的生活情境，新型態中國專業女性角色的出現，更象徵了中國日益強大的經濟實力與中港關係的轉變。中國與香港之間區域整合趨勢造成的社會及文化影響，是近年香港電影關懷的重要課題，影片提供了思考區域整合論述中的不安焦慮，與論述中的北進慾望與跨界想像共同體的關聯。於此，性別化的角色（堅毅的中國女性對比受挫的香港男性）與兩性關係提供了重要的切入點，讓我們得以釐清當代香港電影如何藉由再現各種香港男性與中國移動女性的連結，協商並建構跨界關係，以及展現連結過程中恐懼與慾望等種種矛盾的情感／情緒經驗。中國移動女性的再現由

妓女轉為妻子與母親，顯示中港關係更為緊密但也益發緊張，電影在呈現大眾焦慮的同時，亦試圖反思議題或建立接納他者的可能。而近年出現的白領菁英女性形象，則投射了香港參與中國經濟發展的想像。這些跨界抵達香港的各類中國移動女性成為影片中的連結角色，她們重新定義了當代香港的想像共同體，也扮演述說香港與中國之間或連結或斷裂的修辭工具。作為文化文本，晚近的香港電影持續反映中港關係的轉變，提供大眾理解並思考北進的當代意義。

　　第五章持續探討香港電影，檢視港片作為文化商品的北進想像，透過彭浩翔號稱正港本土片的《低俗喜劇》來分析中港合拍片的文化政治。後CEPA時代，香港新一波本土主義的興起反映了對於自主性消逝的焦慮與不滿，本土主義可說是因應中港區域整合過程中確立香港身分、謀求自主的嘗試。當香港本土主義這樣的政治思想面對文化商品於中國內地跨境流動和消費時，與主體性相關的議題便成為關注的焦點。亦即，香港在北進中國市場時，不願因中國的政治意識形態以及相關的體制協商而失去主體性與純正性（所謂港味）。這個有關本土主義及其所面臨的資本擴張問題，非常具體地呈現在最近幾年香港電影製作與消費的議題上。深入檢視《低俗喜劇》的影像敘事再現及其引發之藝評風波事件的討論，可望彰顯電影流行文化如何反映近年中港衝突並參與本土主義的地緣政治形塑。

　　本章援引親密性（intimacy）的概念來闡述中港關係，在特區新浪潮電影的脈絡中，分析影片建構的香港本土意識與對中港合拍片的想像，說明香港的主體性如何因應中港的文化產業關係而被（再）生產，藉此思考本片如何有助於理解當下中

港之間經濟發展緊密相關而情感分歧的矛盾。在中港衝突日增的當下香港社會中，影片一方面再現中港當今既緊密又衝突的地緣政治，同時也運用如此矛盾的「感覺結構」書寫故事來創造本土票房。文章首先關注片中所呈現的低俗趣味，分析影片敘事如何透過粵語文化的地緣親近性與男性中心的粗口及性題材來建立社群親密感，進而促成合拍片的經濟合作，又如何透過現代性的差異以及性別權力關係的指涉來劃分香港自我與內地他者的主體邊界，藉此描繪近年中港合拍片所體現的弔詭，亦即經濟合作與身分自主之間的衝突。接著將闡釋影像於劇外引發之觀眾評論與影片的映後座談如何操作本土主義獲取經濟收益，指出這部電影以低俗打造本土主義的流行文化生產，在近年中港衝突越演越烈的香港社會中占有政治正確的地位，然而如此的地位乃是建立在陽剛的男性國族主義之上。總體來說，要充分解釋本片所體現的本土主義和其所面臨的發展問題，必須考量電影作為文化產品與地緣政治的交互作用，同時關注其中的性別意涵，才能闡明本土主義所指涉的香港性，以及本片作為特區新浪潮電影在尋求香港電影產業發展的意義。

　　第六章試圖以近年赴港生育的內地孕婦為例，探究香港地緣政治與地緣經濟之間的矛盾張力。本章聚焦公民權的文化建構面向，檢視香港特區政府與民間社會如何透過內地孕婦的跨境生育各自表述出生公民權的意涵，一方面闡述官方的人口治理政策與生育觀光的資本邏輯同調共舞造成的民間反應，亦即前述本土蝗蟲論出現的脈絡與因由；另一方面，本章從女性主義地緣政治的視角切入，將香港婦女基督徒協會所出版的訪談錄《是她也是你和我：準來港女性訪談錄》（曹疏影、鄧小樺，

2010）視為理解內地孕婦的另類文本，分析其書寫的情感／情緒政治，從而彰顯主流人口論述——亦即官方的人口新血說與本土主義的人口換血論——皆不足以充分闡述香港出生公民權的複雜性，必須同時考慮的是港人內地配偶的生育權。

　　內地孕婦湧入香港生產的關鍵因素是 2001 年的莊豐源案，終審法院判定父母雙方皆非香港永久居民者在香港所生的子女擁有居港權，此案裁定後跨境生育人數明顯升高。港府將內地孕婦歸類為「非符合資格人士」，必須付出高額的費用使用香港產科服務，並受公私立醫院配額限制。此後十年，內地孕婦與其港生子女成為香港人口問題的焦點。「非符合資格」人士的身分合理化了政府對醫療服務資源的治理措施，包括公私立醫院分流的價差制訂與配額制度，亦即，透過控制公私立醫院分娩收費的價差與配額將內地孕婦分流至私立醫院。這項政策造成前往私立醫院分娩的內地孕婦人數大幅上升，間接促使內地孕婦成為生育觀光的消費者。內地孕婦與其胎兒造成 2001 年以來香港社會對跨境生育與中國的疑慮與怨憤。值得注意的是，非符合資格人士產婦原指配偶非香港居民之內地孕婦，亦即所謂「雙非孕婦」。但 2003 年醫院管理局修訂資格人士條件，定義港人內地配偶如使用雙程證且居港不滿 7 年者，為「非符合資格人士」，並調整每日的公立住院費用，從原本與當地居民（或符合資格人士）相同的 100 元港幣更改成 3,300 元。在此定義下，港人內地配偶成為俗稱的「單非」孕婦，其原來符合使用香港公共醫療資源的資格亦被政府取消。本章藉由細讀訪談錄《是她也是你和我：準來港女性訪談錄》如何體現內地孕婦的經驗與情感，進而思考再現單非孕婦的可能性與

挑戰。我將指出《訪談錄》透過姊妹情誼連結訪談者（香港女性）與受訪者（內地來港婦女）固然提升了社會邊緣主體的能見度，訪談呈現的好母親與好妻子形象也成功地建構了內地來港女性的正面形象。然而，如此的姊妹情誼書寫仍必須面對再現的難題：我們該如何承認他者的能動性，但又不至於將正義與同情物神化？又如，內地來港婦女的正面形象是否必然建立在過度再現她們的痛苦之上？在中港關係迅速惡化的時代，是否本土主義強調的香港民族性已成為階級問題的答案，若然，如此的女性書寫在什麼意義上仍有其必要性？

　　第七章將中港關係與北進敘事的脈絡延伸至台港連結，以近年港人的哈台文化及生活方式型移民書寫為例，進而分析雨傘運動之後香港人移居台灣的文化邏輯與發展想像，並提供批判的視角，以此審視晚近兩岸三地變動的邊界與情感／情緒政治之複雜關聯。除了本土主義的崛起興盛，近年港人亦將發展的凝視投向台灣，如此的發展想像隱含於所謂的「哈台」現象中。大約2010年，台港在民間社會層次的交流往來明顯地快速提升，前往台灣的香港旅客人數大幅增加，社會輿論將台灣視為移民目的地的主要選項之一，申請移居台灣的港人人數也整體上揚。這些現象顯示香港社會對台灣作為「他方」的解讀出現了顯著的變化，使得台灣成為吸引香港人觀光與移居之地。若由上述的中港關係發展來看，香港社會亦透過台港之間跨境的民間往來，從地緣政治和經濟活動的層次回應香港社會內部變化產生的政治性，尤其是對中國的反感。換言之，港人對台灣的好感某種程度而言是以反中為共同的「感覺結構」。

　　剖析香港在台生活方式型移民敘事中的政治無意識，本章

將深入闡述台港關係新連結的文化邏輯及其反映的發展想像。
本章將論證，所謂「哈台」現象可說是近年香港人對台灣抱持
殷切情感，並視台灣為實現某種理想生活之地。台灣的「小」
文化（從企業規模到生活態度）不僅提供了來台移居的港人追
求慢活的可能，亦滿足了港人實現創業夢想的物質條件，香港
媒體與社群網站散播流傳的「小確幸」／慢生活等相關論述，
則是描述與合理化夢想的具體語言，得以翻轉在香港被認定為
「無用」的工作。換言之，唯有跨境才能創造出企業人主體，
翻轉無用為有用；如此一來既能重新書寫地緣經濟希望論述的
既定腳本（前進中國），也能某種程度地紓解／逃離地緣政治
恐懼的壓力（香港的中國化）。在如此的需求與凝視之下，台
灣也從無甚大用的「後花園」成了可以安身立命、創業立業的
有用好地方。

（黃宗儀、魯凌清）

第一章

中國南方「新流動女性」

女性發達史敘事與珠江三角洲的發展想像

　　隨著中國階層身分之快速改變，有論者認為自2002年開始，中國出現了中產／新富崇拜（Guo, 2008: 38），此類身分代表性的主體包括企業家與專業人士（Goodman and Zang, 2008: 13）。古德曼（David S. G. Goodman）指出，中國的經濟改革不僅創造了新富人士，也改變了他們在地方政治中的地位。透過釐清新富與中國政府的關係，研究新富階層（*nouveau riche*）有助於理解國家與經濟的緊密連結如何促成中國新階層的出現。此外，分析新富階層的論述，更有助於釐清中國如何以推廣追求財富等個人動機來傳達財富和經濟成長的意識形態，讓社會更容易接受新富的富有（Goodman, 2008: 37；李紀舍、黃宗儀，2010：78）。古德曼同時提醒我們必須從政治經濟與社會文化各面向來理解中國的新富，不僅要理解新富隱含的複雜階層意義，更要探問「性別與族裔這類分層因素如何影響躋身菁英階層的流動可能？這些菁英的文化價值、階層想望與消費型態又是如何？」（Goodman and Zang, 2008: 4）延伸其發問，就性別面向而言，近年來雖然中國的改革開放也為女性提供參與社會、經濟等公領域事務的機會，讓她們有機會離開私領域並展開事業（Chen, 2008: 113），然而新富研究隱然以男性主體為主，向來未曾特別重視性別因素。陳明璐在理論化中國的新富階層時，便明白指出這項侷限：「學界現行的討論大多忽視女性的角色，特別是未將女性企業家納入中國新富階層的研究之中。」（Chen, 2008: 113）再者，中國近年的性別與發展研究主要探討的是過往被隱藏、遺棄的經濟發展「受害者」與被剝奪者，例如農村婦女與移民（女）工的問

題，[1]新女性身分的議題，特別是受益於此波發展潮的新女性，則較少受到關注。在資本主義以前所未見的速度於當代中國崛起，並持續飛快發展的脈絡下，必須同時正視不同階層的女性身分在發展過程中呈現的複雜面貌，新富／中產階層女性的研究因此有其必要性。

當代中國職場女性成功的要素與人文地理新創造的流動條件密切相關，因此若要精確拆解新富／中產階層女性的規範（normative）意義，必須將成功學性別政治的意涵置入資本主義地理重整的脈絡來理解。卡蒂耶曾以南方「新流動女性」的概念指涉「1980年代以來，衍生自中國南方充滿男性氣概之企業主義的諸多性別身分，包括女工、性產業工作者、台灣與香港商人的二奶」（Cartier, 2001: 199）。延伸此一身分定義，本章意圖擴充「新流動女性」的階層類型（新富和白領）與移動路徑（跨地域／跨國）。相較於卡蒂耶所描述的女性主體，新富階層的「新流動女性」不僅能憑藉自身努力參與城市經濟，甚至經常扮演領導者的角色，具有社會地位與階層的向上流動性。同時，她們擁有走南闖北的能動性，在中國一、二線城市快速發展與城市連結的物質條件（交通運輸等）促使之下，今日女性主體的移動路徑不僅是單純的城鄉流動，而是綿密複雜的中國城市與區域連結網絡。換言之，「新流動女性」的概念其實涵蓋了勞動階層女性從鄉村遷移至城市，以及中產階層女性跨地域／跨國都會間這兩種不同的移動方式。

1　此類研究的代表包括羅麗莎（Rofel, 1986）、卡蒂耶（Cartier, 2001）、嚴海蓉（H. Yan, 2003）、潘毅（Pun, 2005）等。

　　本章將分析兩個大眾流行文本中再現的新富女性形象，一是《中國女首富張茵：從廢紙回收業到紙業女王》（何春梅，2009）的女性企業家，[2]另一為《杜拉拉升職記》（李可，2007）的高階白領女性。前者是張茵的傳記，屬於近年走紅的富人傳文類。富人傳主要記敘1990年代崛起的「新富階層」的生命經歷，這些被譽為「成功人士」的新興富人，可用王曉明（2000）所謂「半張臉的神話」一詞以蔽之。他們的成功形象廣為流傳稱頌，然而成功背後的手段卻掩而未現。富人傳的出版可說是為讀者揭開了成功人士的神祕面紗。暢銷小說《杜拉拉升職記》則描述中國白領女性在跨國企業中的奮鬥史。「白領」是中國後社會主義時代的新詞（neologism）之一，年輕專業新貴廣泛使用這個身分來標誌自我，藉此過程「將他們自身與心目中的現代性範式，亦即西方社會白領階層連結」（Brownell, 2001: 126）。這個由「年輕專業人才（二十幾歲左右，行銷、科技與科學人才）組成的白領社會階層，熱切擁抱西方價值與生活方式」（Y. Yan, 2002: 23）。有趣的是，如杜西（Laurie Duthie）所言，雖然這樣的社會身分通常並未指涉特定的性別與職別（不分就職單位為政府、國營、民營或外資），在中國「白領」卻往往專指在外資企業工作的女性（2005: 5）。探討張茵與杜拉拉敘事的性別政治，有助於思考企業家與白領這兩類新富女性在大眾文化想像中扮演的角色。

2　根據中央編譯出版社發行部領導的說法，《中國女首富張茵：從廢紙回收業到紙業女王》一書發行一年便達到一萬冊左右的銷售量（電話訪問，2011）。

一、女性企業家張茵的成功模式與珠三角區域發展

1999年，《富比世》（Forbes）公布了中國前50名富豪，颳起一陣鉅富榜風潮。隨著中國富人人數增長，形成了新的菁英族群，富豪故事於是成為出版界炙手可熱的題材。自2000年下半年起，記敘成功企業與企業家的傳記均有迅速成長的趨勢，此類傳記書寫創造了人人稱羨的「富豪英雄」形象。然而從性別角度檢視之，新富成功學向來強調具有男子氣概的男性主體（如「成功人士」、「財富英雄」、「商幫」、「總裁CEO」、「打工皇帝」等），少見女性敘事。[3]張茵的傳記《中國女首富張茵：從廢紙回收業到紙業女王》，在眾多的男性企業家個人傳記中可謂一枝獨秀。張茵的女首富成功敘事原本可能顛覆傳統的女性形象，但細究其書寫策略後卻發現結果其實不然。傳記作者透過挪用性別角色的刻板形象，來呈現張茵個人對投資環境的理解判斷與官方擘劃區域發展變動的不謀而合，進而講述區域發展的成果與阻礙。因此，張茵作為成功女企業家的努力與發展歷程一再被收束在發展主義的框架下，使得個人的能動性與主體性轉化成象徵意義，以為改革開放時代下的珠三角發展背書。在仔細討論傳記中看似前瞻其實保守的「新流動女性」形象的建構之前，必須聲明的是，後續的分析並非以社會狀況變遷的編年史來解讀成功女性飛黃騰達的歷程，而是試圖剖析女首富傳記如何串連個人生命史與珠三角之間不均衡的社經發展，並進一步指出在讚頌女性於金融世界掌權時，

3　富人傳與成功人士的論述參見王曉明（2000）、李紀舍與黃宗儀（2010）。

我們必須明辨個人成就敘事所呈現的新女性主體，其範式意義可能建立在保守的性別意識上。

張茵出生於廣州，曾在深圳擔任過會計員，後來陸續於香港和美國創業，1995 年在東莞創立紙業工廠。2006 年，她以兩億七千萬人民幣的資產躍升為胡潤中國富豪榜的首位（〈2006胡潤〉，2006）。傳記一開始便將張茵的成功提升至抽象層次，強調她的故事象徵了珠三角的區域經濟改革之路。1980 年代，中國建立經貿特區並提倡「香港與深圳的整合」，以發展廣東—香港之間「前店後廠」的經濟合作模式，帶動珠三角沿岸在中國改革與開放政策下優先發展的重點城市（深圳、東莞、珠海與廣州等）迅速發展。作者指出張茵當時的契機正是珠三角的快速發展與區域特性所促成：「在張茵一家舉家南遷到廣東後，正好趕上改革開放的珠三角商業大潮。……珠三角的企業相對來說，顯得更加大膽，敢冒險，創新能力較強，做事務實。」（28）此例顯示出，傳記將企業家個人如何掌握投資發展的經濟區位，與改革開放時代官方的珠三角區域化發展路徑相互呼應。

具體而言，傳記得以將張茵成功發達的軌跡與中國南方的區域整合並置對應，主要是透過反覆利用國家女性主義與家庭主婦的性別角色來促成。作者藉由「鐵娘子」及「賢妻良母」的雙重象徵，建構並自然化張茵個人的成功作為珠三角區域發展的文化符碼，進而使成功女性的故事應和改革發展的現實與論述。[4]張茵這位「鐵娘子」說道：「我工作起來從不考慮自己

---

[4] 「女首富」的敘事認同展現了當代中國的性別論述。在張茵的傳記裡，通篇

是女性的問題。」（13）傳記將張茵的「鐵娘子」形象影射為中國發展的象徵。「鐵娘子」為社會主義時期中國家喻戶曉的女性再現形象，倡導女性平等參與國家建設的重要性。在當代中國開放的市場社會中，這樣毛主義式的為大我奉獻不分性別的形象出乎意料地再度受到歡迎。如同卡蒂耶所言，「經由20世紀現代化的浪潮，在不同政權底下，中國女性的表徵性角色仍充分浸染著國族主義的價值觀。」（Cartier, 2001: 176）我們不難發現，在張茵傳記中，舊式意識形態主導了故事的基調，作者一再將張茵成功女企業家的形象轉化為國族符碼。敘事一方面強調是張茵不屈不撓、勤奮努力的本性，造就她成為中國的奇蹟與世界的傳奇，並將她比作日本的「阿信」，因為兩人皆為白手起家的女性企業家（14-18）。另一方面作者指出，驅使張茵在1996年選擇自美國回到廣東打造造紙王國的動力，是出自她的愛國心：「我雖然居住在美國，但我的事業在中國。『因為我是華人，我的根在中國，我要在有生之年，在中國這片熱土上傾注我的全部心血，回饋生我養我的父母和祖國。』」（38-39）由此可看出，「鐵娘子」在中國資本市場化的過程中被賦予另一層意義：她推動經濟的發展，對促進區域與國家的蓬勃成長起了關鍵的作用。5

貫穿吳小英（2009）提及的三種當代中國市場社會的性別論述分類：其一為國族女性主義，例如「女人撐起半邊天」所代表的意識形態；再者是市場經濟與隨之而來的績效主義論述的擁護者，強調「素質」的重要；最後一種為「賢妻良母」代表的傳統論述，此四字暗喻男主外、女主內的邏輯，以及妻子必須順從丈夫的尊卑關係（1）。

5　書中記敘張茵被英國傳媒盛讚為現代木蘭（11），一個經常與社會主義

　　除了「鐵娘子」的堅毅，傳記也再三呈現張茵尊重丈夫、善盡撫養兒子義務的「賢妻良母」形象（213-230），藉此指出她開啟成功大門的另一把金鑰是協商企業家與賢妻良母這兩類角色的能力。這部分的書寫凸顯了張茵對傳統女性角色的自覺與認同，及其身為女強人所面臨的調適與掙扎。作者指出，張茵多次在公共場合表達，她的丈夫兼生意夥伴劉明忠不只是她成功的要素，更是造就她成功的人。若非丈夫的支持與協助，她便無法成為今日眾人眼前的張茵（130-131、221）。如此的宣言並非偶然，成功女企業家張茵的背後是一個性情溫和、配合度高的男人，放棄了自己的工作跟隨妻子到美國發展她的事業。同時，張茵也強調她公司業務分工的重要性：她負責內部管理，丈夫則負責公共關係（137）。張茵自述他們在公司業務上的內外分工對應了「男主外、女主內」的公私領域性別劃分，這是她對長期忽略劉明忠不滿身為「家庭煮夫」的補償。在發展企業的打拚時期，張茵意識到丈夫的鬱鬱寡歡，於是她一方面說服丈夫擺脫傳統家庭分工概念，亦即男人出外掙錢、女人在家當賢妻良母的刻板印象（224），同時透過在公共場合讚揚丈夫扮演「對外」公關的關鍵地位、強調自己「對內」的角色，以回應性別分工規範對個人造成的壓力。此外，傳記也提醒我們張茵不僅是賢妻更是良母。張茵的兒子，也就是她的事業繼承人，被描述為獨立體貼、富同理心且勤奮的「富二

「鐵娘子」連結的形象。關於「鐵娘子」的概念，可進一步參見金一虹（2006）、耿化敏（2007）。關於女性的再現如何在毛主義與改革開放時期被運用為象徵傳統中國美德以及主流性別論述，見卡蒂耶（Cartier, 2001: 176-178）。

代」。作者寫道張茵多年前長途出差而無法陪伴早產的兒子，至今愧疚在心，但縱使張茵無法如她所願盡可能地陪伴兒子，在撫育兩個孩子成長的過程中，她從未因公事而疏於關心兒子的教育。上述張茵在母職與企業家工作之間的掙扎，凸顯她對傳統定義下理想母親角色的認同（216-220）。

　　如此為丈夫與兒子設想的賢妻良母形象，其實迎合了區域經濟發展鼓勵私立企業的政策。傳記中作者一面強調，張茵的造紙產業是「政府全力支持私立企業」下珠三角的豐碩成果，同時暗示賢妻良母是張茵作為私立企業家楷模的關鍵原因。在傳記前半部分，作者引述國外新聞報導稱張茵為「時代的產物」，認為她的發達成長具體呈現了中國經濟改革開放政策的成果，特別是政府對私立企業的大力支持和鼓勵（19）。值得注意的是，傳記不止一次指出，張茵領先東莞眾家民營公司的祕訣是深諳私領域的管理之道。其中的關鍵在於「私」（private）所指涉的兩個不同的意涵：一是家庭範疇，另一是民營／私立企業。當這兩種不同層次的意義合而為一時，家庭主婦與女性資本家的形象也自然融為一體。例如作者引用所謂的「軟管理」（或彈性管理）來描述張茵的領導風格。如其字面上所顯示，軟管理充滿女性氣質：「她們〔女性企業家〕是以塑造親生子女的態度去塑造這份工作的。」（13）作者竭力告訴讀者張茵如何將日常生活中的母性關懷延伸為對工廠的軟管理（147-165）。舉例來說，「在多種場合，張茵都以母親般的姿態出現在員工當中。她常常說，這些員工就像我的孩子一樣。」（159）再者，秉持「公司如大家庭」的信念，張茵選擇與她的「家庭」共居，「把自己的家安在一棟宿舍樓的頂層，

而樓下就居住著來自五湖四海、身分低微的打工者。」（156、191）藉由彰顯女企業家成功結合企業管理與傳統家庭價值，張茵傳記暗示善於經營私領域（家庭與其延伸的公司）的「好」女人特質，成就了區域經濟發展。

而在經濟衰頹的時期，相對於傳記先前塑造的中國版「阿信」形象，張茵改以平凡的「簡單女人」的身分出現，成為解決區域發展危機的主導形象。傳記後半段描述，張茵在事業上遭逢的挫敗同時映射了整個區域的經濟危機。從結構層次來看，此處敘事所採取的策略是將個人面臨的挑戰轉化為區域發展問題的象徵。一個明顯的例子是關於張茵如何面對 2008 年的勞資爭議。此事件源起於一個由香港學生所組織的「大學師生監察無良企業行動（Students and Scholars Against Corporate Misbehavior, SACOM）」，他們控訴張茵的工廠是血汗工廠，並痛罵她「點血成金」。面對這些道德指控，作者說當時在美國的張茵「哭了起來」（176）。在這段「血汗門」的描述中，敘事者將勞資爭議議題導向是全中國勞動市場的結構性問題：「要求她一個人承擔所有的勞資矛盾或要求她解決很多企業都不能徹底解決的問題，是不公平也不現實的。」（194）然而這個說法毋寧是為了替張茵辯護。也就是說，當遇到困難的狀況，張茵就不過「只是一個簡單的、希望盡自己最大的努力把企業經營得更好的倔強女人，然而，現實卻總是不斷地考驗她」（176-177）。此處傳記中所顯現的傳統女性特質，與先前待員工如己出的體貼企業家描述，共同營造出好女人受社會大眾誤解的印象。接著，「血汗門」事件的敘事便以典型成長小說的結構發展，亦即成長敘事的主人翁雖面對種種社會考驗，

但皆能藉外在困難培養自我力量，以因應變動與危機（Buckley, 1974: 281-282）。勞資爭議在傳記中轉化為個人前進道路上遭遇的困難與挑戰，而化解危機則代表主人翁通過考驗，得以擁抱真正的成功：「正是那些讓人措手不及也避之不及的『門檻』，讓張茵和她的玖龍紙業在『災難』中得以進化。」（196）總體而言，「血汗門」事件的書寫將珠三角的發展更迭詮釋為「自然」變動，把勞工權益問題誤現為對女企業家的個人考驗。

　　敘事除了將上述女性企業家個人遭遇的危機歸咎為整體區域發展結構的問題，女性主體為解決自身困境而對環境的擘劃與應對之道，亦被納入區域危機的宏觀論述之下，甚至被取而代之。書中描述全球景氣衰退對區域發展造成的衝擊，亦即2008年廣東省經濟發展遭受重創的時期，是個具有代表性的例子。自2008年1月至9月間，共有21,500間公司取消了廣東省的營業登記，大多數是批發／零售業公司或製造業，在取消登記總數的比例上分別高達37%與22%。私人企業的出口量與2007年同季相比，銳減35%，損失約56.7億美元（〈粵十月〉，2008）。東莞市勞工局也宣布117家未給付勞工薪資的產業名單，以及在2008年9月至10月間消失蹤影的眾多業主（〈117家〉，2008）。此金融危機凸顯了這位堅毅女性與她所處的珠三角環境必須克服的「破產門」關卡。但當傳記一再連結張茵的企業與廣東的區域經濟發展，例如指出「玖龍紙業對金融危機的理解和應對在廣東具有代表性」（199），張茵個人度過經濟危機的努力與才幹便順理成章地被置換為廣東區域治理的功績。作者指出在2007至2008年金融危機期間，張茵的公司股價銳減，當時謠言盛傳玖龍紙業身陷債務危機，周轉不靈甚至

到了破產的地步（196-197）。傳記接著運用官方紀實的語氣，將張茵決心忍受艱難的敘事主軸，導引至「政府的支持」一節，引述廣東省政府官員為平撫社會大眾對珠三角金融危機焦慮不安的回應：「2008 年 11 月 12 日，廣東省委常委、副省長肖志恆表示，國際金融風暴對廣東確實有影響，但並沒有形成企業『倒閉潮』。」（199）再者，「面對金融危機的強烈衝擊，廣東省委、省政府……提出了總投資 2.37 萬億元的全省『新十項工程』。」（202）作者將破產倒閉事件以此作結：「一旦熬過金融危機，經過鍛打的玖龍紙業注定會越來越強大。」（205）在有關張茵如何闖過「破產門」的敘事中，作者對於張茵的企業如何受政府資助而得以度過金融危機的具體細節並未交代，僅指出「坐以待斃絕對不是張茵的性格」（197），繼而強調得到政府「幫助」的張茵順利處理金融危機，造就穩定軍心、政策宣導的作用，為此區域產業的過渡期渲染一片璀璨前景：

> 有改革開放 30 年來廣東積累的雄厚經濟實力，有廣東企業在市場經濟的環境下鍛鍊出來的拼搏能力和經驗，加上中央和省出台的一系列拉動內需的重大舉措，作為中國市場經濟條件和氛圍最好的行政區域之一，廣東一定能戰勝當前的困難，繼續當好全國新一輪經濟發展的排頭兵。（203）

至此，明白可見的是，傳記讓中國女首富的個人記敘演變為廣東官方經濟發展的辯護論述。

由上述分析可知，張茵故事所樹立的新女性範式，仍未跳

脫刻板性別語言及形象的論述模式，且與其所象徵的珠三角區域發展難解難分。敘事中「鐵娘子」與「賢妻良母」的形象被挪用來說明張茵成功的要素，透過這類性別角色的中介，將「女性—私領域」與「女企業家—私立企業」並置類比，從而讓女性企業家的成就為珠三角鼓勵私立企業發展的區域政策背書。另一方面，當區域發展面臨勞資衝突或金融危機等挑戰時，「鐵娘子」則又化身為受限於大環境的弱女子／好女人，受政府協助度過難關，進而成為政府用以顯示其處理經濟危機能力的例證，印證區域發展為硬道理。如此的兩面性清楚揭示了流行文本再現女企業家成功歷程可能出現的弔詭──「新」女性範式的成立借重的是傳統中國與社會主義時期的「舊」性別身分，以促使「新流動女性」為區域發展邏輯代言。

二、女職員變鳳凰：《杜拉拉升職記》與廣州的世界城市化

　　1990年代，都會白領女性逐漸成為中國當代眾人嚮往的身分，這點在大眾媒體中一覽無遺。如前所述，白領是西方現代性衍生的身分，最初主要透過各種大眾媒體的中介流傳而來，例如西方女性時尚雜誌（《Elle》、《柯夢波丹》、《美麗佳人》）、美國影集（如《慾望城市》），甚至台灣小說（如王文華的《蛋白質女孩》（2000））都呈現了都會女性生活的新企盼。2007年「杜拉拉」的出現把此身分想像推上另一個高峰。然而，與先前外來的移植形象不同，杜拉拉的都會女性形象具備在地混種的特質。小說《杜拉拉升職記》故事發生在廣州一

家虛構的全球500強外商企業DB，情節描述看似平凡的女主人翁杜拉拉如何努力奮發，追求事業成就與個人成長，一路從國營與民營企業的普通小職員，晉升為跨國企業中的高階人事經理。跨國企業為近年中國就業市場的「聖杯」，是青年才俊的首要選擇，[6]《杜拉拉升職記》提供讀者在跨國企業發達之道，開啟大眾對中國在全球化情境下的新職場文化想像。本書一發行便暢銷中國各地，成為職場教戰守則與中國白領階層必讀作品，甚至被評為較比爾・蓋茲的故事更發人深省。[7]原著的成功，[8]使這個虛構的故事被改編成電影、電視、舞台劇等各種版本，也引發各類小說或非小說文體的女性職場成功學文類大量出現。[9]這個描寫白領女性後起之秀的潮流，被稱為「杜拉拉現象」，讓70後與80後的女性中低階雇員，擁有與新中產職場女性認同接合的想像與渴望，並為勞動市場中的女性競相模仿，成為所謂「成功」職場女性的範式之一。在此意義上，杜拉拉如同張茵，可說是東亞現代化歷程中的「阿信」。

　　有趣的是，儘管小說中女主人翁任職的跨國企業DB位於

6　敘事者指出：「500強，全球也就500家，當年又有一半多尚未在華投資，在進入中國的500強裡面，再刨掉其中的勞動力密集型企業，也就沒有剩下多少可以選擇了。」（25）

7　《杜拉拉升職記》的封底寫道：「對於大部分的人來說，她的故事比比爾・蓋茲的更值得參考！」

8　根據人民網「尋找文化產業樣本」系列報導，「杜拉拉」系列書籍銷售量高達350萬冊（楊雪梅、劉陽，2010）。

9　例如《解讀杜拉拉升職訣竅》（張尚國，2010）、《杜拉拉升職的N個祕訣》（張宇，2010）、《升職記中有升職技》（趙智謀，2010）、《把杜拉拉徹底說清楚》（蘇豫，2010）、《人人都是杜拉拉》（麗婕，2010）等。

廣州，此城市的發展也具體影響小說對女主角個人成功的定義，但一般讀者大眾不是經常忽略《杜拉拉升職記》故事發生的城市背景在廣州，就是認為廣州在書中的地位無足輕重。[10] 此效應更進一步延伸至小說改編的電影與電視劇。在電視與電影版的杜拉拉故事中，雖然符碼化的白領女性依舊神采飛揚，然而原先故事發生的所在地「廣州」卻神不知鬼不覺地消失於想像的視野。杜拉拉的故事與廣州逐漸脫鉤的現象值得仔細探究。有別於大眾普遍的認定，本章將說明杜拉拉的發達歷程與廣州的城市發展息息相關：廣州晉升世界城市的企圖可視為小說中理想白領女性的形象及個人在職場向上流動的譬喻。以下的分析將先由廣州近年的跨國企業發展背景出發，深入剖析小說中的跨國企業文化再現以及女主人翁的跨城市流動，接著從批判世界城市範式論述的視角，參照都市地理學對廣州的研究來解讀《杜拉拉升職記》，說明廣州以世界城市為藍圖打造城市新樣貌的發展邏輯，如何主導了小說中女主人翁的都市認知

---

10 《我們的杜拉拉》（蔡明菲，2009）一書將豆瓣網（Douban.com）上的讀者回應編輯成冊，在79篇回應裡，只有2篇提到了廣州。本研究亦進行了讀者反映調查問卷與深度訪談，一方面於2011年2月到4月間向中國豆瓣網（http://www.douban.com/）發放1,500份網路問卷，然後針對有效問卷進行編碼與詮釋分析，另一方面採取深度訪談，以補足網路問卷，更深入理解讀者的主觀體驗。訪談受訪對象除了兩位任職於外商的白領人士之外，其餘為台灣大學20-30歲中國交換學生中讀過原著與看過改編作品的9位交換生。網路問卷與訪談結果顯示，84名讀者（調查問卷73人，深度訪談11人）之中，有69位認為這本職場小說的情節背景設定不需受限於廣州，可延伸至任何中國的一線城市，而廣州的城市特色在此小說故事中若有扮演任何角色的話，也是相當次要的。

與文本中的性別建構，並在此基礎上推論世界城市的發展意識形態如何限制了小說對新女性主體與女性議題的刻畫，以及小說中廣州的城市再現所隱含的問題。

　　廣州近年的國際化發展實是促成杜拉拉故事的先決條件。從1990年代起，廣州便致力將自身打造為世界城市，強調必須在15年內超越亞洲四小龍。為達此目標，廣州積極學習企業經營、行銷與運作方式來推廣自身，以增強都市競爭力（Xu and Yeh, 2003: 365; Wu and Zhang, 2007: 716, 723）。2008年，為使地方政府在設定發展計畫工作主旨時有指導方針可循，廣州市政府提出廣州市規劃概念：以「在區域中發展世界城市」為綱領（Wu and Zhang, 2007: 718-719, 727），發展目標是打造一個「既對世界開放，又為國家服務的世界城市」（中國城市規劃設計研究院，2001：41），並向倫敦、東京等成功模範取經來訂定發展策略（廣州市城市規劃局，2010：81-82、84-85）。[11]創造對商業友善的世界城市氛圍即為當中的重點發展策略之一。由此可知，在形塑與確立廣州發展的過程中，外資企業扮演關鍵的角色。1990年代晚期，廣州政府致力「讓城市回歸區域中心，並發展成更繁榮、文明、有效率的世界區域中心」，「成為『宜居生態城市』，提供『友善的商業環境』」（引自Xu and Yeh, 2005: 296）。整個1990年代，廣州政府都以「提

11　如吳縛龍（Fulong Wu）所觀察，這些策略計畫的核心實際上是對西方世界城市的想像：「在中國城市『依照國際模式行動』的標語下，設計顧問往往會提出如『中央商務區』（CBD）、『服務導向的發展』」（SOD）、『預期導向的發展』（AOD）、『聰明成長』（smart growth）與『新都市主義』（new urbanism）各種新概念，以正當化他們的觀點。」（2007: 387）

供跨國企業總部及研發中心入駐的誘因，藉此嵌入跨國企業，使珠三角全球化，將廣州與深圳提升為世界城市」作為政策綱領。2009年，廣州的外商直接投資達377.3億美元。入駐廣州的全球前500強跨國企業數量也持續成長，從2004年年底的127家，2007年成長到160家，2009年更多達170家（Lu and Wei, 2007: 236）。全球500強跨國企業有170家在廣州設置總部，這項指標數據可視為廣州經濟發展與競爭力提升的成果。正是如此一個對跨國企業友善的環境造就了白領杜拉拉的舞台。

　　跨國企業文化則是女主角「成長教化」（*bildung*）的具體內涵。杜拉拉的成功不僅是因為她靈活運用跨國公司的價值觀與評價標準，更由於她認同這些標準甚至為其代言。透過小說的敘述，跨國企業被放大為杜拉拉的整個生活場域，文中同時也暗示了廣州的都市生活等同於杜拉拉的世界。杜拉拉的故事成為讀者親近與理解全球資本主義文化的櫥窗：展示擇優晉升、評估標準、薪資、補償與福利制度等外企風格（18-20），SOP、SWOT、SMART、360度評估等辦公室技巧，甚至辦公室常見的禮節與文化規範（如「You deserve it!」的雙關意義）。[12] 在此意涵上，杜拉拉有如王愛華（Aihwa Ong）所描述的上海外商公司菁英，中介西方企業文化以求自我實現（2008: 187-

---

12 「原來那英語中的『You deserve it』，還真是對應中文裡的兩種解釋——我們中國人表達褒義的時候，就說『實至名歸』，表達貶義的時候，則說『罪有應得』，俗稱『活該』又叫『報應』；在英語裡就不分了，都說個『You deserve it』，大意就是因為你幹了什麼，然後你因此得到了相應的結果，重在強調個因果關係，都算是『你應得的』。」（102-103）

188），[13]她也可被視為閻云翔（Yunxiang Yan）所謂「文化全球化代理人」的具體例證，是「確實將西方文化推廣至工作場所」的外資公司管理菁英（2002: 22）。

　　小說中杜拉拉的能動性充分展現在她的跨城市出差，而這項成功指標又再次著眼於跨國企業的特殊性，因城市節點正是跨國企業在世界城市中運作的必要條件。跨地方的商務出差使杜拉拉成為一個「流動女性」，顯示她嫻熟職場技巧，有能力管理來自中國各地職位高低不同的在地員工、處理不同城市的企業文化。這些細節一再為讀者呈現跨國公司內部本國菁英與國外管理階層互動的第一手資訊。故事中一個特殊的情節是杜拉拉拒絕搬到上海接任DB當地的人資經理職缺，她說：「目前我還不想來上海，我的生活在廣州，但是我願意經常出差。」（85、92）隨後，成為人事經理的她經常在廣州、上海、北京等一線城市之間出差。此處，杜拉拉選擇常駐廣州，拒絕赴位階更高的上海任職，看似不合常理，違反霍夫曼（Lisa M. Hoffman）所言，中國人才對工作地點有「優先順序的慾望」，而位階的優劣之分通常也依循中國一線城市排名的邏輯（2001: 45; 2010: 70）。但細究下可發現，選擇駐留廣州其實是小說成功之處，杜拉拉不按牌理出牌為關鍵的敘事策略，不僅強化女主角固執勤奮（「倔驢」）的人格特質，也更加凸顯了跨國企業運作的在地城市節點連結。繼而使杜拉拉的

---

13 王愛華進一步說明，對當前中國的年輕專業人才而言，成就自我的企業文化包含「將自我轉化為價值翻譯者，中介各種大量的知識形式」（Ong, 2008: 186）。

職場故事透過奮鬥成功的女性眼光，讓中國各地的讀者能從中看見跨國企業的文化與人際關係，理解在跨國公司的總部與分公司中，來自五湖四海的人才所組成的複雜網絡（各種層級的老闆、同事、下屬、企業夥伴、客戶、人力仲介與競爭對手等等），[14] 有助於擘劃個人在快速改變的企業文化與市場社會中的相對位置。

正如前述論點所示，流動是杜拉拉新女性身分的重要特徵，因此小說以跨城市移動為場景來見證女主人翁的成功顯得似乎理所當然。閱讀過程中，讀者在認同女主人翁最終成功的同時，也就自然而然地接受了城際移動是職場上追求個人發展不可或缺的要件。這個認同策略的運用在文末的情節中清楚可見。小說結尾杜拉拉在從上海飛至北京的航班上，遇到一個對職場充滿好奇的年輕男子李都。這位職場新手眼中所見的杜拉拉是個迷人女性，身穿襯托她長腿的 Nike 藍色運動褲，身材曼妙，品味絕佳。與李都的閒聊充分展現了杜拉拉在外商公司任職的專業素養，以及她能準確判斷陌生人身分的人事經理專長。但李都認為杜拉拉最讓人印象深刻的，是很懂得如何在航班上優雅入睡，即使她睡得像一個小寶寶，身體仍然坐得很端正，「看來飛得不少，機上睡覺技術很純熟。」（252-254）杜拉拉與李都的相遇可說是移動女性成功故事的一個註腳，具體而微地顯示女主角已經從一個職場新手，搖身一變為成功老練

---

14 透過杜拉拉的移動與視角，讀者見識到來自不同地區的 DB 雇員，而他們的形象大多與既定的刻板印象相符。例如：來自北京的王偉與王薔驕傲率直；上海人玫瑰與潘米拉精明算計；出生廣州的海倫則務實沒有野心。

的都會高階白領。

　　然而在此必須特別指出，杜拉拉的角色雖然顯示了「新流動女性」對當代社會具有文化指導的權威性，但其所提供的視角仍侷限於跨國企業的人際網絡與文化。下文將從世界城市的再現邏輯來分析杜拉拉發達史中的矛盾。當代都市地理學者用「提喻法」（synecdoche，以部分取代全體的修辭策略）來批判以所謂世界城市（如紐約、倫敦、東京等）為基調的新都市主義。他們認為新都市主義只將極少數的世界城市推舉為範式，同時也太過強調其中特定的經濟領域與城市空間，而忽略其他部分。[15] 再現城市時僅獨厚某些部分的結果將使我們難以視城市為「多重空間」——「在擴大的『都市』區域中，被關係性地建造、聯結、疊加」的空間（Amin and Graham, 1997: 417）。阿敏（Ash Amin）與葛拉漢（Stephen Graham）於是提出「普通城市」（ordinary city）的概念來修正全球都市以偏概全的論述，他們強調當代城市是由異質的經濟、社會、文化與機構所組成。承續兩人的說法，羅賓遜（Jennifer Robinson）擴充「普通城市」的概念，認為普通城市組成了世界上的所有城市，包含那些被認為不夠格躋身世界城市的城市，尤其是第三世界的城市。她意圖回應以全球城市為核心的城市文化和經驗中，頻頻出現的現代／傳統二元對立，以及發展主義主導的城市經濟開發，往往會針對貧窮地區展現「改善城市生活」的企圖，藉此推廣並模仿城市現代性和發展，形成城市之

---

15 參見斯里夫特（Thrift, 1994）、阿敏與葛拉漢（Amin and Graham, 1997）、羅賓遜（Robinson, 2006）。

間的權力層級關係（hierarchical relations）（2006: 2, 4-5）。羅賓遜同時指出，全球／世界城市的論述非常侷限，因其促成了提喻法的邏輯，一再以部分代替全體——跨國公司、光鮮的商業區、金融高樓等遮蔽了城市的物質性、日常生活及多樣階層等不一而足的都市現象。全球／世界城市涉及的再現邏輯，即是在「限定的全球框架下」只聚焦「小範圍的經濟與政治活動」（109）。所謂城市的「普通性」，意味透過研究不同、甚至衝突的城市之間共同存在的生活，把城市之間既差異但同時又可能共同存在的社會空間例如少數族群區（ghetto）放進城市研究裡。也就是說，「普通城市」盡可能賦予「城市」概念寰宇性（3, 26），藉此再構想（reformulate）一個可真正應用到所有城市的「現代性」概念，並再構造（reframe）一個能挑戰富有／貧窮城市分野的城市發展框架（7）。如此具有地誌學（topography）想像的分析概念，藉由釐清不同城市生活在想像上和實踐上的關係，以及生活於其中的居民如何受到其他城市的牽連（2011: 16），來凸顯城市現代性中混雜多元的一面（2006: 14）。綜上所述，相對於狹隘的全球／世界城市範式，普通城市是「多元、複雜且內部分化的」，「匯合來自不同空間的龐大網絡與流通，並匯集了不同種類的社會、經濟、政治過程」（109）。

提喻法修辭點出當都市政府試圖「升格」為世界城市時，其指導方針中所隱含的簡化邏輯。提喻法不僅是世界城市競爭下都市發展的狹隘視角，更因此消除了城市的多樣性。杜拉拉的故事即具體展現了新都市主義的意識形態，作者透過提喻法的使用，讓世界城市的再現邏輯成為小說中定義性別角色與性

別議題的工具，也決定了女主人翁如何理解及認知她工作的所在地廣州。值得注意的是，這樣的再現隱含了雙重的矛盾。首先，從世界城市的提喻法來看，杜拉拉小說實是依循廣州打造世界城市的再現邏輯（亦即用部分代表全體），以跨國公司的職場環境替代日常生活中繁雜多樣的社會空間，來描繪女主人翁的成功。敘事所創造的「新流動女性」的範式，有賴於捨棄廣州的城市多樣性，從而與城市的跨國企業空間緊密疊合。然而，當女性的成功是奠基在對社會整體的日常生活視而不見，新女性本身便難免成為類型化的專業白領角色。也就是說，當世界城市的再現邏輯主導女性發展的成長故事時，杜拉拉理所當然地成為世界城市合理的使用者與擁護者——光鮮亮麗的專業經理階級（professional managerial class）（Sassen, 1996: 221）。再者，世界城市的提喻法邏輯，不僅使小說中的性別角色扁平化，也造成廣州的再現刻板受限，是以電視與電影版的杜拉拉故事，可輕易地將背景城市替換成上海或北京。由此觀之，杜拉拉文本中廣州的再現政治所隱含的世界城市提喻法邏輯，表面看來有助於推廣廣州形象與新女性的發展，實際上卻可能適得其反。

　　進一步檢視書中的性別政治，可發現由於都市提喻法的邏輯圈限了性別角色的再現，形塑出的新女性主要為跨國企業職場空間服務，因而不難理解女主角杜拉拉被刻畫成專業經理人——跨國公司所代表的社會新秩序的維護者，負責監管約束不見容於跨國公司的社會關係。也就是說，小說中的新女性正是維持都市提喻法邏輯運作的執行者，杜拉拉的人事經理一職讓她具有這樣的監督把關功能。小說第52章〈如何處置這樣

的「三期」員工〉探討跨國企業對女性工作權的保障。在此章節中不難發現一個有趣的對照：杜拉拉扮演一個為維護公司利益而爭取正義的「好女人」，協助處理「壞女人」伊薩貝拉的黑函事件。公司助理伊薩貝拉謊稱她因為不合理的工作壓力而流產，想藉此向公司求償。她誇張地譴責男性主管是殘忍的殺人兇手，有如白毛女裡的「黃世仁」。[16]正當男主管手足無措不知該如何應變之時，杜拉拉挺身為公司解圍，告訴伊薩貝拉要出具醫生證明與保險公司報告，才能確定流產的真正原因，證明原因後再來向公司求償。在此，杜拉拉的權威來自於鎮定自若的危機處理能力與對法規的熟稔，讓她得以說服伊薩貝拉打消訛詐公司的念頭（247-249）。身為人事經理，她必須確立執法的規則、程序，以及跨國企業的法治原則。杜拉拉妥善處置了企圖詐騙的窩裡反女性員工，替跨國公司保全了安全無礙的經營秩序。如此的敘述方式是將成功女性菁英的形象塑造，植基於能夠提供健全環境以協助跨國企業運作，並負責向跨國公司展示如何進行在地治理。

　　小說中性騷擾的場景，將跨國企業再現為城市中性別政治正確的工作場所，也發揮了類似的功能，引導讀者認同並推崇跨國公司。性騷擾是職場女性面對的重大問題之一，從2005

16「白毛仙姑」原是中國地方的民間傳說，1940年代中國共產黨的文藝創作者將之改編成歌劇，用以宣揚政治思想。《白毛女》內容描述佃農之女喜兒遭惡霸地主黃世仁欺凌姦汙，逃進深山，頭髮全變白，後在加入八路軍的昔日戀人協助下，打倒地主，村民共分其土地。《白毛女》多次改編成京劇、芭蕾舞劇、電影等藝術表演形式，故事廣為流傳，當今一些白領仍會挪用此典故，戲稱壓榨自己的老闆為「黃世仁」。

年開始被中國政府正視為不合法的行為。但小說中的性騷擾橋段並非旨在彰顯職場中的性別議題，而是合理化女主人翁在跨國公司工作的理由，刺激杜拉拉離開欠缺素質的民營企業，進入全球500強的跨國企業（13）。在故事開頭，小說呈現杜拉拉被任職的民營公司老闆阿發騷擾。作者借用了大眾普遍對中國民營企業家鄉巴佬的刻板印象，以誇張的手法嘲諷他們惡名昭彰的經營方式，例如花大把時間喋喋不休地炫耀個人成就，甚至要求員工背誦古文等等（8-9）。這樣的男性企業家往往視性騷擾於無物。敘事者形容杜拉拉被老闆用腳磨蹭時的感受：「活像有隻又濕又冷的肥老鼠爬過她的腳背，**一夜回到舊社會**的感覺霎時掃去她滿臉陽光。」（11；強調為本書作者所加）接著，讀者便見到她矢志轉向跨國企業求職：「我想進真正的外企，富高科技含量的500強跨國企業。那我就可以有一份不錯的收入了，又不需要背〈陋室銘〉，更不會有性騷擾。」（13）小說之後描寫杜拉拉以新進人員身分受訓時，對DB辦公室以玻璃隔間預防性騷擾的空間設置留下了深刻的印象：「拉拉注意到，DB所有經理辦公室沿走道的這一面，都是用大塊的玻璃來作間隔牆。」（16）作者先是暗示了中國「舊社會」的陋習，再以對比的方式呈現跨國企業保護女性職員的空間設施。我們可以說，小說中的性騷擾事件毋寧是個引子，主要的目的在於建構讀者對跨國企業文化的認同。

總括提喻法邏輯造成的再現問題，一方面，在監管與維護跨國公司企業代表的新秩序的過程中，杜拉拉的新女性形象等同於忠心維護跨國公司利益的主管，職場女性遭遇的性騷擾問題也只是用以對比凸顯跨國公司企業文化的優越性。小說特定

的白領菁英觀點可以說明，為何故事中明顯忽略中國當代社會其他常見的性別議題，例如社會學研究常討論的求職歧視：老闆偏好男性求職者，女性大學畢業生求職時會面臨較大的阻礙，[17]或者常見的「賢妻良母」與職業婦女角色衝突的兩難等等。[18]杜拉拉的故事雖然呈現了中產階層女性的新身分，然而主導敘事的世界城市發展邏輯，卻使得作者在不自覺的情況下，簡化了小說中女性角色與性別議題的複雜性，從而鼓勵讀者毫不質疑地去認同並讚頌跨國企業文化。

　　另一方面，就廣州的再現而言，小說致力打造的新女性角色與跨國企業文化想像，也同時壓制了其他與世界城市形象有所衝突的都市樣貌，使城市內在的多樣性遭受壓抑與排擠。在某種程度上，無論是企圖詐騙的伊薩貝拉或好色的老闆阿發，兩者的粗鄙危險皆象徵了廣州揮之不去的負面形象。是以，當

17　相關探討可參照霍夫曼（Hoffman, 2010）與塔特洛（Tatlow, 2010），張鸝與王愛華（Zhang and Ong, 2008）。

18　霍大曼從對中國女性人學畢業生的訪談內容，討論職場勵志故事的敘述模式如何強化女性特質與職業性向之間的關係（Hoffman, 2010: 122, 125-126, 128）。她發現理想女性的特質仍取決於賢妻良母的角色，因此如穩定的公職、長久工作的可能性、穩固的社會福利、安全與低風險等特質與符指便被連結到「男主外，女主內」原則，使她們選擇職業時會受限於性別區分的「枷鎖」（122, 135）。當國家從社會福利制度退位，社會福利在都市中被商品化，年輕的核心家庭只好採取「一家兩制」的做法來因應：丈夫多半選擇向外商公司謀職，其職業生涯有較高的風險與不穩定性，但也較有挑戰性；另一方面，妻子會選擇穩定卻乏味的國營公職。這種策略選擇與「男主外，女主內」的分工模式相符（125-126）。對未婚女性白領的討論亦可參見閻云翔（Y. Yan, 2002: 23）與杜西（Duthie, 2005: 6）。

讀者透過杜拉拉的視線，從捍衛公司利益的角度來看廣州時，
會自然認可小說中將不利於跨國企業運作的人物與事件一一排
除的情節。囿於世界城市的提喻法邏輯，《杜拉拉升職記》於
是注定將廣州再現為片面的世界城市，只凸顯特定的第三級產
業、都市繁華區與菁英生活風格，卻忽略這座城市在追求自
身發展時所展露的多重面貌。當小說僅聚焦於生產者服務業與
500強跨國企業時，廣州的經濟複雜性便消失不見。然而我們
必須了解的是，提供跨國企業生存發展的全球化空間，其存在
仰賴將廠房遷至郊區或其他擁有「更適合勞工或生活方式的地
方」（Lin, 2007a: 20）。也就是說，廣州成為對企業與外資友
善的典型都市環境，其實是建立在排除其他類型的都市景觀與
生活方式之上。而在杜拉拉的故事裡，DB只提供了都市空間
不均發展下的其中一個觀察側面：一體適用的外國公司設置、
有市中心的現代化城市、機場、外國公司、旅館、便捷的運輸
系統、像天河這樣的新興區域等；至於實際上普遍存在的庶民
日常生活空間或者城中村這類邊緣空間，[19] 則隱而不提。但正
如同林初昇等都市地理學者提醒我們的，廣州具有多樣空間同
時並存的都市性，其多樣性與後社會主義的城市特質有關，都
市經濟結構受同時發展的第二、第三級產業以及西方連鎖與在

---

19 城中村是當代中國快速都市化下形成的特殊地景，都市發展迅速擴張使得
原先位處城市邊緣的農村為新興建設包圍，進而被整併劃入都市區域。隨
後這些「都市裡的村莊」多由農地轉為住宅土地，興建民宅出租給外縣市
移工等移民人口，土地在過度利用的情況下，使城中村成為迅速發展城市
中租金低廉、居住環境擁擠、生活水平低落的居住地區。

地非正式零售業並存所影響（Lin, 2004: 32, 40）。[20]廣州不僅有大型購物中心、超級市場、旅館、餐廳等「菁英消費空間」，也有開發區、工業園區、會議中心等「全球化空間」，以及門禁社區、城中村與移民飛地等「分殊與邊緣的空間」（2007a: 20）。[21]參照現實情境，廣州即是羅賓遜所謂的普通城市，然而杜拉拉故事對城市經濟網絡的有限視角，導致敘事中城市結構與生活方式的再現偏頗失衡。

　　透過分析杜拉拉的發達故事，本章試圖揭露角色形塑與性別議題的再現如何受制於世界城市的提喻法邏輯。當女性成長

---

20 第二級產業（secondary industry）指將農、林、漁、牧等第一級產業的產品加工製造，以增加其用途價值的行業，包括製造業、營造業、水電業、煤氣業等均屬此類生產活動（鄧景衡，1982a）。第三級產業（tertiary industry）一般則泛指商品買賣的批發、零售業，以及金融、保險等為生產部門與消費大眾提供服務的服務業（鄧景衡，1982b）。林初昇指出，由於從生產型的城市過渡到後社會主義城市，並不會導致工業化與第三級產業化的明確分界，所以廣州的產業特性之一是第二與第三級產業同時並存（Lin, 2004: 32）。再者，如同其他第三世界的城市地景，經常混雜著超市、百貨公司等西方消費模式下的企業連鎖零售業，以及小販等在地非正式零售業，在中國進入市場化和全球化的發展下，廣州同樣出現此種城市特徵，形成城市經濟的二元結構（40）。

21 「飛地」（enclave）意指在一地理區域內，某一特定的小地區在經濟、政治、社會、文化上與其他的相區隔出來，因而形成了有別於周圍地區的獨特屬性（Flint, 2009: 191）。在這些分殊與邊緣的空間中，城中村特別扮演著了解廣州特殊性的重要角色。在中國的城市中，廣州的城中村數量最多（Tian, 2008: 286-287），這些城中村與廣州的城鄉發展導因於中國的土地分配與戶口制度，造成市內高度相異並相疊的城市景觀。這也顯示在市場全球化的時代，廣州的社會主義歷史依舊對都市發展造成影響（Tian, 2008: 286-287; Siu, 2007: 330-331, 333-346）。

故事與都市的普通性脫鉤，在成為所謂適合世界城市生存的個
體時，女主人翁便類型化為眼中世界只有跨國企業環境的中產
階層企業菁英，且在隱然不自知的情境下，從日常生活的都市
多樣性中抽離出來。杜拉拉文本與成就她發達之路的廣州之間
存在著一個耐人尋味的弔詭關係：女主人翁於故事結尾成功升
職，但敘事中的廣州不是成為面目模糊、尋常無奇的大都會背
景，就是徹底消失於改編的同名影視作品中。如此的張力，必
須從廣州的雙重面孔來理解——廣州是個矢志變身為世界城市
的普通城市。[22]杜拉拉的職場晉升之路實有賴於廣州的經濟發
展。在就業市場方面，由於珠三角在改革開放時期便具有經濟
實驗區的特質，使得廣州的企業發展贏得先機，並且產生了多
樣的經濟活動與工作機會。換言之，對中國的人才來說，廣州
是機會之地（Hoffman, 2010: 19）。同時，以都市的職場競爭
性來看，雖然廣州在就業意願的排名上向來位於北京與上海之
後，但相對弱勢的城市階序對初出社會的求職者而言反而可能
較為有利，因為能以廣州的職場自我磨練並累積經驗、人脈與
資產。杜拉拉的職場故事正印證了廣州如何提供對人才友善的

---

22 就中國的都市階層來說，廣州傳統上被視為僅次於北京與上海的一線城
市。然而，由於深圳的發展與香港回歸等因素，導致廣州的都市競爭力排
名下滑。排名的落後一方面加強了廣州的危機意識，感到自身作為該區域
經濟文化中心的地位不保；另一方面，也賦予了廣州重塑都市地景、打造
全球都市意象的強烈動機與正當性。這不僅是為了重新奪回區域的主導性
地位，也為了證明廣州在全中國日益白熱化的都會競爭中力爭上游。近
來，廣州的其中一項企圖是「將城市發展為『一個現代化都會並盤踞廣東
省的龍頭地位』，發揮她在中國南方與東南亞的影響力」（Xu and Yeh,
2003: 367）。

企業環境與工作契機。小說開始時杜拉拉只是個畢業不久的平凡新鮮人，在DB的初期，廣州分公司提供了她日後成功的踏腳石。杜拉拉第一次升職就是由於她的英文能力在廣州分公司是數一數二的（21），後來又因為成功裝修了廣州分公司的辦公室而受到總公司器重，派她負責上海分公司的裝修，奠定了她在總公司的地位（22、33-35）。再者，廣州相對低廉的房價，也使得杜拉拉能迅速在廣州置產買房（21）。廣州不僅提供了眾多工作機會，同時無論就人才競爭或生活水平，都較北京與上海顯得平易友善。正是這樣一個追求發展成世界城市的普通城市，圓了職場女性的外企夢，讓來廣州找機會的杜拉拉能在短時間內從國企跳槽民企再躍升世界500強的外企（8-16）。然而，弔詭的是，杜拉拉的成功並沒有使讀者提升廣州的形象與地位。由於小說僅將廣州再現為跨國企業工作職場，導致廣州的普通性隱匿不見。在陸續改編拍攝的電影與電視文本中，世界城市的時髦都會生活想像成為敘事文本的主軸，因廣州的世界城市特性難以與上海或北京比擬，以致廣州在影像敘事中完全被替換。廣州的銷聲匿跡彰顯了發展主義如何以被自然化的城市現代性慾望取代普通城市的多樣多元生活。藉由並置《杜拉拉升職記》中廣州與「新流動女性」的片面再現，我們得以重新審視城市與性別再現的文化政治，從而批判「世界城市的主導形象實為規範化的虛構小說」（Robinson, 2006: 111）。

三、結論

本章聚焦當代中國的發展敘事，從女性主義地理學的關懷

出發，取徑文化研究，分析文化（想像與象徵）在形塑社會身分時扮演的角色與意義。方法論上參照珠三角經濟發展脈絡，進行文本敘事策略分析，檢視女性企業家與新富中產白領的身分敘事，試圖理解兩者作為中國近年大眾認知中理想（職業）女性身分的範式意義，說明改革開放後，區域化與城市連結的經濟發展對女性主體想像造成的影響。進而指出文本的成長敘事結構、跨地域自由流動的想像與自主獨立的人物範型，可能促使女性主體持續將自身置入與全球資本主義連結的假想關係中，如此的新女性想像又如何重複了都市與區域的發展主義意識形態，因而妥協或削減了敘事創造「新流動女性」身分的激進意義。

　　一方面，流動女性的書寫凸顯了當代中國女性身處資本主義社會的能動性與主體性：張茵在珠三角的事業發展，被奉為成功的女性創業楷模，而《杜拉拉升職記》暗喻了成為廣州菁英勞動力的理想女性類型與奮鬥過程，成為向上流動的菁英及都會白領生活方式的範式。張茵與杜拉拉的女性成功學提供我們思考女性新富作為「文化全球化代理人」，如何形塑現代性性別主體的渴望，成為市場社會的範式與行為準則（例如經營企業、升遷加薪、買房裝修、炒股投資、追求愛情、兼顧家庭與事業等）。也為我們揭示個人的成功故事如何成為想像中國市場社會的重要支柱，建構出感知當代都會生活的新語彙。

　　另一方面，暢銷書以個人化和性別化的語言再現世界城市的概念，為中國城市的發展提供了文化論述的基礎。文化文本可能被挪用為發展主義意識形態的中介，透過個人的自我詮釋，將與城市發展有關的概念滲進日常生活的實踐中，成為個

人參與市場經濟發展時的行為範型。尤其當個人化的發展敘事成為傳記、小說等流行文本時，當中涉及的提喻修辭，可隱藏與世界城市、區域或國家的發展主義邏輯有所矛盾之處，從而衍生各種正向鼓勵發展的概念。是以，閱讀女性「發達史」敘事時，不能忽視性別角色預設的意涵，以及敘事中的性別化語言如何結合發展主義的論述來解釋或合理化新女性的成功之路。

從流行文本中看似個人色彩濃厚的故事切入進行文化研究，有助於理解文化文本中與發展論述相關之修辭與概念的生成過程。掌握大眾論述的文化政治，能使我們在肯定女性於公領域追求自主獨立與領導地位之際，亦對其中隱含的發展邏輯概念保持批判的距離，明辨發展主義的意識形態可能透過性別角色與女性主義的語言滲透至通俗文化，成為形塑集體性別想像的新教化工具，指導大眾如何看待個人發展、性別關係與都市生活。

第二章

從「小城青年」到「新上海人」
《小時代》與大都會「新中產」之自我想像

　　近年學界對於當下中國社會轉型劇變的剖析與論述大量聚焦於「城市」此一空間與尺度。改革開放以來，國家與資本合力將中國城市推入一條由發展主義與城市主義所構築的現代性「高速公路」。如陳映芳（2012：18）所言，「如果我們無法充分認識到城市之於中國、城市之於國家所具有的意義，那我們就無法真正說明當今中國社會變動的邏輯。」然而，在「城市中國」的相關論述中，「城市」作為整體景觀的想像性建構卻不無裂縫。上海人顧崢自述在擔任賈樟柯電影《小武》的副導演時方才悟出箇中道理，他宣稱汾陽這座籍籍無名的「小城」使他第一次見識到「真正的中國」：

> 汾陽是我到過的第一座小縣城。**老賈一直說像上海、北京這樣的大城市只是中國的一些盆景，要想看真正的中國就得跟他來他的家鄉汾陽。不過見著了真正的中國還是很令人失望**──街上最時髦的女孩兒穿著五年前北京流行的服裝；這裡最豪華的建築就是牆面上貼著白色瓷磚的房子；幾條主要街道上車輛倒不少，但很少有四個輪子的……（2010：198；強調為本書作者所加）

　　顧崢的說法指向中國城市化在現實與再現之間的某種落差：代表所謂「真正的中國」的「小城」形態於當代城市的再現中無足輕重，而「盆景」式的曼哈頓大都會景觀則主宰了城市現代性的想像。此種「盆景」式都會的備受關注，不僅體現於文化再現的層面，甚至在探討「鄉土中國」到今日「城市中國」的歷史性議題時，論者亦傾向將此過程化約為兩種意象的

轉化：凋敝破落的鄉村，對比一日千里的明星都市。明星都市以「全球城市」為目標的「造城」模式，不但成了當下林林總總、大大小小中國城市的模仿範本，某種程度上更以其大都會經驗覆蓋了其他形式的城市經驗與表述。例如，處於中間地帶的中小城市、小城鎮不論在學術研究或是日常生活論述中都有消隱之勢，眾多「小城青年」經由城鄉流動晉升大都會「新中產」的集體慾望與身分轉化亦成為祕而不宣的時代命題。有鑑於此，本章取徑文學與文化研究，重新定義當代中國的「小城經驗」，將行政尺度不同，但空間形態、文化經驗、生活質地與感覺結構相近的中等城市、小城市及小城鎮納入「小城」範疇，進而聚焦當代「城市中國」脈絡下的慾望主體「小城青年」，探討90年代以來發展主義對於城市及城市個體身分的等級差序（hierarchy）形塑。近年來，中國城市化競逐催生了明星大都會與「小城」的二元對立，「小城青年」與「小鎮青年」作為流行詞彙，將等級化的地域身分轉換為關乎格調與品味的象徵符碼。本章在此一背景下分析郭敬明與其作品，說明何以這位當紅作家身為世界一級明星都會之成功人士，卻始終未能擺脫「小城青年」的身分標籤。文章首先爬梳中國現當代文學中「小城」與「小城青年」的歷史意涵，指出以往研究所忽略的「故鄉」小城與「他鄉」都會、「小地方人」與「城市人」之間的複雜關係與再現演變。繼而以上海文學中隱含的城市文化身分認同問題，探討郭敬明的小城經驗與上海想像。90年代以來，一批來自外省小城的70後女作家憑藉上海都會中產生活書寫，重構了自我地域身分和上海本土文化論述，但郭敬明繼承前輩的上海書寫卻備受爭議。此處將從品味區隔與中國城

市位階的關聯切入，指出「小城青年」為何在當下成為一個身分問題。其後文章將批判性地解讀郭敬明的代表作《小時代》系列小說，闡述品味政治、階級身分與城市書寫之交互作用。本章試圖論述郭敬明如何透過書寫從「小城青年」變身為「新上海人」，而其急切展演新都會人文化身分想像的背後，正是當代中國故鄉認同由「鄉土」到「大都會」的歷史性轉變。

一、「小城」：「鄉土中國」與「城市中國」

　　首先必須釐清的是，唯有將「小城」與「小城青年」的論述參照置於更廣闊的歷史脈絡中，才能真正理解其當代意涵與歷史要義。從中國城市化的展開模式來說明「小城」的意涵：截至2018年末，中國有627座城市，375個縣級市，1,505個縣（自治縣、旗），21,297個建制鎮（〈《中國城市發展報告2018/2019》出版發行〉，2019）。除了北京、上海、廣州、深圳四個公認的一線城市和數十個二線城市，五百多座三線及以下的中小城市與千餘座縣城無疑構成了中國城市的主體形態，它們即是本章所言之「小城」。在90年代中期以來的城市主義和發展主義的邏輯之下，「小城」被視為大都會的「未完成」狀態。大都會營造作為一種謀求地方發展的規劃手段與美學訴求，迅速滲透到城鎮與鄉村。其中極為典型的案例便是近年來層出不窮、與天競高的「第一高樓」，[1]以致「各直轄市、省會

1　有關「第一高樓」的報導數不勝數。參見〈華西村建中國農村第一高樓，城鎮化路徑如何選擇〉（孫傑、魏冕，2010）；〈東港將建518米東北第一高

城市、二三線城市，甚至華西村都在爭建第一高樓的行列中」（韓素梅，2014：56）。實際上，大多數植根鄉土的「小城」少有實現大都會身分的眾多客觀條件：其市場吸引力薄弱，同時普遍文化資本貧乏。而都會慾望一經實踐旋即走樣，欠缺章法的效仿使之成為今日所見千城一面、去歷史化且充斥贗品感（kitsch）的模糊形象。

本章認為這些看似不起眼的「小城」，其積極模仿都會地景以及熱衷城市擴張與競逐的狀態，其實呈現了中國城市化的具體經驗。此番發展競逐面臨著沿海與內陸、中心與邊緣的資源不平等：沿海大城市在政策傾斜之下風生水起，大量內陸小城則坐失良機。盛衰興替之間，產生了中國城市的差序結構，中國城市之間收入及發展的兩極斷層有取代傳統城鄉差距之勢（Davis, 2006: 6-7），原有的城市格局亦改頭換面。新生的等級差序藉由形形色色的城市排行榜不斷得到確認或是改寫，諸如一線至五線城市排名、綜合競爭力排名、人才競爭力排名、企業競爭力排名等等，將中國城市推入了「排行榜時代」（馬亮，2013）。

在當今城市排行中敬陪末座的眾多面目模糊的小城，實際上是1980年代以來學界主流城市論述及國家政策的理論重心。1984年費孝通在其《小城鎮大問題》中便提出以城市─市鎮─鄉村為節點考察「鄉土中國」特殊的城鄉關係，由此在學界掀起小城鎮及鄉鎮企業的研究熱潮。小城鎮與鄉村的密

樓〉（趙蘊穎，2010）；〈華中第一高樓誕生武漢　領銜城市樓宇經濟〉（2019）；〈245米「河北第一高樓」主體已完工〉（李巍，2011）。

切連結，使其成為鄉村過渡到城市的中介，亦是後者改造前者的手段。強調「兩小城市」（即小城鎮、小城市）的「城鎮化」（townization）被視為符合國情的中國本土特色城市化與現代化道路（王夢奎、馮並、謝伏瞻，2004；溫鐵軍、溫厲，2007：23-24）。事實上，整個毛時期的另類現代性方案都具有「反都市主義」（anti-urbanism）之調性。自1980年代以來，城市發展總方針經歷了數次調整，但「嚴格控制大城市、合理發展中等城市和小城市、積極發展小城鎮」之方略在國家政策層面得到了基本延續（方創琳，2014：675）。[2] 不過，中國市場經濟確立以來的城市發展邏輯實際上與其論述逆向而行。國家對全球化新秩序的積極參與，使之不得不順應全球城市（global city）的趨勢修正此前具有社會主義色彩的實踐策略（簡博秀、周志龍，2002）。90年代初及2000年後，大城市和「城市群」出現在中國政府的「五年計畫」時程中，某種意義上意味著朝往大都會營造的發展轉向；與此同時，「三農」建設的阻滯與危機，亦致使中小城市的戰略性身分有所轉變。「城市化」（urbanization）由此成為社會及理論界之焦點。相較「小城鎮」派，「大城市」派對於發展主義進化觀與城市烏托邦未來的渲染更受矚目。[3] 學者相繼提出以強調「國際化大都市」與「世界

2　詳見方創琳對1953年至2015年中國政府《五年計畫》內容所涉之城市發展規劃的爬梳（2014：675-678）。《五年計畫》全稱為《中華人民共和國國民經濟和社會發展五年規劃綱要》，是政府從國家層面為國民經濟遠景制訂的發展目標和方向；自2006年「十一五」起，《五年計畫》改稱《五年規劃》。

3　學界的「城鎮化」與「城市化」、「小城鎮」與「大城市」之爭延續了近20

級都市群」的都市化（metropolitanization）作為中國「城市化的升級版本與當代形態」（劉士林，2006；2013），大都會作為一種壓倒性的意識形態亦成為未來生活形態想像的具體空間（陳映芳，2012：19）。

2011年，中國城市人口數千年來首次超過農村人口。「鄉土中國」變身「城市中國」的過程實際上極大程度有賴土地性質的就地轉化（Lin, 2007b; 2009）。卡蒂耶指出，改革開放第一個十年裡中國區域地理最顯著的變革之一便是縣城的「消失」（the "disappearance" of counties）（Cartier, 2013: 67-68）。縣城曾被視為傳統史學及中國研究中最穩定的單位，但80年代以來縣城數目驟減，[4]它們在撤縣改市等國家行政手段下升級為市區（districts）或縣級市（county-level cities）。與此同時，部分城郊農業用地亦獲城市名分，以便作為土地資本供工業及房地產發展之用（Cartier, 2013: 67-68）。[5]在中國城市化轉型

年（趙新平、周一星，2002：132-136）。「城市化」觀點最初被視為西方舶來品，不夠貼合「鄉土中國」之國情。但伴隨中國城市發展邏輯之演化，有學者指出「城鎮化」的提法只是「特殊歷史階段的產物」，新時期的小城鎮難以成為支撐中國城市化和現代化的主要空間載體（趙春音，2003：6；趙新平、周一星、曹廣忠，2002：39）。

4　中國縣城的數目由1979年改革之始的2,009個降至2008年的1,464個。相反，城市數目急邊增加，70年代尚且不足一百，至90年代卻已有超過650座城市（Cartier, 2013: 67）。

5　區域升級政策實施於1983年至1997年，包括撤鄉建鎮、撤縣設市（區）以及撤縣級市設地級市等，相關研究亦參見卡蒂耶（Cartier, 2005）、馬（L. Ma, 2005）、沈（Shen, 2007）、李（L. Li, 2011）。十多年來超過400個縣或者說接近15%的縣升級為縣級市，截至2015年初全中國已有200多個縣城提交了撤縣設市的申請（陳顯玲、黃怡、徐楚函，2015）。

中，城市與鄉村的邊界先被模糊，隨即得到重新命名。[6]此一進程中，「小城」與鄉村的地緣親近性不再被強調，轉而以行政建制拒絕農村連結和鄉土依附關係，並依賴政府與市場資本打造「都會」身分以投入新的競爭場域。正是此一發展邏輯，促使「鄉土」色彩濃重的「小城鎮」普遍轉向「都市」意象為主的「小城」形態。

如果說90年代以來城市化的狂飆突進逆轉了半個世紀前「農村包圍城市」的革命宣言，那麼「小城」的複雜意涵同時還需從90年代後「城市中國」的語境回溯至上世紀初「鄉土中國」的歷史脈絡。有趣的是，相較於「小城鎮」在社會學、人類學及城市研究中的重要性，現代文學研究中的「小城」書寫卻面臨難以命名與概念化的處境。在「鄉土文學」（農村文學）和「城市文學」的二元框架中，「小城」書寫被視為鄉土書寫的一部分。不論魯迅的「S城」和魯鎮、師陀的果園城，或是蕭紅的故鄉呼蘭縣，這些小城作家筆下的故鄉城鎮因其展現前現代鄉村形態，從而與以上海書寫為代表的「城市文學」區分開來。儘管有研究者試圖引入「都市—小城—鄉村」的三元空間結構來建構「小城文學」的概念（熊家良，2003；2007），但大多是將「鄉土文學」名下的多數作品重新歸入

---

6 城市改造鄉村、鄉村讓位給城市的過程產生了大量的過渡性地帶，其中城鄉結合部、城中村等有其代表性。城鄉結合部「位於連片的城市建城區與純農腹地之間」，「與中心城的行政邊界相鄰，受城市規劃管制」，呈現為城鎮人口與農業人口混居、城市景觀與鄉村景觀混雜的狀態（任榮榮、張紅，2008）。城中村於1990年代中後期開始大量出現並成為問題，是城市化擴張中形成於城市內部、具有鄉村特徵的社區（Siu, 2007; Tian, 2008）。

「小城文學」的範疇進行解讀，並未帶來新的分析視野。[7]問題的關鍵在於，當我們試圖糾正「命名」時，可能忽略了當代視野的既定概念與近代「小城」或「城市」的空間性質與意涵之間的斷裂疏離。新生的大都會與鄉村之間存在著難以切割的連結，而鄉村與中國傳統意義上的縣城、集鎮等「小城」空間亦糾纏不清。即使被李歐梵視為都市文學空間範式的上海，若還原其空間形態亦是一種城鄉混合的「錯綜相」。上海除了狹小的租界區之外，大部分城市空間仍置身於吳越地帶的農本主義文化（范伯群，2011：52）。又如熊月之所言，「近代上海人的大多數其實是生活在都市的鄉村裡。」（2006：70）在此，班雅明（Walter Benjamin, 1999）的「辯證意象」（dialectical image）或許為我們介入「小城」與鄉村、都市的動態關係提供了一條理解路徑：如果說陷落於現代時間中的鄉土世界是「小城」的「前生」（before-life），那麼當代繁衍叢生的「無名大都會」則是「小城」的「來世」（after-life）。如此一來，當代「小城」與大都會和鄉村之間的對立及轉化得以在動態演變中釐清，「小城青年」的身分問題亦可從中凸顯。

二、「小城青年」的身分認同：由「故鄉」到「都會」

　　「小地方人」與「都會人」的身分拉扯，始終是個非常重

7　亦有學者創造「都市鄉土小說」的概念試圖言說上海、北京等近代都會書寫中的鄉土連結與傳統文化（范伯群，2011）。「都市鄉土小說」和「小城文學」，前者注重在文學版圖中放大「鄉土」的概念，後者旨在擴張「城市」的意涵，但兩種論述的操作殊途同歸。

要但欠缺梳理的問題。不論是近代以鄉村為主的現代文學，或是90年代以來成為主流的城市文學，現當代作家大多在異鄉都會展開其故鄉追憶和城市經驗書寫。但伴隨「鄉土中國」變身「城市中國」、「文學城市」覆蓋「文學鄉村」的歷史性轉變，「小城之子」的感覺結構與身分認同亦上演了由「小城」到大都會的替換移徙。

　　以北京與上海為首的大都市是近代作家的發跡之地。「五四」以來，各路「文學青年」由鄉村、城鎮進入都市的流動經驗構成其寫作生涯的開端。但需要強調的是，構成其主要書寫景觀的始終是故鄉風物而非都市生活。1930年代文壇「京派」和「海派」之爭轟動一時。但如魯迅所言，京滬所指不過是外省作家「一群人所聚的地域」（1996〔1934〕：732），非但無關「北平人」和「上海人」的本土身分，亦不指涉作家的文學地圖──尤其是沈從文代表的「京派小說」被指「京味」全無，「該是『鄉土派』文學的一脈」（李希凡，1989：3）。不論像沈從文那樣憑藉文字重構湘西故土以抵抗城市現代文明，或是如魯迅以「還鄉者」之眼修正故鄉記憶並展開批判，現代作家濃厚的鄉土觀念使之對「小地方人」或「鄉下人」（沈從文之自詡）的出身抱持強烈認同，加上作家高度的流動性致使都市通常僅被視為短暫的客居之地。1949年後，戶籍制度和工作分配制度的逐步確立，限制或取消了鄉村、城鎮人口進入城市的流動自由。地域身分歸屬的相關述說，亦在社會主義時期所提倡的集體主義情感之中淡化削弱。因此，改革開放以來，當個體流動性與地方本土論述再度得以釋放時，市場化和城市化的時代大潮亦改變了故鄉經驗與城市書寫的風向。90年代後「城

市文學」開始取代鄉土書寫成為主流,即是基於中國第一次真正意義上大規模的城市現代性的崛起。如前所述,「小城」在此形勢下競相模仿興建都市地景,與此同時,新一代「小城青年」連同農民工皆紛紛流向大都會。在此一慾望驅使下,不乏小城作家將其生活目標與寫作主題設定於大都市,故鄉書寫的比重逐漸減少,或僅作為都會經驗寫作的參照。

90年代以來「小城青年」的慾望都會書寫有兩種典型敘事。其一是以邱華棟、徐則臣等為代表,述說「外省人」闖蕩都會的「京漂小說」。近年來中國網民及媒體甚至創造了「北漂傷痕文學」一詞,將新世紀的「北漂」經驗與20世紀70年代末、80年代初書寫知青下鄉經歷的「傷痕文學」拼貼結合,反向援引描述當代小城青年「由中小城鎮上升至北上廣〔北京、上海、廣州〕——從地理到心理的一系列波折變化引發的傷痛」(董子琪,2014)。另一類型則是不談小城經驗,逕自以「新都會人」身分展演都市華麗區的中產文化與消費生活。衛慧、趙波等號稱70後「美女作家」的半自傳小說便是此類代表。「小城青年」都會書寫的暢銷為作家贏得了立足都市的文化、經濟與社會資本,邱華棟和衛慧分別以作品成為「新北京」和「新上海」書寫的代言人。

相較於性感都會再現的風潮,故鄉書寫最引人注目的主題則由近代的故土眷戀轉化成「棄鄉逃城」的急切渴望。例如,阿乙在其書寫中述說自己的故鄉「小城」儘管經歷了「撤縣改市」,仍然是個不夠格的城市:「這個只有四十萬人口的小地方只配稱為縣。」(2015:181)劣勢位置加上匱乏的精神生活,使得「小城」成了青年作家強烈控訴的對象:「在那裡的新華

書店沒有一本外國名著」（2011：12.3），「幾千年來就沒出過文化名人」（2011：4.8）。在阿乙、綠妖等自稱「小鎮青年」或「縣城青年」的70後「漂」一代作家的書寫中，「小城」此一地域身分所帶來的創傷經驗使之成為一種精神灼傷、「一個持久的內耗，包括持續的自我否定」（綠妖，引自趙振江，2015）。

出身造成的敏感與哀傷在當代「小城經驗」書寫中屢見不鮮，而作家對故鄉「小城」的不屑一顧實是其來有自。一方面，上世紀末中國城市化的極速鋪張與發展競逐造成地理意義上「故鄉」的普遍消逝，「小城」千篇一律、大量生產的現代性景觀消弭著故土的空間感。與此同時，城市的差序化亦製造了霍夫曼所謂「慾望的差序結構」（a hierarchy of desire）（Hoffman, 2001: 45; 2010: 70）。多數「小城」置於此種「差序結構」的底端並成為亟待逃離的樊籠，屈指可數的「明星都會」則是想像社會流動性的熱門目的地。當然，戶籍制度對製造小城青年「差序化的流動慾望」也具有重要影響。儘管改革開放後逐漸鬆動的戶籍限制釋放了個體的自由流動，但戶口所規定的地域身分秩序卻在新的流動格局中嚴格地保留了下來。在此，80年代路遙風行的小說《人生》（1982）或可作為一種參照。改革開放初期的「小縣城」仍被農村青年高加林視為他所慾望的「大城市」，但當2014年中國政府提出將向農村人口開放中小城市戶籍時，「小城」戶口已不比農村戶口更具吸引力，此時「漂」一代心心念念所要奔赴的是大都會。阿乙（2012：11）曾表達在城市等級差序中爬升的「志利

安」[8]式的理想:「我因此淚流滿面,賭氣式地發誓,現在就出發,去鎮,去縣。彷彿不過癮,還要去市,去省城,去沿海,去直轄市,去首都,去紐約。」如此以世界一級明星都會紐約為終極目的的流動慾望促使「小城」作為精神層面之「故鄉」的消逝。

當地域身分與歸屬認同在社會主義淡化期之後再度凸顯時,小城青年以明星都會作為故鄉的觀念亦得以重構。80後暢銷小說家郭敬明於新世紀的「小城」再現和上海書寫,正是在此一背景下應運而生。身為「明星」作家,儘管郭敬明頗具表演性的商業化寫作使之與「文學場域」的作家大異其趣,但他由此透露出的「小城經驗」卻極富代表性。就此而言,他正是前述「小城」作家們野心勃勃的後繼者。更重要的是,郭敬明對於大眾文化的沉浸使之得以揭示純文學作家較少涉及的面向。相較於後者的審思反省,郭敬明則近乎症候性地展演了當代大都會發展趨勢下「他鄉作故鄉」的小城慾望,以及「新都會人」的身分誕生。郭敬明的書寫從品味政治層面介入小城經驗與都會想像,他本人亦提供了鮮明無比的個人論述與完成度極高的身分重建實踐。儘管他自成一派的成功道路對於其他「小城青年」而言或是不可複製的特例,但郭敬明現象反映了當下過於普遍、以至於欠缺問題意識觀照的中國日常。某個意義而言,成為都會「新中產」的身分想像與實踐,正是我們所

8　志利安(Julien Sorel)是19世紀法國作家斯湯達爾(Stendhal)所著《紅與黑》(*Le Rouge et le Noir*)一書中的男主人翁,一位渴望通過個人奮鬥躋身巴黎上流社會的鄉下青年。

置身的「小時代」的時代性命題。

三、郭敬明：大都會想像與「外省人」敘事

　　郭敬明的個人經歷無疑是一部當代小城青年發達史。生於80年代四川小城自貢的一個普通家庭，他年少成名，是2000年左右第一批憑藉「新概念作文大賽」及其主辦雜誌《萌芽》走紅全國的少年作家，迄今仍是青春文學市場中之佼佼者。他首創將作家身分與偶像明星、企業家、富豪等多種不無矛盾的角色集於一身，憑恃個人寫作創造的巨大財富歷年穩居「中國作家富豪榜」。[9] 作為上海最世文化發展有限公司董事長、《最小說》等雜誌主編，郭敬明將文學生產進行企業化管理，其商業版圖涵蓋圖書、雜誌及各類周邊產品。[10] 2013年郭敬明又以導演身分進軍電影產業，將其暢銷小說《小時代》改編為電影，順利贏得票房大捷。

　　這聽來似乎是個令人振奮的成長故事。事實上，郭敬明也

9　在2014年轉型為導演之前，郭敬明每年皆憑多產的小說創作名列作家富豪榜單，並於2007年、2008年和2011年分別以1,100萬元、1,300萬元、2,450萬元的版稅三次排名年度首富。參見「作家榜官方網站」上的〈榜單〉（無日期）：http://zuojiabang.cn/Rangking。

10　《人物》雜誌曾指出：「直到最近3年，人們才能夠正面認識郭敬明對出版業所做出的驚人貢獻：中國現有傳統文學期刊的全部發行量加在一起，才僅僅能抵上郭敬明旗下5本雜誌的發行量；連諾獎引發的『莫言熱』也未能改變中國書市的暢銷格局——排在暢銷榜首的依然是郭敬明；他的公司連年盈利超過2,000萬，旗下的80多位年輕作家每年為圖書市場貢獻2億碼洋。」（張卓，2013）

因此獲得「中國夢踐行者」的榮耀。《南方週末》的〈2013中國夢踐行者致敬辭〉以「民二代」到「富一代」的發展軌跡來描述郭敬明躋身當紅都會小說家的經歷：

> 生長於**西南小城**，發達於**超級大都會**，作為中國最普通的「**民二代**」，郭敬明把握了大時代中的小機遇，憑藉他的機敏、才具、勤奮，創造了屬於自己的**小時代**。他是作家、出版人、導演、商人，他製造的文化產品，**撫摸並撩撥了那些迷惘的青少年**，成為他們的代言人。他備受爭議，又無可置疑地產生了巨大影響力，成為耀眼並年輕的「**富一代**」。（2013；強調為本書作者所加）

媒體此番略帶揶揄的加冕，道出了「小城」與「大都會」之對立正是理解此一成長故事的關鍵。在其散文〈荒蕪盡頭與流金地域〉中，郭敬明以兩組「冷酷而嚴謹」的經緯密碼定位兩者。他翻閱《中國城市地理大全》標記出位於「北緯29.23°東經104.46°」與「北緯31.11°東經121.29°」的兩座城市，分別為被他形容是「荒蕪盡頭」的故鄉小城自貢，以及「流金地域」的繁華都會上海。自貢與上海猶如敲打在肩膀上的「兩顆長長的銅釘」，是其青春歲月中隱密痛楚的來源（2013a：298）。有趣的是，故鄉小城與上海在郭敬明書寫中的比重相差甚遠。強烈的上海情結始終貫穿其寫作歷程：他迄今最知名亦最成功的小說及電影《小時代》是以本地人的身分講述上海故事；他也曾寫作〈This Is（Not）Shanghai〉系列，白描上海都會生活（2013a：142-171）。而「荒蕪盡頭」的小城風物則鮮

見於其小說世界，「外省青年」亦從未被設定為故事角色。[11]
功成名就之後，郭敬明表現出既不熱衷、也不迴避過往「小城
青年」身分的態度，但面對媒體總聲稱「我的青春發生在上
海」，[12] 較少談論少年時代的「小城經驗」。

　　不過，郭敬明對於兩者語焉不詳的痛楚，可在其自傳散文
的小城書寫和上海想像之中覓得答案。他寫道：「十九歲之前
的我，在一個灰濛濛的城市裡。」（2013a：305）在一篇中學
時代的散文中，郭敬明試圖以其文藝少年的敏感捕捉並控訴工
於模仿的「小城」與所謂「真正」都會的差異：

　　　　而我現在的城市多少有些令人啼笑皆非。一句話，它
　　是一個像農村一樣的城市，一個像城市一樣的農村。恰
　　恰這是最可怕的。如果它是個純粹的農村，山明水淨、
　　青草粉蝶的話，那我會義無反顧地擁抱它，不需作任何解
　　釋。如果它是個有自己特色的城市那我也會張開我的雙臂
　　不需要任何理由。但它不是。這裡有穿著高級西裝腳下踩
　　雙NIKE的所謂的「先富起來」的人們，他們會在聖誕節

11　早期短篇小說〈崇明春天〉（2014a：94-118）中的男主角崇明可算是個外
　　省人角色：一個為了愛人想要留在北京、但因無法取得戶籍最終決定返回
　　故鄉的上海人。儘管男主角的故鄉崇明島是上海遠郊的縣區，但在這一外
　　省人敘事中並未出現「小城」意象與大都會的對立，北京和上海之間也不
　　存在地域優勢的差距。

12　談及為何不似賈樟柯那般在作品中反覆再現故鄉，郭敬明說是因為自己的
　　青春故事已有大半發生在上海：「我覺得導演一直拍的很多是他青春期的
　　故事，所以他的青春期還在那，但是我的青春期有一半都在上海了。」（郭
　　敬明訪談筆記，2015）

的時候裝模作樣地在聖誕樹上把小天使用上吊的方式掛起
來，然後抱著胳膊在一旁傻傻地笑，傻傻地欣賞他們弄出
來的在風中晃動的小小屍體。……所以**我固執地認定我將
來的生活應該在上海**。生活在別處就是我的美麗願望。
（2014a：235-236；強調為本書作者所加）

「像農村一樣的城市」與「像城市一樣的農村」——郭敬明以
此生動地指認了「小城」置身「城市包圍農村」之城市化改
造中非城非鄉的空間美學；而小城「新富人」「裝模作樣」接
軌國際風尚但又不得要領的拙劣行徑，更進一步透露出「小
城」毫不具備李歐梵所謂「扎根於大都會的都市文化感性」
（2001：351）。[13]就此意義而言，都會傳統的欠缺與急於求成的
發展促成了「小城」的「贗品感」氣質。如王斑所言，「贗品
感症候地反映了全球現代化和殘存的傳統生活世界的各種因素
七拼八湊，標誌著一個急速現代化、與國際資本接軌的國家中
觸目驚心的不平衡發展。」（2006：185）郭敬明將毫無「都會
感」視為「小城」的致命缺陷，他因此聲稱無法悅納如此一個

---

13 李歐梵於《上海摩登》中指出，中國「半個世紀的革命確實失卻了整個的
  中國城市文化以及它的都市感性」（2001：351）。但這種說法並不準確，
  大部分中國城市缺少上海這樣可以追溯回望的現代城市傳統。李潔非指
  出，近代以來中國城市的發展態勢可反映在文學的城市再現之中，他認為
  「除了本世紀20年代末至40年代在上海一地曾曇花一現外，中國的城市文
  學基本上未曾發育起來」（1998：45）。1949年至70年代末「農業題材」
  在中國當代文學中占據主位，文學對城市的再現仍微乎其微。直到90年代
  「中國真正確立其城市化歷史進程」之後，城市文學方才「毋庸置疑地擊敗
  了鄉村題材的作品」（李潔非，1998：39）。

毫無「自己特色」的小城市作為故鄉。[14] 對於「小城」之「次級現代性」的指認，暗示了理想大都會才是純正（authentic）現代性的持有者。[15] 郭敬明對於故鄉小城的憂傷與不滿，正是以想像中的「遠方」上海作為參照。在少年時代的散文中，他如是傾訴自己對上海的苦澀迷戀：

　　我的根似乎是扎在上海的，就像人的迷走神經一樣，一迷就那麼遠。這多少有點不可思議……**為什麼要讓不愛上海的人出生在上海？上帝一定搞錯了**……我的同學曾經在復旦大學裡逛了整整一天，並且拿了很多照片給我看。我望著那些爬滿青藤的**老房子**目光變得有點模糊，**我想那才是我真正的家**。（2014a：234-235；強調為本書作者所加）

上海的歷史感被轉化為小城青年心中「奇幻之都」難以言明的靈光（aura）。在某種意義上，郭敬明的此方夢土非上海不可。一方面，在他眼中，上海與其他急於發展、力求模仿「全球城市」進行自我打造的中國城市截然不同。不論是作為傳統

---

14 但後來郭敬明在回應媒體有關故鄉的發問時，以懷舊情調取代了少年時代對於小城的不屑：「四川的時光還停留在過去，在上海卻要跟時間畫等號，要有個身分。去年你是個作家，今年你是個導演。明年你又是什麼。」「四川有一種鄉愁覆蓋下的憂傷的美，回到四川的時候，更像一個普通人，你是你爸媽的小孩，高中同學的同學，你還是他們的鄰居，你是你曾經的那個身分。」（季天琴、王東、吳蕙予，2014）

15 同樣，明星大城市的發展亦來自於模仿，全球城市幾乎已成為當今世上所有都市發展的藍圖。

國都的「老城」北京，或是白手起家的「新城」深圳，都缺少上海那般所謂「正統的」現代性光環。[16]上海如同香港，乃是深受上世紀西方殖民或半殖民歷史及其現代性都會遺產的形塑（李歐梵，2001：351）。而在當今發展主義大旗之下，上海的城市行銷論述更是越過社會主義時期，直接將今日「全球城市」的慾望意象與上世紀「東方巴黎」的都會傳說無縫接合。[17]另一方面，上海這座城市的特殊地位，使之不論在城市現代性或是新都會主體的形構上都有其引領作用，尤其對於90年代以來中國「全球城市」新中產生活風格的想像與確立，上海經驗為全國城市提供了本土化的範本。我們可以說，正是郭敬明對於「都會感性」與中產格調之「純正性」的追求，使得上海成為他的最佳慾望客體。這位憂鬱、敏感且自命品味不俗的「小城青年」將上海視為自己「真正的家」，進而「頑固地背起自己小小的背囊，不顧家人的反對和周遭的冷笑」（2013b：8），踏上了前往陌生都市的逐夢之路。

作為一個無可替代的符號，「上海」的意象自始即盤踞於郭敬明的書寫版圖之上，並構成其寫作事業與自我身分定義的

---

16 例如，郭敬明曾敘述聽到朋友評價「感覺上海和北京也差不多」時的自身反應：「我聽後笑了笑，沒有作聲。」（2013a：295）如此的反應意味著對方將雙城相提並論，是未能把握上海「都會感性」之精神。

17 王曉明指出上海的都會光環相較於其他城市的特殊性：「當然，中國的其他幾座大城市裡也有過租界，有過洋人和『高等華人』並肩出入花崗石大樓和咖啡館的歷史，但是，能像上海這麼炫耀往日的繁華、這麼頑強地迷戀這繁華、又這麼自信地以為可以迅速重現這繁華的城市，大概沒有第二座了。」（2002：10）

核心。換言之，上海作為郭敬明「發跡」之地的意義，截然不同於1930年代來自外省、客居於滬的「海派」作家，而是更接近19世紀巴爾札克筆下面對巴黎的法國外省人。郭敬明視上海為中國所有城市的中心，其地位正如法國的巴黎——外省人的夢想、野心與未來無不繫於花都（Harvey, 2003: 29-32）。在郭敬明筆下，無數小城青年的夢土被置換成當代中國的上海：

> **上海啊，上海。這兩個字是多少人心裡的夢，也是多少人心裡的痛。它彷彿是一個龐大的終極夢幻，也同樣是無邊的灰燼曠野。每一天，多少人帶著青春的願景從火車站**的地下通道裡走出來，**一抬頭看見火車站北廣場周圍一圈聳立的摩天大樓，他們被這種絢爛的城市建築所震撼，但卻還未知，這只是上海最普通而平凡的區域，還有更加鎏金的場所，還有更加奢靡的所在。**這些這些，都是一把把藏在未來大道上的匕首，隨時準備著從地面穿刺而出，扎破你青春的夢幻，你會聽見砰然爆炸的聲音。（2013b: 8；強調為本書作者所加）

外省人對大都會的感知，首先來自於直接粗暴的景觀刺激，一種迥異於小城風貌的視覺經驗。致力渲染大都會的現代性震撼，是郭敬明上海書寫的顯著特徵，亦是他一以貫之的再現方式。此種都會經驗正是少年郭敬明第一次抵達上海時的個人體驗：慾望想像迅速轉變成激烈的感官衝擊，雄偉壯觀的現代性建築與排外的本地文化令外來者無所適從。他在散文中如是描摹自己第一次「從人民廣場地鐵站鑽出地面」所見的世界：

「龐大的。旋轉的。光亮的。迷幻的。冷漠的。生硬的。時尚的。藐視一切的。上海。」（2013a：306）此處透過接連拋擲的形容詞與緊張短促的句點，郭敬明以極具個人特色的文字將小城青年初到繁華冷漠的都會所遭受的震驚（shock）體驗與創傷經歷定格處理。此種景觀化的上海書寫在他後來的代表作《小時代》中達到極致。

　　除了此類的強烈感知，初到上海的郭敬明進而意識到小城與大都會在審美經驗上的微小差異，敏感地確證了自己的「小城青年」身分：

> **你並不能在很短的時間裡迅速地了解到羅森和好德之間的區別。**在最初的照面裡，他們都是二十四小時徹夜不休的夏天裡嗖嗖地往外噴著冷氣冬天裡落地玻璃上結滿厚厚霧氣的超市。你不會了解到那些小資女青年在文章裡，為什麼對羅森推崇備至，而對好德不屑一顧。後來你才會慢慢地發現，羅森的飯糰會好吃很多。**推開門的時候撲面而來的是台灣或者日本一樣的氣息，沒辦法用文字形容，卻可以真實地塗抹在心裡。**（2013a：306；強調為本書作者所加）

文中所謂「台灣或者日本一樣的氣息」，道出了都會生活暗地要求的知識與經驗。都會青年從便利店的喜好即可判別品味高下，而小城「穿著高級西裝腳下踩雙NIKE的所謂的『先富起來』的人們」（2014a：235）則難以感知「沒辦法用文字形容」的東西。兩者的差異在此體現為某種細微感受力的具備與否，

而這便是判斷「格調」高低的關鍵。小城青年因時尚訊息滯後而少有這種敏感，並面臨著種種因經濟、社會及文化資本匱乏可能造成的困窘。

因此，郭敬明以外省人的身分理解並學習上海之「都會感性」的經驗可謂五味雜陳。在散文中，他反覆提及自己身為外來者在上海所遭受的冷眼歧視：因沒錢購買世紀公園看煙火的門票被本地人嘲弄；穿著自認時尚的衣服接受採訪，卻遭攝影師恥笑品味不堪；第一次帶母親坐地鐵時因不懂得走閘門，被工作人員用外省人聽不懂的上海話辱罵等等。如此的遭遇一方面令其在朋友面前撂下「我恨上海人」的狠話（2013a：292），另一方面又暗自在CD機裡反覆播放《學說上海話》的教材（2013a：307）。郭敬明對於上海的愛恨交織，與19世紀外省人的巴黎經驗可謂異曲同工。哈維（David Harvey）在其巴爾札克研究中指出，「巴黎人，不論何種階級，都活在一種否定且不信任自己農村出身的狀態中」，外省出身之人必須藉由複雜的「儀式」擺脫自身的「鄉土味」才能進入巴黎生活圈，而「一旦打入這個圈子，他們便絕不回頭」（2003: 30-32）。如同巴爾札克作品中無數的外省人角色（亦如巴爾札克自身），郭敬明艱難地經歷了從外省小城到大都會的生活方式轉變。他的個人發達史亦是藉由個人財富與文化資本的積累彌合品味落差，擺脫大都會「他者」的身分。功成名就並取得上海戶籍之後，郭敬明亦以上海人自居，在談及當下上海文學之時不斷展現捨我其誰的姿態，其書寫也由最初外省人對上海的仰望迷戀轉化成本地人敘事的都會禮讚，代表作《小時代》即是此一過程的產物。

在後文中，我們將深入解讀郭敬明的《小時代》來釐清前述有關都會身分的意識形態，進一步從「文學上海」與階級身分敘述的連結來討論郭敬明對於上海的情感書寫。就文學史而言，上世紀末非上海生長、但號稱70後「上海美女作家」的半自傳式上海故事紅極一時，實際上替郭敬明《小時代》的書寫模式奠定了基礎。以下首先藉由「小城青年」與「新上海人」的意涵演化對此尋根探源。

四、文學上海：《小時代》的「上海性」悖論

《小時代》三部系列小說的故事發生於2008年至2011年經濟飛速發展時期的上海，講述了主人翁林蕭、南湘、顧里、唐宛如四個自小感情深厚的女性，由大學步入社會所經歷的友誼與愛情的糾葛、破裂與縫合。正如評論者指出，近百萬字的《小時代》系列表面上是青春成長小說，但「真正的主角是『上海』」，「這是獻給『上海』的金色讚美詩」（黃平，2011：6）。郭敬明談及寫作初衷時透露了自己試圖代言「新上海」的野心：「我們提到上海，腦海裡永遠都是張愛玲的風花雪月、王安憶的《長恨歌》，但沒有2008的上海。上海是無人書寫的。……我希望以後提起新上海，人們就會想到我的《小時代》。」（宋燕，2008）

不過，《小時代》因其鮮明的「商業文學」標籤而鮮少被納入城市文學與上海書寫之脈絡。[18]但本章主張，如果糾結於文

---

18 張頤武在其2013年博客文章〈《小時代》的「小」〉（2013a）中，曾將郭

學場域的不同位置而將其排除在外，可能遮蔽了「文學上海」景觀中更為複雜的「上海想像」。如方克強所言，恰是不同作者透過各自的認知和認同方式生產出種種「想像中的上海」，從而「將難以企及的『上海性』轉化為人們所熟悉的感性實體，將不可界定的『上海城市文化身分』凝結為可把握的描述模式」（2006：序1）。就此而言，《小時代》的上海書寫不可忽視。事實上，從未有一本關於上海的小說如此賣座：三本《小時代》蟬聯了2010、2011、2012連續三年銷量冠軍。2013年《小時代》首部電影上映前夕，小說三部曲銷售總量已達670萬冊。四部系列電影上映後拿下20億的傲人票房，另有漫畫、音樂劇與電視劇改編版本，涵蓋了大量不同區域、性別、年齡層的觀眾。由此觀之，郭敬明憑藉《小時代》傲人的發行量和影響力，某種程度地參與重構了有關「新上海」的城市想像。

郭敬明的上海再現風靡一時，卻又爭議連連。一方面，他書寫上海的合法性深受質疑。眾多評論者始終耿耿於懷的是，作為一個來自四川的「小城青年」，郭敬明在《小時代》中竟以「上海土著」的口吻講述這一都會青春故事（圖賓根木匠，2013）。黃平指出郭敬明「努力地抹去四川小城出身的印

敬明併入張愛玲、王安憶、程乃珊等上海文學代表作家之列，指出「在張愛玲遠去，程乃珊故去，而王安憶已越來越和上海年輕一代疏離而影響力淡化的時刻，郭敬明變成了上海想像的新的部分。」此一觀點一經發表，遭到了包括眾多網民與《收穫》雜誌主編程永新、上海作家孔明珠、作家北村等人的強烈質疑與反對。網民以郭敬明是四川人、其作品非純文學等理由加以駁斥。程永新則近乎決絕地否認郭敬明與上海的關係：「郭也許跟這個時代什麼都有關係，就是跟上海想像沒任何關係」（〈北大教授〉，2013）。

記，不斷地扮演著『上海人』」（2011：7）。上海作家韓寒更笑稱《小時代》系列是向其他城鄉結合部的「小城青年」兜售「大上海的繁華和奢侈品的一個教程」（吳波，2008）。另一方面，郭敬明信心滿滿所再現的「新上海」熠熠風華，亦被批評為「是外鄉人的想像和賦予」，「不是真實的、複合的上海」（楊蕾，引自〈北大教授將郭敬明與張愛玲並列遭反對〉，2013），如此的上海「沒有文化內涵而只有物質景觀」（房偉等，2013：87）。「上海內部的多元與異質性……被金茂大廈、環球金融中心、恆隆廣場抹平」，淪為「一個歷史完全被架空，可以與紐約、倫敦、東京彼此置換的上海」（黃平，2011：6）。簡言之，《小時代》一再被指責為冒充本土的外地人所寫的虛假上海故事，郭敬明筆下的上海始終被視為缺乏真正的「上海性」。

　　然而，上述看似合情合理的指摘其實隱含難以自證的悖論：若將土生土長的「上海人」身分視為上海再現之「原真性」的必要條件，上海作為「移民城市」的自身即呈現了「本土」神話的內在矛盾。而今日學界和媒體透過「文學上海」之光華發掘本土文化的「上海性」時，亦在某種程度上忽略了「上海性」的歷史構建意義以及「本土」與「外來」的弔詭關係。如果說1949年以來嚴密的戶籍管理政策是第一次從制度上和心理上確認了上海人的本地身分意識與本土文化優越感，那麼上海城市文化身分的論述則是晚近改革開放之後都市重建的產物（張生等，2010：100-102）。例如，1980與1990年代曾出現官方、學界和民間全體參與的「重振海派」大討論（陳惠芬，2006：8）。然而如前文所言，20世紀初被命名為「海

派」的作家群中並不存在所謂的上海文化認同。「海派」作為一個歷史意涵不穩定且褒貶性質曖昧的語彙，是在改革開放之後，因為種種懷舊論述[19]才得到了正面的重新定義，成為確認上海文化身分合法性之命名。

　　「文學上海」與今日上海本土性論述的建構密不可分。作為現代意義上中國城市的開端，上海最初即在貧弱的都市文學中扮演舉足輕重的角色。1930年代「新感覺派」筆下明暗交織的東方大都會與左翼文學揭示的罪惡淵藪比肩並起，隨後抗戰時期張愛玲為上海都會市民作亂世傳奇，解放後的「十七年文學」則呈現了這座資本之城經歷的社會主義改造。總體來說，現代文學中的上海因與階級壓迫、民族危機與資本主義的密切關聯，始終未能擺脫「罪惡之城」的負面形象。但改革開放後風向隨之轉變，前述「文學上海」的複雜形構迅速被「霓虹光影」之摩登意象所取代，因此上世紀末的「張愛玲熱」某種程度上反映了大眾認知視野的轉變（陳惠芬，2006：221-222、234-237）。此一歷史潮流之下，新時期的上海書寫亦對上海懷舊的時代命題展開了回應。90年代頗具影響力的上海小說無不繼承了上世紀20、30年代上海書寫的兩種傾向，或呈現誇飾的繁華都會光景，或彰顯小市民的日常瑣碎生活，來確認其「上海性」的純正（張屏瑾，2012：13）。

　　有趣的是，相較90年代以來北京書寫眾多再現「北漂」

---

19 例如80年代以來海外及中國學者的民國上海重構，90年代上海政府打造「全球城市」的發展目標，以及民間的老上海「懷舊熱」，都要求追溯30年代上海的現代性巔峰。

經驗的「外省青年」敘事，同時期的上海文學則呈現為「阿拉上海人」言說「家城」（home city）的文化表象。上海文學普遍訴諸「本土」書寫位置以及「上海同一性」的表述慾望，某種程度上源於書寫者對城市再現權威性的焦慮與渴求。此一現象在以往研究中並未受到太多關注。上海學者陳惠芬在《想像上海的N種方法》（2006）一書中拾遺補缺，將90年代以來上海書寫所潛藏的「本土」與「外來」之微妙影響進行拆解。她認為相較程乃珊此類少見的所謂道地工商階層的「老上海後裔」，實際上是不同代際、不同位階的城市「外來戶」，構成了90年代以來「文學上海」的主要生產者。後者的文化焦慮與身分危機使其較「土生土長」的上海人更敏感亦更為勤勉地鑽研這座城市，由此寫就了「20世紀90年代『文學上海』中最為華彩的篇章」（陳惠芬，2006：15）。陳惠芬指出兩類「外來者」對新時期上海城市文化身分與上海認同的建構具有關鍵意義。第一類是毛時代的革命「外來戶」，如王安憶、陳丹燕均為解放軍南下幹部的「同志後代」；第二類則是在90年代「全球城市」轉型、戶籍制度鬆動之際以「新移民」身分進入上海的「70年代生」女作家，衛慧、趙波、安妮寶貝是箇中佼佼者（陳惠芬，2006：15-18）。弔詭之處在於，程、陳、王等取得不同程度經典化地位的「前輩們」在作品中所指認的「上海性」，大多是對「老上海」靈光不同取徑的召喚——不論世家名媛訴諸「老上海之靈魂」的繁華舊夢，或以美人遲暮的「上海小姐」寫就「煙火人氣」之弄堂詩學[20]——真正沉浸

---

20 王安憶最廣為流傳的小說《長恨歌》（1996）通過日常生活指認上海之城

於當代「新上海」都會生活的，反而是頗具爭議的70後「新一代」外來女作家。例如，以《上海寶貝》（衛慧，1999）為代表的作品靠著酒吧、咖啡廳等都會華麗區空間的精緻消費生活展演，「有效地改寫了上海在讀者眼中那種固有的陳舊面貌」（謝友順、石非，2001：89），繼而將當代上海作為「全球城市」的新意象再現推向了高潮。前述不同時代之作品近年來的流通，一定程度上左右了大眾對於「上海性」的理解。此類閱讀經驗亦構築了郭敬明「小城青年」時期所深深迷戀的上海想像。在他的早期散文與訪談中，張愛玲、衛慧、棉棉以及安妮寶貝等人的上海書寫都曾被提及或援引。

由此觀之，作為80後的郭敬明與衛慧等非上海生長的70後女作家可謂一脈相承，兩者的發跡經歷與上海書寫有著鮮明的相似度與繼承性。90年代浦東開發後，封閉了40餘年的上海大門再度開放，這批女作家在此一新時期利用求學等方式「合理合法」地進入上海。[21] 最初的「滬漂」身分使之面臨現實與慾

市精神。儘管她極為警惕地「與那新意識形態編纂的老上海故事拉開距離」（王曉明，2002：13），並強調「千萬不要讓咖啡館之類遮住了眼睛」（李歐梵等，2000），從而將其與程乃珊、衛慧等人區別開來，但她仍無可避免地陷入了「對原型全球城市想像的投射」，並與官商版本的懷舊論述發生種種關聯（黃宗儀，2008：89）。

21 衛慧1973年生於浙江餘姚，1995年復旦大學中文系畢業後留居上海，先後做過記者、編輯、電台主持、咖啡店女侍等。安妮寶貝與趙波等人，亦在90年代的初、中期來到上海求學。值得一提的是，儘管這批女作家發跡於上海，但她們又在新世紀先後離開了上海。陳惠芬的文本分析指出其上海夢之「幻滅」，原因在於她們將上海幻想寄託於酒吧此類虛幻之地，未能與這座「勾引又排斥」的城市建立起有效的聯繫（2006：168、175-176）。

望的齟齬：他們並無立足上海的經濟資本和社會資本，卻又極度渴望擁抱都市生活，寫作某種意義上成為重構自我地域身分以及介入都會生活的發達方案。90年代末，來自浙江小城餘姚的衛慧憑藉半自傳小說《上海寶貝》（1999）一舉成名，小說中她常「以上海的代言人自居，誇耀自己『住在上海』，是城市不可或缺的『時髦一族』，引領著都市的新時尚」（陳惠芬，2006：17）。「上海寶貝」們的「小城」出身低調不彰，幾乎不曾宣揚或引起關注，也未造成書寫上海的障礙。她們迅速成名並被視為新上海形象的理想代言人，媒體亦「當仁不讓」冠以「上海美女作家」之名號。相形之下，十年後郭敬明以《小時代》繼承並更新「上海寶貝」們筆下的「性感都會」與「慾望上海」時，非但不受論者歡迎，「小城青年」的身分更成了眾矢之的，不斷招致文化圈與上海本地讀者的質疑與羞辱。[22]

　　作家們身處的差別境遇與前述中國城市化的等級差序不無關係。伴隨大都會形態及意識的興起，「小城青年」開始從城市人的整體概念中被辨別出來。近年來「小城青年」或是「小鎮青年」幾乎成為攸關品味的流行詞彙。例如，中國電影市場將部分國產電影口碑欠佳、但票房大勝的異象命名為「小鎮青年現象」，以「小鎮青年」指涉品味不佳（bad taste）的小城市

---

22 大眾對於郭敬明的厭惡情緒緣起十分複雜：從早期的抄襲事件，其作品及言論流露的物質崇拜（被認為可能對青少年的價值觀產生負面影響），「偶像作家」與「商品文學」召喚的狂熱粉絲，到郭敬明本人的身高（矮小如少年）、女性化的容貌行止以及不明的性取向等等，都引發了大眾對他的普遍不滿。本文在此不欲逐一討論其形象問題的成因，僅僅探討「小城青年」的身分如何參與形塑了郭敬明的（負面）形象。

觀影者亦成了媒體寫作的固定用法。[23] 在此類地域身分的品味政治論述中，城市的位階差異與品味區隔被投射到城市個體身上。「小城青年」將小城的贗品感內化於人身，小城的次級現代性對應了次級審美觀，「小城」在文化位階上與「真正」的大都會之間存在不可逾越的鴻溝。小城主體更被賦予某些穩定不變的特徵：沒見過世面，品味拙劣，即使經濟發達也擺脫不了「小城」氣質。在此一脈絡下，儘管郭敬明由「小城青年」到「新上海人」的身分重建如此成功，他都難如70後的「小城」前輩們那般，得以憑藉城市書寫獲得「新上海代言人」的身分認定。他本人的形象與經歷反而一再被織入社會輿論對於「小城青年」的身分想像及小城慾望的價值判斷之中。

進一步而言，「上海人」、「新上海人」與「小城青年」之間通過經濟、文化資本積累所達成的轉化（或不可轉化），是理解《小時代》上海再現的關鍵。這不僅影響了《小時代》再現的上海性與上海精神，更有助於理解郭敬明現象及其作品指向的矛盾張力。換言之，《小時代》所指認的「上海性」是以「新上海人」的身分言說「小城青年」的想像，故事真正的敘事主體是作為「新上海人」的自我。矛盾的是，這個新上海人必須一再假託本地人的身分出現，卻又始終被視為冒牌貨。在下文中，我們將分析小說文本來回答以下問題：《小時代》如何展現「新上海」的「上海性」？它與「小城青年」的視角有

23　2013年騰訊網〈小鎮青年撐起中國電影　二三線城市貢獻7成票房〉（喻德術）一文的發表使「小鎮青年」成為探討電影市場的流行語彙。事實上，2010年之後學界已逐漸開始關注此一現象（姜濤、邊靜，2013；張頤武，2013b；孫劍，2013；方斌、錢應華，2013）。

何關聯？如果說《小時代》確實體現出某種小城氣質，那又意味著什麼？

五、「新上海人」的《小時代》：「貴族」與中產的　辯證

　　《小時代》的書寫是對當下「新上海」城市形象的回應，而郭敬明亦試圖憑藉其上海書寫確立自己「新上海人」身分的合法性。《小時代》中幾乎所有重要人物都有作者自身的影子。郭敬明（2013a：59-69）在其散文中便指出，林蕭、顧里、周崇光、宮洺等角色，分別對應著他在事業初創期的「滬漂」窮學生身分以及功成名就之後都會新貴的光鮮形象。他如是詮釋自己的角色設定：「這部小說中有18個人物……他們可能是**平民、貴族、中產階級**，他們的生活能讓讀者從**每一個方面去了解上海**。」（宋燕，2008；強調為本書作者所加）如此矛盾的說法恐怕難獲讀者認可，但卻道出了郭敬明對《小時代》中的人物階級與上海城市空間的費心設定。小說中故事主角們的階層雖有「平民、貴族、中產階級」之別，但姊妹情誼的連結得以在大都會中同食共寢，且極盡誇張地展演都會菁英階層的日常生活。在一定程度上，《小時代》的上海書寫策略受到小說家華麗轉身之個人經驗的形塑。

　　至此不難理解「新上海人」實為探究《小時代》中上海再現的核心身分。此一概念首先應置入都會新移民與上海全球城市形象打造的脈絡中來理解，其微妙意涵亦對階層屬性有所指涉。一方面，隨著城市化的推進，尤其是90年代浦東的發

展與開放，上海開始成為巨大的外來勞動力市場（寧越敏，1997：10-11；Liang and Ma, 2004: 471-473）。2000年後上海的外來人口不斷攀升，是全國跨省人口流動的主要目的地之一。[24]期間大量外來務工人員與外地求學者成為上海的城市新移民。另一方面，如前所述，此時「新上海」試圖連結「老上海」之輝煌過往，重塑東亞全球都會形象，因此亟需吸引大批港澳及海外華人菁英來滬工作與定居，由此催生了「新上海人」的說法。「新上海人」的概念首先是在政府報告與學界探討中獲得身分與地位的肯定。[25] 2001年上海市委書記黃菊提出「新上海人」概念並將其詮釋為「能夠闖蕩世界的人，是世界人，中華人」（熊月之，2002：129），同年有「新上海人」大型學術研討會展開，指認其為海派多元文化與寰宇主義兼容並蓄所產生的新主體身分（上海證大研究所，2002）——兩者的論述皆暗示其跨國菁英屬性。具體來說，「新上海人是一個意象，是因應全球都會區域的新階級產生的象徵符號系統，主要用來指涉專業菁英。」（黃宗儀，2011：136）伴隨上海的進一步開發與開放，「新上海人」成為外來新興中產階級自我表述

---

24 數據顯示，來滬流動人口數量逐年增加：2000年為306萬人，2005年為540萬人，2010年為897.7萬人，10年間全市流動人口增加551萬人，2012年達到960萬人。全市常住人口中流動人口的比重不斷攀升，2000年為21.07%，2012年為40.3%（姚麗萍，2014）。

25 「新上海人」一詞隱含對戶籍身分的確認。1999年，上海率先施行了《吸引國內優秀人才來滬工作實施辦法》。市長俞正聲在2009年政府報告中指出上海的「人才口子要開大點」，提出放寬外地來滬人才加入上海戶籍的政策（郁瀟亮、謝克偉，2009）。

的身分標籤。

無疑地，《小時代》的角色設置更接近於「新上海人」而非「老上海人」的特質。為強調其上海再現的正當性，小說的人物設定皆是清一色的本土身分，除了幾位具有海外關係的混血美男（暗示「新上海人」概念的寰宇主義面向），「外地人」僅以遊客的形象出現。弔詭的是，儘管作者如此費心設定，《小時代》中的「上海人」其實呈現出某種「外來者」的特徵。[26] 在近百萬字的上海故事裡，作為「道地」象徵的上海話從未出現；人物多數時間置身於上海的地標性空間，但對上海生活的認知卻呈現外部的視角。例如，身為「上海最最普通的」弄堂女孩，主角之一的林蕭並未進入王安憶弄堂家常的「『上海生活』的芯子」（1996：38）。相反地，林蕭心目中的上海與郭敬明早期散文中的上海想像如出一轍：「我每一次想到上海，腦子裡都是滿溢的各種文藝小資腔調的形容詞」，並「無時無刻不在自豪地向每一個人炫耀上海的精緻與繁華、文藝與高貴」（2014b：221）。另一個角色唐宛如號稱來自「精打細算」、擁有「真正上海生活的模樣」（2014c：256）的普通家庭，卻沒聽說過「上海典型的七十二家房客」式的居民區歷史（2014c：198）。故事中「上海人」對於本地歷史的無知以及地域屬性的缺失，使其幾乎可被置換成任何一座國際都會的白領菁英。

---

26 就電影改編作品而言，《小時代》的演員和製作班底亦與上海十分疏離，影片多用台灣班底。郭啟用了號稱「偶像劇教母」的柴智屏為編劇，《Vogue》時尚雜誌國際中文版主編黃薇為藝術監製，以確保成功打造青春片的夢幻氛圍與時尚品味。

　　與「新上海人」的內在身分呼應，《小時代》所指認的「上海性」亦與官方論述中「新上海」之「海納百川」不謀而合，亦即，在表面上呈現了超越區域性的文化特質。郭敬明筆下的上海似乎向所有階層與地域身分的人敞開：「無數人來到這裡，無數人離開這裡。這個見鬼的城市，這個永恆的城市。」（2013c：311）小說家將人民廣場上「足以購買任何女人靈魂的水晶鏤空的 Jimmy Choo 高跟鞋」與「充滿著勞動情懷的綠色解放牌雨靴」（2014b：156）所代表的不同階層身分並置，展示這座城市的開放與包容。上海地標性公共空間與形形色色的路人亦以全景畫面置於作者殘酷又憐憫的目光之下：拎著 Marc Jacobs 包包的年輕白領、面試工作的年輕人、星巴克裡無數的東方面孔、外灘奢侈品店員的冰冷臉色、落魄懷恨的弄堂女人、等待下午茶的上流貴婦等等（2013c：10-11）——顯露了同一空間對於不同階層人士的意義。然而仔細檢視如此的並置不難發現，上海的祕密隱藏於華麗的公共空間中：上海既向所有人開放，但又是全然差序化的，通過衣著打扮及口音行止，外來者與低下階層便能輕易地被辨認出來（解放牌雨靴 vs. Jimmy Choo 高跟鞋）。

　　這種辨認外地人品味的細節是小說一再出現的主題。郭敬明頻頻刻畫節假日湧入上海的外地人面對都會奇觀嘖嘖稱奇的讚歎與陶醉：「一條馬路之隔的外灘對面，江邊大道上無數從外地慕名而來的遊客正拿著相機，彼此搶占著絕佳的拍照地點，他們穿著各種大型連鎖低價服裝店裡千篇一律的衣服，用各種口音大聲吼著『看這裡！看這裡！』他們和馬路對面鋒利的奢侈品世界，僅僅相隔二十米的距離。」（2013c：11）小

說家極力描摹的是外地遊客的衣著品味、舉止言語處處與上海的都會格調格格不入。與遊客形成對照的則是他一再描寫的新上海人高級白領,此一群體地域身分模糊,專業領域的通屬性使其呈現一致的衣著品味與舉止規則,暗示若能掌握中產階級的生活美學,並與都會華麗區的步調一致,便可與這座城市的氣質與肌理渾然合一。這些角色的塑造一再指向領悟都市感性之精髓對於「新上海人」身分成立的決定性意義。如此的邏輯使得《小時代》弔詭地成為類似19世紀禮儀手冊(manners manual)的當代都會指南。禮儀手冊提供的功能不僅是傳授鄉下進城的青年學做城市人的文化知識,更要教導大眾如何辨識偽裝者(imposter),因為「新來乍到者與自學者(autodidact)勢必無可避免地露出馬腳,讓人看出其費力追求的負擔與文化能力的不足」(Skeggs, 2004: 136)。在對繁華都會的全景展示中,郭敬明復刻重現了早年作為「流金地域」的上海想像。刺眼的「遊客」與亮眼的在地白領頻頻對照,某種程度上投射了其早期創傷經驗中外省身分與都會品味的激烈碰撞。《小時代》對於兩者趾高氣揚的並置,亦標示作者個人由「小城青年」到大都會人士身分認同的順利轉型。

除此之外,郭敬明亦試圖以具有美學時尚品味的成功人士視角來強調今非昔比。《小時代》女主角之一顧里的惡毒俏皮話既是諷刺外地人的城鄉結合部格調,又凸顯身為都市新貴的自身已取得審美經驗的論述權與權威感。舉例來說,顧里對北京人穿著禦寒的「秋褲」進行了一番尖酸諷刺。秋褲是北方用語,是秋冬季節保暖之用的貼身長褲(即衛生褲),在顧里看來「秋褲」絕無時尚美觀可言,堪稱鄙俗廉價的代名詞。她大

驚小怪地描述滿大街「穿著秋褲跑來跑去的人」，甚至對這土氣的外省格調做了一個駭人聽聞的比喻：「還有女人就這麼堂而皇之地穿著它直接走進了銀泰中心一層的愛馬仕店裡，店員竟然還熱烈地迎接了她們！太可怕了，我發誓這是我1998年看完《午夜凶鈴》之後看過的最恐怖的畫面。」（2014c：16-17）相反地，顧里與她的兩個弟弟則彷彿「歐洲貴族」，他們的生活猶如「一部描寫上流社會的美劇，散發著致命的吸引力」（2014b：60）。在郭敬明筆下，顧里中學時代「就養成了類似美國上流社會的那種生活方式和作息時間」（2013c：108），而她租住的歐式別墅位於高檔購物中心恆隆廣場的正對面，「推開窗就可以看見LV放在外牆玻璃櫥窗裡的最新款的包包」（2013c：263）。郭敬明頻頻以《紅樓夢》或《大亨小傳》（*The Great Gatsby*）自比其作（馬彧、周姣姣，2013），通過對奢侈精品與浪擲消費的極力描摹，[27] 成功塑造了視金如土、一擲千金的富二代形象。小說家進而強調角色擁有「非正常人類美貌面孔」以及不落歐美之後的高尚品味，從而將其社會身分置換成「真正的貴族」。此一書寫策略透露出作者自我加冕的階級流動慾望。郭敬明甚至藉著顧里這個虛構的「真貴族」之口，明貶

---

27 典型的《小時代》式書寫的奢侈鋪排如下：「穿著ARMANI黑色套裝的顧里」拿著一瓶「獲得了法國最高醫學獎的、剛剛上市就在全上海賣斷了貨的、號稱『細胞水』的噴霧」恣意噴灑，「絲毫也不心疼，彷彿在用每立方米1.33元的上海自來水澆花」（2014b：209）。又如：顧里「一動不動地揚起她那張如同靜安區的土地一樣寸土寸金的臉，坦然而又豁達地面對著3月裡劈頭蓋臉的日曬，一點兒都不擔心高強度的紫外線傷害到她那張每天早上都需要塗幾百塊人民幣上去的嬌嫩面容」（2014c：26）。

暗褒自己在上海取得的威望、財力與審美格調：故事中當姊妹們談及風靡全國的小說家郭敬明（作者本人）時，顧里不滿地指出：「我對他（郭敬明）唯一的了解就是有一次我在Dior看中一件男式禮服襯衣，結果店員說不賣，說**郭敬明已經訂了，是為他預留的，之後就再也沒有進過那一款了。那個賤人。**」（2013c：185；強調為本書作者所加）此處，郭敬明對自身成功人士地位的誇耀，具體凸顯了小說家透過文學生產來書寫自我身分的優勢。

　　與小說角色的「貴族」身分相呼應，郭敬明利用別具一格的誇張語言將上海塑造成一個「撒了金粉一樣」的奢靡世界。上海非但與紐約、倫敦等老牌全球城市相較毫不遜色，甚至後來居上、更勝一籌，夢幻化地呈現「用鈔票堆出來的美」（2014b：206）。為使此般城市宣傳片般的上海形象具有說服力，《小時代》必須排除現實中這座「第三世界」城市蕪雜空間中有失「摩登」的部分。藉由顧里此一「如假包換的富二代」之口，郭敬明得以將「新上海」再定義為一個不折不扣的「小上海」，僅僅包括作為「上只角」的市中心（以及遠景觀望之用的浦東陸家嘴建築群），此外其他城區則是令人鄙夷的「外地」與「鄉下」。[28]顧里從不涉足並極其厭惡上海內環以

---

28 實際上，將上海分成「上海」（市中心）和「非上海」（「鄉下」）的區分並非郭敬明自創，自開埠以來老一輩上海人從上海郊區進市區即稱「去上海」，上海遠郊居民亦常被視為「鄉下人」。但伴隨新時期的城市化改造與都會擴張，浦東陸家嘴的「鄉下」形象搖身變作曼哈頓都會意象，遠郊土地亦納入都市用地規劃，一定意義上改變了前述二元城市（dual city）的對立結構。

外的地方，「每次坐車只要出了中環，就會嘔吐」，會憤怒地掛斷朋友「來自上海外環郊區的電話」（2013c：306），並自稱一到浦東就會過敏，認為「『浦東的空氣，無論什麼時候聞起來，都不像是住人的地方』」（2014b：25）。在顧里的概念裡，浦東是沒有地鐵、接電話要算長途漫遊費的「外地」，她甚至不相信「浦東的國金中心匯聚了超越恆隆的時尚品牌數量」（2014c：139）。有趣的是，《小時代》將「上海」這一真實地方拆解成「真正的上海」和「非上海」兩部分，前者連結了上世紀老上海租界「東方巴黎」的身分與今日的全球城市形象；後者諸如虹口、閔行、寶山、浦東等區域，因缺乏正統現代性光環以及所謂真正的都市文化感性，地位則與「小城」無異。儘管浦東陸家嘴身為上海全球城市的新地標，更是官方宣傳行銷的新上海代表性空間，但在顧里這樣的上海「貴族」眼中，只有「老上海」才是純正的上海。或許可以說，在上海的「非上海」部分裡，郭敬明放置了其他所有中國城市，也就是相對意義上的「小城」。

　　儘管如此，全然一派「新上海」風姿的《小時代》實際上一直潛藏著「老上海」的回歸慾望。不論是將城市化進程中不斷擴張的上海版圖再度縮小成民國格局中的租界地帶，或是為「富二代」角色（以及「富一代」的自身）假託一個去歷史化的上流世家，處處透露出作者假充「老貴族」以置換「新貴族」、進而自證身分合法性的積極姿態。郭敬明對於「上海性」的指認由此清晰可見。《小時代》把具有老上海都會遺產的當代繁華都會區再定義為「新上海」之本質，並將「新上海人」界定成21世紀這座「老牌」全球城市中的「真正貴族」，從

而確認都會新中產文化便是當代的「上海精神」。細探此一邏輯，不難發現郭敬明「新上海」再現的空間與階級偏好，與程乃珊訴諸租界洋場與上層世家的「老上海」書寫本質上極為近似。然而，無論郭敬明如何展演「珍珠如土金如鐵」的權貴姿態，「新上海人」與「老上海後裔」的「新」「老」之別，都使郭敬明的上海再現差之毫釐、失之千里。[29] 十餘年前，程乃珊對「上海寶貝」們嗤之以鼻的評價某種程度上亦適用於今時今日的郭敬明——在「老上海後裔」看來，沒有文化資本的「新上海人」非但根本「不是老克勒們的對手」，甚至還要被「摜幾條上海馬路」（2002：35）。[30]

如前所述，郭敬明的上海書寫某種程度上是將衛慧等小城前輩筆下「上海寶貝」們的摩登生活進行了更極致的推演。解讀《小時代》的文本，本章得以論證郭敬明極力追求稱頌的上海本土「貴族」實際上並非他人，而是從全國各地進入全球都會的新興中產階級（亦即新上海人）。在此必須進一步釐清小說中上海性的再現與晚近中國階級身分的論述關聯。階級與自

---

29 郭敬明筆下虛構的貴族，令人想起王安憶《長恨歌》（1996）中的反派人物「長腳」。這個外鄉人為與上海融合無所不用其極，甚至不遺餘力地捏造天方夜譚般的顯赫身世。王安憶透過長腳一角暗諷「看似最全球化的人物往往是最鄉巴佬的（provincial）」，因其「將老上海不朽的都會傳奇和當代大肆炒作的地球村景象混而為一」（黃宗儀，2011：92-93）。

30 出自程乃珊在《上海探戈》的說法：「即使在21世紀的今日，薑還是老的辣，由可口可樂和麥當勞催穀的新生代上海人，在對時尚的領悟和融會貫通上，無論是對汽車、手錶、相機這些充滿陽剛的時尚的宏觀的認識上，還是對跳舞、美食、追女人等軟性時尚細節上，他們肯定不是老克勒們的對手，用句上海俗話，摜幾條上海馬路！」（2002：35）。

我身分的形塑向來糾葛交錯（Featherstone, 1991; Arditi, 1999; Skeggs, 2004）。改革開放初期眾多城市新富神話般一夜暴富，但要擺脫「貧民勞動者」欠缺素質的形象則必須進行品味改造。90年代末文化出版市場興起的「隱私熱」與「格調熱」正是此一集體欲求的社會回應。1998年中國女記者安頓的採訪錄《絕對隱私：當代中國人情感口述實錄》與美國學者保羅‧福塞爾（Paul Fussell）的通俗社會學著作《格調：社會等級與生活品味》成為同年大熱的暢銷書。[31] 大眾普遍訴諸「隱私」與「格調」，正是渴求其背後的中產階級生活方式（滕威，2000：316-318）。福塞爾《格調》一書對於階級品味三六九等的劃分以及極盡挪揄的剖析，全然是針對美國的社會脈絡，但此一「美國過時之作」（戴錦華，引自滕威，2000：318）在90年代末被譯介到中國後，卻出乎意料地成了中國新中產階級的品味指導手冊。[32] 譯者石濤甚至煞有介事地為前言取了「社會品味：社會等級的最後出路」的標題。事實上，此時中國尚未形成自己的中產階級社群，成功人士的品味生活亦僅僅流通於想像層面，致使本應與中國語境有一定隔閡的歐美中產生活方式成為大眾文化的想像投射與模仿對象。

　　90年代的上海無疑是社會整體想像「中國大都會中產生

31　原作的英文書名是 *Class: A Guide through the American Status System*。值得玩味的是，中文版譯者將「class」譯為「格調」，並刪除了「美國」此一空間標籤，將其譯為《格調：社會等級與生活品味》。自發行以來，此書在中國重印數版，多年來暢銷不衰。

32　「格調」系列包括《格調》、《香菸》、《器具的進化》、《惡俗》等，出版社將其命名為「Alternative另類叢書」。

活」的代表空間。衛慧等人作為經濟改革時期第一代「新移民」進入上海時，恰逢此一大好時機。上海在城市化初期的文化資源重整，伴隨闡述中產生活的時代性呼喚，這些個人主義的「新人類」作家迅速與消費主義的「新上海」擦出火花。「上海寶貝」們解碼時尚雜誌的消費符號，繼而在小說中將其編寫為一套具體而微的上海日常生活。正因如此，她們應運而生的書寫被順利納入「新上海」本土文化論述的時代性建構。隨著社會轉型與都市再造的不斷推進，訴諸消費符號的「日常生活審美化」（或「日常生活美學化」）（aestheticization of everyday life）[33] 已然成了當代城市中產與小資階層司空見慣的身分展演。如果說十餘年前衛慧等人言說上海的姿態尚可稱「先鋒」，那麼今時今日郭敬明對其前輩的繼承性書寫，則多少顯得拾人牙慧，老調重彈。但必須指出的是，郭敬明的成功面臨著全然不同的歷史脈絡與時代命題：隨著「大都會」取代「小城」、「富二代」超越「富一代」的社會轉向，起源與位階的純正性成為當代城市及個人的身分神話。改革開放進入新階段意味利益分化期的結束與社會再分層的確立，從「下層階級」到「上層階級」的身分轉化相較往日更顯困難重重。因此，當「小城青年」郭敬明試圖扮演布迪厄（Pierre Bourdieu）所謂的「新文化中介人」（new cultural intermediaries）（1984：

33「日常生活審美化」在90年代由費瑟斯通（Featherstone, 1991）及韋爾施（Welsch, 1997）等學者提出並闡發。此一概念成為2000年代中國文藝學與美學界備受矚目的話題。「日常生活審美化」之討論持續數年，許多期刊雜誌為其開闢專欄，《文匯讀書週報》將其評為「2004年度中國十大學術熱點」（陶東風，2002、2011；張貞，2006；王焱，2007）。

325-326），推介其風格化的生活方式與審美趣味時，便難以輕易贏得吹捧與讚賞。他在《小時代》中以「把品牌丟出來」的寫法，盛大鋪排Prada毛衣、Dior禮服、Armani沙發等奢侈符號的操作，反而被視為攫取象徵資本的身分焦慮，是「外來者」積累時尚知識的表演，輿論因此順理成章地將其物質化的上海書寫解讀成小城青年的「暴發戶心態」。

或許可以說，郭敬明面臨的是「小城青年」與「新移民」同時成為身分問題的時代困境。大眾對《小時代》中「上海性」缺失的指陳亦與「新上海人」的汙名化現象息息相關。如此的現象源於「新上海人」此一身分稱謂之雙面性：除了作為迎合全球城市形象的特權使用者（privileged user）身分，近年來更成了民間本土論述中貶抑外地人的說法。無論是作為「人才」引進的外省新貴，或者被視為「素質低下」的「廉價勞動力」，當下上海本土論壇常以具有歧視色彩的「硬盤」[34]一詞指代上海「外地人」，更糟的情況是稱之為「蝗蟲」。[35]《小時代》

34「硬盤」是用以指稱上海外地人的新興網路用語，源起於寬帶山論壇。2009年，因極端本土主義言論高漲，「外地人」在論壇裡成為敏感詞語。上海網民便以「外地」的拼音首字母「WD」代替，繼而又被屏蔽。然而「WD」的拼音正好也是一家硬盤廠商「西部數碼」的商標（West Data），於是「硬盤」轉而成為「外地人」的新說法。

35 部分上海本土主義者以「蝗蟲」指稱城市中蜂擁而至的外地人，諷刺「新上海人」搶占本土資源或是欠缺生活於大都會之素質。上海「蝗蟲論」之爭始於2012年一名非滬籍女孩爭取「異地高考」權利的事件。非滬籍家長要求「爭取高考權利，教育平等，我們是新上海人」，一些滬籍青年則相應打出「抵制異地高考」、「蝗蟲滾出上海」、「上海人不需要外地蝗蟲」等口號（〈外省女孩約辯滬籍青年被斥「上海不需外地蝗蟲」〉，2012）。

的再現便被本地網民指摘為「硬盤」的上海，影評人圖賓根木匠（2013）如是諷刺郭敬明在其上海書寫中所暴露的身分「實質」：「好聽一點的官方說法是『新上海人』，但換湯不換藥，實質還是『硬盤』」；「一日『硬盤』，終生『硬盤』，戶籍遷移也改變不了這個文化心理事實。」此處，「新上海人」的「新」字指向某種本質性的匱乏，暗示外來與本土之間某種基於象徵資本的差異（冒牌貨對比真貴族），同時表達了自我意識強烈的本地主義語彙中，本地人對外來者的普遍不滿。

　　綜上而言，郭敬明的成功難有道德光環，因其充其量僅被視為披著外省新貴的皮、骨子裡仍是小城青年的冒牌貨。郭敬明沒能趕上史玉柱、俞敏洪等上一輩小城青年或鄉村青年宣揚白手致富的年代，而是在「富二代」當道、「出身論」主導的時代背景下完成由「民一代」到「富一代」的轉化軌跡，他只能依賴小說完成都會「貴族」的慾望與身分想像。在物質符號迷戀與小城青年身分之間，大眾輿論似乎建立了一種自然而然的因果連結，即郭敬明個人生活與小說作品中極致展演的物質美學乃是源於早年小城經驗中的匱乏創傷。儘管美學化消費已是當下中產階層的普遍取向乃至主流價值，但郭氏赤裸驚人的物質宣言所引起的道德恐慌卻無從疏導，[36] 只能通過汙名化「小城青年」整體的方式得以緩解。某種程度上這也說明了為何《小時代》系列得到的道德審判遠多於對其作品本身的評介與討論。

---

36 郭敬明在訪談中表示：「物質是我們這個時代避不開的問題，只不過我是第一個捅破這層窗戶紙的人。」（余姝、石珊珊，2013）

六、結論：小城青年、中產階級與都會神話

　　本章檢視郭敬明如何在當下中國等級差序化的城市經驗中重塑社會主體身分，並在小說《小時代》中展演及合理化其邏輯。弔詭的是，無論何等功成名就，小城的幽靈似乎從未真正離開郭敬明。如果說王曉明暗示了「成功人士」「半張臉的神話」背後有難以告人的聚財斂富手段（2000：29-36），那麼郭敬明的上海書寫則暴露出作為大都會神話代言人的「新中產階級」可能隱藏的那「半張臉」，亦即身為「小城青年」的過往歷史。當「郭敬明們」藉日常生活美學展演自我並教導大眾如何成為都會中產時，他們必須拋棄對故鄉與小城經驗的認同來達成此一身分轉換，以確立其「都會感性」專家的權威性。而郭敬明上海書寫中強烈的表演性與誇耀性姿態，某種程度上亦是在迎合市場。儘管《小時代》的故事破綻重重，但恰恰滿足了無數中國少男少女對於都會羅曼史的想像性體驗。郭敬明筆下的繁華都會不僅是「真正的」全球城市，而且是「中國的」全球城市，上海的特殊位置使其得以承載置身本土脈絡的跨國中產身分想像。這或許也是「叫座不叫好」的《小時代》難以在中國大陸以外的地區暢銷的重要原因。就此意義而言，郭敬明早已不再是媒體筆下那個只靠「炫耀性消費」建立自尊的「小地方人」。[37]他在書寫中確認自我身分的同時，精明地利用

---

[37] 郭敬明曾在散文中指出，早年瘋狂購置奢侈品是「帶著一種快意的恨在買」（2013a：361）。這段文字作為郭氏「小城青年」心態的憑證，在媒體報導中被反覆引用。郭敬明的經紀人為其辯駁時指出大眾「應該成熟看待這個問題」，郭敬明作為一名財力雄厚的作家，完全有能力購買他喜歡的奢侈

一種誇飾的上海意象來製造話題，將本身已具吸引力的都會流
動慾望包裝得更加炫目誘人。

　　郭敬明上海書寫中對於文化身分的急切展演，某種程度上
代表了中國正在崛起且數量龐大的「新都會人」與「新中產階
級」所需求的意識形態表述。其「反認他鄉作故鄉」的觀念，
不僅與「小城」在「造城運動」中自身歷史感和文化身分的喪
失難分難解，更與80、90年代以來大都會神話及本土文化優
越性的建構緊密相關：急於擺脫過往、重建身分的「小城青
年」正是此類論述的積極生產者。在以「全球城市」為發展範
式的空間意識形態之下，「小城」是當今中國不欲正視但無法
擺脫的現實，它藏身於《小時代》這樣的敘事之中。「小城青
年」作為最普遍的地域身分，面對大都會衝擊產生了不同的經
驗敘事與身分重建策略，其蘊含的豐富社會文化意義值得深入
審視思考。

　　　　　　　　　　　　　　　　　　（黃宗儀、魯凌清）

品，他「在上海這座時尚之都已生活了近十年的時間，喜歡品牌時尚也是
很自然的事」（王瓊，2009）。

第三章

「富二代」與「父親之名」

重構「後社會主義」中國的
城市與階級敘事

　　上世紀90年代以來，「後社會主義」（postsocialism）作為分析框架，有效地檢視了中國電影對於後毛澤東時代至世紀之交社會轉型的表徵。然而，新世紀「中國崛起」之後的經濟文化生活與社會構造發生了明顯的轉變，包括新社會主體的生成、新階級秩序及論述的建立與接受、城鄉面貌的更迭，以及國際處境與國際感覺的重塑與分化。中國進入崛起階段以來，人民的社會文化經驗及國際感覺的轉變，同樣體現在文化文本再現的方式中；然而，目前的研究仍較少以「後社會主義」理論框架對此新態勢加以審視。本章取徑文化研究，參照政治經濟學視野，考察近年具有代表性的影片《老炮兒》和《山河故人》如何再現個體的時空經驗，處理後社會主義進入「大國崛起」階段後顯著而棘手的轉型結果。

一、「後社會主義」駁雜的電影圖景

　　「後社會主義中國」的時間起點眾說紛紜，或追溯至1976年毛澤東逝世（Berry, 2004），或以1980年代改革開放為標誌（Dirlik, 1989），或強調1990年代新經濟秩序下的後現代主義特徵（Lu, 2007）。在社會學、政治經濟學及文化研究等不同視野下，「後社會主義」含括社會主義時期終結以來變動的政治經濟體系，此變動所造就的繁複多樣的社會文化風景，以及相應的個體或集體感覺結構。世紀之交的後社會主義電影研究，強調電影敘事和美學對於社會轉型的再現。在畢克偉（Paul Pickowicz）對80年代末城市電影的解讀中，「後社會主義」首先被理解為「晚期社會主義社會中盛行的負面的、反烏托邦的

文化狀況」（1994: 58-59）。此種感覺結構、思想和行為模式雖醞釀於毛澤東去世前，但其時受到壓抑，直至後毛時代，在意識形態反轉之下才得到了有力的釋放與表達。不過，左翼學者並非簡單地將「後社會主義」作為對往昔噩夢的否定評價，而是將後社會主義觀念視為一個新的政治經濟體系，囊括了正在變化中的社會、經濟狀況所有可能想像的面向，充滿了再生與實驗的可能（Dirlik and Zhang, 1997; Y. Zhang, 2007）。

從歷史脈絡來看，「後社會主義中國」（post-socialist China）的改變之大，不啻為文化大革命後的又一場文化變革。後革命、後社會主義的歷史條件，催生了80年代「後現代主義」（postmodernism）、「現代主義」（modernism）等風格（Dirlik and Zhang, 2000; X. Zhang, 1997, 2008; Lu, 2007）。在新的政治、經濟、社會條件下，持不同美學追求和意識形態立場的各代電影人，亦重整或再定義自身的戰略位置。在張英進（Y. Zhang, 2007）等人對「第六代」初期影片的解讀中，明白可見90年代以來「後社會主義」進入新歷史階段後城市空間與青年主體的顯著改變。某種程度來說，第六代導演的出現，連同此後「第六代」淪為失去所指的能指，以及整個導演「代際」話語標籤的消散，本身即是「後社會主義」的新政治與市場經濟體系所造就的文化現象。[1]張英進對於世紀之交「後社會主義」電影的描述清楚地呈現了如此的現象：「沿著一個未知的路徑

---

1 第六代導演的起落與消隱，某種意義上體現了戴錦華所言的命名的文化荒謬性，亦即首先由「不同的文化渴求與文化匱乏所預期、所界說並勾勒」、是一個「為能指尋找所指的語詞旅程」（2000：385）。

發展、走向一個未知將來的現實圖景」，充滿「令人焦慮的力量，不斷產生失落、幻滅、絕望、蔑視，有時甚至是義憤和狂怒等情緒」（Y. Zhang, 2007: 54）。

　　多重的歷史印記從不輕易消散，而是在壓抑之下以各種表述形式不斷回歸。即使後社會主義已邁入新自由主義的大門，對於過往革命或是轉型之初潛能的懷舊，依然被用以感知當下並展望未來。這一點體現在世紀之交於國際視野中脫穎而出的第六代導演身上，其作品敏感地捕捉了後社會主義中國城市與社會關係的駁雜風景。時移事往，此一描述已不完全適用當下電影的生產脈絡、影像風格及市場訴求：中國已如此深刻地融入世界，國際對於中國的凝視也不再似世紀之交那般依賴電影再現作為理解改革之變的中介。相較當年第六代導演身處社會轉型期對於在場性或真實性的追求，近年崛起的80後年輕導演則更為多元化。此時中國的電影市場也截然不同於以往，資本急速膨脹，大IP的商業效應成為電影生產的強力主導。在如此的脈絡下，如今很難再宣稱可從一部叛逆而優秀的作品認識主流敘事之外的所謂「真實的中國」（雖然這種說法本身即是西方中心主義色彩的審視）。即使如此，本章認為電影分析仍有其效力，因影片對於觀眾之激情與記憶的調動與重構是症候性的，值得深入分析與認真對待。但就方法論而言，今日若選擇以電影為媒介理解當代社會與文化症候，必須重拾一種具備歷史視野的分析框架，對這些年政治經濟圖景的改頭換面進行梳理。如此方能進一步闡釋文化再現層面的宏觀變局，從昔日第六代導演的當下作品中描繪尋找「後社會主義」敘事的新脈絡。

在理解「後社會主義」電影的研究脈絡之後，接下來將概述後社會主義中國在不同階段的政治經濟演變——從改革開放、「接軌世界」的嘗試起步，到「大國崛起」、成為世界一級的全球化國家。接著本章從宏觀層面過渡至個體經驗及再現的層面，指出發展轉型之下，後社會主義城市個體的地方和世界想像皆發生了巨大轉變，富二代的社會性登場，成為講述後社會主義新階段故事的常見符號或敘事線索。最後，我們將以《老炮兒》和《山河故人》兩部影片為例，參照兩位導演的創作脈絡，分析影片中家庭關係、父子衝突所喻指的歷史敘事，及其藉「富二代」角色鋪排呈現的階級關係。曾以「第六代」導演身分聞名的管虎和賈樟柯，已跳出早期「第六代」電影的拍攝方式，近年分別藉新作《老炮兒》（2015）和《山河故人》（2015）回應了中國崛起以來的諸多議題。包括財富與階級前所未有的分化、世代疏離與家庭離散，以及地方性的消逝。兩人早期的電影，分別以首都北京和小城汾陽作為敘事空間。無獨有偶，《老炮兒》和《山河故人》兩部影片亦皆為兩位導演在轉戰其他城市空間後重返家鄉的久違之作。[2]兩者分別從京味兒電影與小城電影的城市再現脈絡下，完成了對首都北京與小城汾陽，同時也是中國（及其寰宇主義想像）的意義重構。

2　管虎是北京人，其處女作兼成名作《頭髮亂了》講述了80年代末一群北京知青的故事；賈樟柯是山西汾陽人，其成名作《小武》、《站台》均以家鄉汾陽為故事背景，塑造了中國內陸發展落後的小縣城的典型形象。此後兩人的作品則不再限於故鄉城市。

二、從「後社會主義」到「中國建構的資本主義」

　　1978年代至今，中國改革開放已近40年。這意味著「後社會主義」對於「社會主義」的反叛、繼承與重建的時間，已超越了1949年社會主義展開建制的近30年。不同立場的論者或將後社會主義的改革描繪為走向資本主義和全球資本主義經濟的必然進步，或斥其為對社會主義理念的撤退或倒轉。德里克（Arif Dirlik）〈重訪後社會主義：反思中國特色社會主義的過去、現在和未來〉（2009）一文反對此類勾勒粗疏的圖景，強調後社會主義儘管終結了此前固有的社會主義及其實現手段，但革命的歷史遺產仍將持續存在，使之有別於資本主義或後資本主義社會。在其論述中，後社會主義被視為有效的反思起點，後社會主義具有未來可能性，而社會主義遺產可用以應變當前的危機與挑戰。

　　僅強調「藉歷史遺產而開啟未來想像／思想之空間」，不足以回應中國崛起以來整體政治、經濟構造的變革方向。尤其是改革開放近40年來，「後社會主義」未來的可能性存在爭議，質疑出現在各個層面：在社會政策、勞動者狀況、大眾文化意識形態上出現了新自由主義轉向；在經濟政治層面，「一帶一路」在昔日第三世界的鋪展，既有向外勢力擴張的疑慮，也有重塑第三世界全球化新路徑的潛力。所有判斷都必須隨後社會主義現實的腳步而不斷做出應變與校正，種種論述亦不能脫離其特定的歷史時空語境。

　　如德里克（Dirlik，2009）所言，後社會主義中國存在顯著的歷史分期：20世紀80年代模稜兩可的開放，90年代的全

面開放，以及最近 10 年重新擔憂社會主義的未來。德里克一文寫作於 2008 年，一個富有張力的歷史節點，亦即中華人民共和國成立 60 週年、改革開放 30 週年，也是諸多戲劇性事件齊發的一年。從世界範疇來看，中國通過策略性地融入世界資本主義體系，成為僅次於美國的世界第二大經濟體。此後日益可見，作為發展事實的中國崛起，不但牽動著世界格局的變化，亦改變著中國的世界想像與自我感覺（詳見導論一章）。

在這樣一種昂揚的世界和自我感覺之下，「和平崛起」、「中國模式」及「中國夢」等話語操演，陸續成為後社會主義新階段的大歷史敘述。崛起論述體現在國家話語的多個方面。2003 年底，最高領導人胡錦濤在外交論述中首次使用「和平崛起」，既肯定近年風行的「中國崛起論」，又試圖避免與之相伴相生的「中國威脅論」（及其造成的國際猜疑）。在國內外引發關注的「中國模式」論，進一步將改革開放以來的自我肯定從經濟領域擴展到包括政治模式、文化模式在內的治國實踐：從 2012 年胡錦濤提出基於本國發展成就的「三個自信」，到習近平時代強調的「中華民族的偉大復興」以及建設大國形象（文明大國形象、東方大國形象、負責任大國形象、社會主義大國形象），進一步深化了論述方向。崛起意識纏繞於道路自信、發展雄心以及地緣政治的不安之中，折射出中國在主體重建期間的身分焦慮，進而召喚著一種創造性的、具有情感凝聚的整合性話語出現。「中國夢」即是在此一語境下逐漸登場，由官方、媒體及民間發散為意義駁雜的論述。作為連結歷史兼及展望未來的敘事，「中國夢」的關鍵在於將「中國崛起」以來的國家感覺與個體的情感／情緒經驗交錯並置。

　　中國崛起以來的「後社會主義」解剖，更為密切地與作為國家發展論述的「中國特色社會主義」、以及作為分析框架的「新自由主義」和「中國建構的資本主義」概念緊密相連。現今英語這世界主流的中國研究，較多以新自由主義的脈絡來理解中國。其中管理學科導向的研究，往往強調中國應進一步融入西方經濟體系；另一類來自政治左翼、社會學、文化及都市研究的聲音則以批判為主，將新自由主義更為寬泛地拓展至作為政治例外的主權實踐、主體治理技術等方面，認為以剝削的「世界工廠」、經濟特區等為特徵的發展選擇，已然走上了新自由主義道路（Davis, 2006; Harvey, 2005; Ong, 2006）。反對直接套用西方新自由主義框架來解釋中國模式的研究亦所在多有。其中一類具有代表性的分析認為中國建構了自己的資本主義形式，例如強調「關係」的、穩定的經濟生活、「地方政府的資本主義」（local state capitalism）為主導的都市更新等等，都是以不同於新自由主義的方式重構了資本主義體系（Keith, Lash, Arnoldi and Rooker, 2014）。部分左翼立場出發的政治經濟學研究則強調，中國在融入世界資本主義的過程中既有對其主導邏輯（經濟金融化和新自由主義）的屈從，但同樣可見頑強抵抗之處（例如迫使金融服務於生產性投資）（D. Lo, 2012）。

　　如何評價改革開放的性質、以及中國是否正走向新自由主義的不同判斷，造成當下左派的觀念分裂。不過，本章無意辨析上述紛爭，而是將不同研究者對於中國社會系統性理解的分裂，視為後社會主義「中國崛起」以來複雜現實的一部分。這同樣意味著，單憑政治經濟層面的分析，不足以揭示中國深入全球資本主義以來的現實複雜性，也不足以取代考察新舊意識

形態在文化層面的交織形構。

三、後社會主義新階段的地方與世界感覺：富二代
作為敘事符號

　　「富二代」群體的社會性登場是中國財富論述的關鍵轉折，就此意義而言，「富二代」是典型的後社會主義主體。新世紀近20年來，中國的新興財富主體經歷著由「富一代」到「富二代」的代際升級，從「草莽英雄」到「藍血貴族」的意象更替極富戲劇色彩。社會主義時期被取消和中斷的階級與財富傳承，在後社會主義當下恢復正當性並得以常態化，原生家庭此一先賦性因素在財富分配及個人發展軌跡中日益凸顯，從而將新時期的個人發展敘事與80年代改革開放「第一代」的「個人奮鬥」基調拉開了距離。在後社會主義中國，「不通過自我奮鬥就成為有產者不再是一件可恥的事」（羅雪揮、潘麗，2004：56）。[3] 不過，後社會主義中國對於富人以及財富悄然改變的態度，並非一蹴而就。80年代中期以來，「新富人」白手起家的路徑，實際上並未擺脫致富合法性的質疑，「富二代」亦曾深陷身分危機。相比十餘年前，「富二代」的媒介形象實際上不似今日光鮮亮麗、令人慾望豔羨，而是一個充滿爭議、具有道德危機的身分。最早有關富二代的報導，可追溯到2004

3　伴隨近年來「遺產稅」徵收的提出，財富的合法繼承即將受到法律保護。「富二代」的身分合法性亦在法律與輿論之中逐步確立。上述現象表明中國人的財富觀和價值取向正發生著某種根本性的變化。

年左右民營企業接班困境的新聞。[4]但直至2009年左右，幾起轟動全國的富二代交通犯罪與炫富實踐，才使得「富二代」真正成為大眾爭議的話題，並確立起「有錢能使鬼推磨」、「暴富人群飛揚跋扈」、「有才無德、恃財傲物」的負面形象。舉例而言，飆車族是近十年來新聞報導與影視作品之中權貴二代子弟的典型形象，是財富和速度遊走於法律邊緣的象徵。這與中國大陸諸多轟動一時的富二代飆車致人死傷的社會新聞不無相關，如2009年杭州的「70碼」交通事故、2010年「我爸是李剛」撞人事件等，都曾一度引發民間激烈的仇富輿論，以及對階級分化的批判。

在新世紀第一個10年裡，「富二代」形象尚因後社會主義轉型的不安與波動而聲名不佳，但很快地，早期的負面形象在幾年間便得以逆轉。伴隨中國的國際經濟地位提升，市場經濟的深化與穩固，整個社會對於「財富」的觀念與毛時代的社會主義時期發生了巨大的轉變，貧富、階級差異不再令人大驚小怪、而是逐漸成為稀鬆平常的社會現象。這一悄然發生的意識形態轉折，亦使得「富二代」從新聞事件的爭議中相對淡出，一度背負的犯罪者、逾矩者身分標籤亦可洗白，進而成為大眾

---

4 2004年以來，「富二代」群體作為民營企業的接班人開始受到財經媒體和地方政府的關注。2004年9月《中國新聞週刊》刊登《富人二代》專題，是中國媒體首次以「富二代」為主題的專門報導。報導由此指出「富二代」群體決定著中國民營企業的未來前景，其集體命運與國家經濟可持續發展密切相關。或許可以說，「富二代」的媒介話語最初是「附著了媒體有關家業傳承、道義傳遞、經濟發展和國家興盛的諸多感情和期待」（張潔、鄭雁詢，2013：58）。

文化（尤其是影視劇）的再現焦點。官／富二代曾在後續的大眾文化作品中得到了美化與修正，甚至成為眾人嚮往、（性）慾望的對象。藉由掛鉤顏值（長相）、品味、跨國性及道德資本等，從而確立其社會文化身分的合法性與優越性。例如，在流行小說及影視劇中，「霸道總裁」已為代表性的男主角人設範式，電影《小時代》（2013；2014；2015）、電視劇《歡樂頌》（2015）等風行一時的影片皆重塑了富二代的新形象。其中，郭敬明導演的賣座電影《小時代》系列頗富爭議地將富二代俊男美女及其「貴族」般的奢華生活作為影片重心，深刻影響了此後都市商業片的富二代再現美學。「富二代」連同新興且日益分化的中產階級以及新工人、蟻族等底層意象，被編織入一幅漫畫式的階級想像圖景之中。

我們發現，後社會主義新時期有關城市經驗、階級矛盾及社會問題的影片，越來越多是以富二代為關鍵的再現，也一再藉家庭及父子關係之敘事框架而展開。如戴錦華指出，晚近電影「從對社會變遷的記錄和呈現，轉移到個人、分離焦慮與創傷經驗上」，「歷史與記憶的淪陷，同時伴隨著社會的有機性的喪失。儘管身分政治正在嘗試形構種種新的連接，但個人的疏離感、社會的原子化無疑是新的現實之一。過去不可返歸，未來難於展望的狀態中，家庭的角色和意義便充分凸顯出來了。」（戴錦華、羅皓菱，2016）以下將以《老炮兒》和《山河故人》兩部影片為例深入探討家庭、代際衝突的敘事主軸，進而闡述「富二代」作為中國後社會主義新階段的階級再現符號的重要意義，在於將難以調和的代際衝突理解為歷史和記憶斷裂的象徵性表述。

四、《老炮兒》：藉外省「官／富二代」重構老北京「江湖」

作為2015年末口碑與票房雙豐收的現象級影片，《老炮兒》不但喚起銀幕外觀眾對於「京味兒」影視久違的懷念，也引發了有關「江湖」、「理」、「老炮兒」等關鍵詞異常熱烈的討論。《老炮兒》的故事延續了90年代以來京味兒小說的常見主題：老北京人無法與時俱進，在新的社會秩序中找不到自身的位置。馮小剛飾演的男主角六爺，年輕時叱吒風雲，是犯過罪坐過牢的狠角色。隨著世道改變，他被人淡忘，蟄伏於後海胡同，成了整日遛鳥、管閒事的清貧百姓。直到某日，兒子小波因劃傷「官／富二代」小飛的名車法拉利而被私扣，六爺終於重出江湖。他在老哥兒們之間奔走借錢贖子，依循北京城樸素的道義和規矩，與新一代權貴周旋較量，也藉此修復了父子之間破裂已久的情感。影片結尾，六爺為首的老炮兒們與來自外省的權貴新人類在冰湖上展開了最終的械鬥。

《老炮兒》以父子矛盾與新舊勢力對決作為敘事主線，這是處理「後社會主義」代際斷裂與階級衝突的典型模式。導演管虎重拾了一個意義含混、近乎退出歷史舞台的舊詞「老炮兒」，來命名這部由父子情和兄弟情交織而成的「京味兒」電影。與此同時，影片亦改寫了昔日歷史主體「老炮兒」的意義。儘管老炮兒六爺是毫無疑問的核心人物，但來自外省的「官二代」兼「富二代」小飛同時也是這個北京故事中的關鍵角色。當小飛將其武俠「江湖」想像投射於六爺的江湖規矩之上，這個新階級秩序的權貴同時身兼舊秩序的緬懷者，某個意

義上也弔詭地成為老炮兒跨代際、階級錯位的繼承人。本章將透過以下的分析指出影片如何改寫「官／富二代」的既有敘事與負面形象，並藉此新的階級符號，再造北京的地方性與老北京人的精神意涵。

重構「京味兒」：發現或發明「過時之人」

《老炮兒》可說是「京味兒」作品在近年中國電影市場的一次「逆襲」。世紀之交，導演馮小剛曾將舉重若輕、夾槍帶棒的「北京式調侃」發揚光大，創下票房佳績。實際上，1980年代中後期以來，京味兒影視文化已開始在全國流行，並奠立了一些既定的主題，例如舊北京風物的文化考古拾遺，大院子弟的青春經驗與胡同市民的生活日常，或者本地人與外來戶的人事變遷與新舊交替。[5]《老炮兒》的範式有別於此，亦不同於管虎早期以文革和改革作為感覺結構的北京故事。[6]

---

5 此一概念參照了文學研究對於京味兒小說的界定。在現代化進程的衝擊下，不論老北京皇城風物、傳統市民文化或紅色政權的大院文化都在發生質變，由此引發了大量有關老北京追憶或是新北京變遷的書寫。儘管「京味兒」的冠名存在爭議，但相關的研究與討論已十分豐富（賀桂梅，2004）。就電影而言，80年代中後期以來，由於北京特殊的文化資源與政治地位，諸多京籍導演、編劇和演員在影視文化圈引領風騷，例如王朔、英達、梁左、陳佩斯、梁天、馮小剛、葛優、趙寶剛等人便是其中佼佼者。期間出現了大量代表性的京味兒電影，包括《城南舊事》（1983）、《夕照街》（1983），系列電影《父與子》（1986）、《二子開店》（1987）、《傻冒經理》（1988）。另有王朔小說改編的電影《頑主》（1988）、《輪迴》（1988）、《陽光燦爛的日子》（1994），以及謝飛導演的《本命年》（1990）與馮小剛的多部賀歲片等等。

6 90年代，管虎以「第六代」導演的身分登場。他早期的代表作《頭髮亂

　　《老炮兒》的時代背景與90年代的新北京已有重大分別。這是新世紀第二個10年的「新新北京」：大興土木的建設工程塵埃落定，國際化風格的改造業已完成。提醒人們歷史暴力的廢墟消失了，新一代年輕人傾向於遺忘，懷舊的熱情在「美麗新世界」中難以寄託。全球化的深入擴張以及前所未有的全國人口大流動，改造著本土文化與京味土語，正如那些新建築對於北京舊城形貌的改弦易轍，所謂純正地方性本身即受到威脅。在最為風靡的北京影視劇當中，「京味兒」不再居於核心。北京主要作為中產階級奮鬥故事與時尚生活方式展演的空間，是天清氣朗、高樓林立但「居大不易」的所在，是除卻標誌性建築物（例如國際知名建築師庫哈斯〔Rem Koolhaas〕設計、因形似褲衩而備受爭議的央視總部大樓）便無從辨識身分的世界城市。或許可以說，從拆建中的「新北京」到建成後的「新新北京」，「北京」的意義亦隨之改變。要從面目已非的當下確證「北京」的純正性，似乎還是得靠「老北京人」來完成。《老炮兒》便是在如此的社會脈絡之下，將「京味兒」的意涵翻至歷史篇章的新頁。

了》（1994）所呈現的MTV搖滾風格的「新北京」中反叛、懷舊與異化的青年愛恨交織，凸顯了廢墟和消逝的城市美學。《頭髮亂了》的故事發生在北京城市重建的新鮮與陣痛之中。與偏好自傳性敘事（兼有自戀色彩）的第六代（男性導演）相似，《頭髮亂了》亦將歷史重負轉化為私人化的青春碎片。這種藝術取徑與世紀之交北京的發展現實互為呼應。「後社會主義」改革浪潮之下的新北京時刻處於拆除、摧毀與即興創作之中。新的建築熱潮修正或抹除了傳統的城市肌理，城市本身即是一道瀕危的風景。加上隨之而來的懷舊風潮，「京味兒」於是環繞在迷人而感傷的世紀末情調之中。

　　《老炮兒》再現的是「現在的北京」。對於現時性的強調，再次牽涉了當今發展脈絡下何謂「老北京」的界定。管虎認為主流觀眾對於「京腔京韻自多情」的著迷與他拍攝的初衷背道而馳。他聲稱自己「努力避免讓這部作品充滿老北京的地域風格」，也不願將「老炮兒」限制在「老北京」的懷舊趣味之中，而是強調影片關乎尊嚴、榮耀與蒼老的生命經驗具有跨地域乃至跨種族的屬性（管虎、趙斌，2015）。導演的一家之言，表明他所念茲在茲的是更大的體認格局，也多少透露出人文商業電影對於去地域阻隔的大市場的迫切訴求。然而無論如何，《老炮兒》的北京再現（及其相關的詮釋與追捧）都已成為京味兒電影的新表述方式；同時，這種新京味兒也成為整部影片在當今電影市場的有力賣點。

　　從後社會主義京味兒電影的脈絡來看，《老炮兒》的獨創性既不在於道地方言的運用，[7]也並非沿襲懷舊小徑尋求地方空間的純正性。《老炮兒》是基於當下「新北京」模糊的地域性與「新北京人」的雜種性，將「京味兒」重新拼裝出來，寄寓於一個理想的虛構形象身上。換言之，影片是在全球化北京的處境下，重新「發現」或者「發明」了作為城市「過時之人」的「老炮兒」，亦即影片之中的六爺──一個年輕時勇武風光

7　在電影當中，「父一代」老炮兒們操正宗的大院或南城口音；相反，老炮兒之子小波的口音則被觀眾指責毫無京味兒。「小炮兒」的飾演者李易峰是極具票房號召力的當紅「小鮮肉」，但並非北京人。管虎對此如是回應：「現在的北京孩子說話都這樣，哪還有北京味兒？如果配音就是給自己添堵，那反而就假了。」（付超，2015）這種出於商業考量的選角，反而如實呈現出當今北京話的混雜性。

的街頭「流氓」、如今「年過半百」但仍局氣[8]重義、講究規矩的中老年男性。

「老炮兒」一詞[9]作為片名並未出現在電影對白當中。「老炮兒」風行於文革時期的北京，最初的詞義並不光彩，指的是活躍在1960至70年代遊手好閒的青年一代。作為一個相當含混且少有書面解釋的地方性詞彙，馬未都指出生於解放前或至少是1953年生之人才能對當年風行的「老炮兒」有深入的了解。此一群體與北京的胡同頑主和政府大院子弟有所交集。在時局混亂、鬥爭成風且英雄主義當道的文革時期，胡同串子與大院子弟彼此敵對，各劃活動區域。為免遭對手連鍋端掉，因此擬定行為準則作為「江湖規矩」，亦作身分認同。文革結束後，「老炮兒」因無法納入社會主流秩序而逐漸銷聲匿跡（〈竇文濤評《老炮兒》〉，2016）。加之80年代「嚴打」的運動式治理，民間「江湖」幾乎崩解，從而為市場經濟秩序的確立掃清了障礙。總體而言，導演管虎是將一個早已退出歷史舞台的詞語打撈回來，進行了由貶至褒的詞性改造。在電影出品

---

8 局氣，亦作局器，是北京方言。形容為人仗義，說話辦事守規矩不耍賴，與人共事時既不怕自己吃虧，也絕不欺負別人。

9 「老炮兒」的詞源說法不一。一說寫作「老泡兒」，後被訛誤為「炮」。「老泡兒」最初指久泡在某一行業或領域的人，「泡」字與「泡妞兒」的取義類似，含有軟磨硬泡、好逸惡勞、不幹正事等多種意思（〈竇文濤評《老炮兒》〉，2016）。再者，陳剛（1985：161）編著的《北京方言詞典》中，「老炮兒」是指「年輕時調皮過的老人」。另有網絡說法稱，「老炮兒」源自北京的炮局胡同，炮局胡同中有清末監獄改建而成的勞改局，專門收押打架鬥毆的流氓。流氓以進局子蹲號兒次數多為榮，「老進炮局」的狂言因而簡化成「老炮兒」一稱（郭冠華，2015）。

方華誼兄弟主辦的「老炮兒」跨界演唱會中,「老炮兒」獲得了新的意義修正:「在某一個行業曾經輝煌過的中老年人,至今仍然保持著自尊和技藝,受人尊重,為褒義詞。」(徐雯,2015)導演管虎亦強調,「老炮兒是文化,是精神,是一種原本擁有卻被高速發展的社會環境逼退蠶食的人性本真。」(徐雯,2015)這意味著「老炮兒」是提取了文革特殊時期的道德遺產與英雄主義,在「禮失求諸野」的當下,藉由人物的塑造為舊詞語重新正名。

然而,「老炮兒」的歷史曖昧性也在於此。作為歷史主體的「老炮兒」在電影中剝離了歷史真實,成為文化精神層面的價值體現。生於50年代末北京大院的導演葉京直言「《老炮兒》不是我們那個年代的」,更為年長的收藏家馬未都(〈竇文濤評《老炮兒》〉,2016)也表示電影故事本身並不成立,因為文革青年一代的「老炮兒」與新世紀青年一代的「小鮮肉」之間實際上缺失了整整一代人。大院軍大衣和軍刀作為時代印記,暗示著六爺是文革期間的茬架好手,但電影中他的社會身分卻是80、90年代的北京混混。導演管虎是1960年代末生於大院、文革期間成長於胡同的北京人,並非老炮兒文化的親歷者。六爺的形象,是由他的童年記憶之中不同長輩的群像疊加而成,屬於刻意「設計」的「想像中的真實」(付超,2015)。這意味著六爺作為胡同串子和大院子弟雜糅而成的人物形象(張慧瑜,2016:54),曖昧地抹除了真實歷史中大院子弟與胡同市民在社會地位與物質條件上的巨大差異。有趣的是,這種看似自然而然、實則經不起考究的「老北京」身分,恰恰凸顯了新京味兒商業電影的再現邏輯。「老炮兒」成

為一個去歷史的模糊意象，可以說因應了「新新北京」後現代
情境自身的混雜，是為了將新一代北京人區分開來而產生的意
義整合與拼貼。特殊歷史時期、特殊主體的道義準則被抽象化
為「京味兒」的重要特色，老炮兒的「江湖」想像亦成為當今
北京階級社會的關鍵隱喻。某種意義上，這是處理「後社會主
義」新時期城市處境有意（或無意）的策略選擇。

「父一代」與「子一代」：作為「歷史遺留問題」

《老炮兒》的敘事主線圍繞三組對立的關係而展開：父一
代與子一代，老北京人與新北京人（即外省人），以及「小老
百姓」與官／富階層，尤其是近年成為社會性話題的官／富二
代。若說代際差異與地域之別已是 90 年代京味兒敘事的常見
主題，那麼纏繞其中的新階級敘事則具有鮮明的時代性。《老
炮兒》是經由子一代的和解完成對父一代「老炮兒」的精神拾
遺，此一過程是父親由缺席到在場的歸位──不僅是六爺尋回
兒子小波，以及尋回作為小波生父的身分認可，也是迷途浪子
小飛尋回「精神之父」的過程。

父一代與子一代的衝突長期存在，猶如一個「歷史遺留
問題」。故事一旦涉及代際問題，某種程度上也引入了歷史縱
深。管虎將緊張的父子關係視為 30 年來經濟高速發展的副作
用之一，無法與時俱進的老一輩（尤其是社會底層）難以與新
一代主體達成有效的經驗溝通和理解（付超，2015）。[10]六爺與

---

10 在《老炮兒》片中，導演藉燈罩兒、話匣子等角色感歎今非昔比：「現如
　今，社會這點兒事咱都弄不懂了」、「現在人都變了」；如今「這幫孩子比

小波在小餐館的一場爭執，交代了父子結怨的來龍去脈：六爺曾因一場鬥毆入獄，缺席了小波的成長；母親車禍去世，父子不和。此後小波擅自離家，這才引出電影開場六爺尋子的因由。在餐館之中，父子矛盾爆發並走向和解的場景，出現了整部影片的關鍵詞：

> 小波：您**有規矩**的是什麼世界，除了**打架鬥毆**，您還會什麼？
>
> 六爺：打架鬥毆，也是**江湖**，都**講理**。
>
> 小波：一群**地痞流氓**，江什麼湖。
>
> 六爺：**老輩留下來的東西，就沒有一點好的？**（強調為本書作者所加）

六爺不屑年輕一代只知「圖錢圖女人」，小波則針鋒相對「圖個樂兒，高興就好」；六爺指責年輕人無「規矩」、不「講理」，小波則直接質疑父輩「江湖」的真實性。他要求將老炮兒的江湖傳說還原到具體的歷史情境，亦即，身為「地痞流氓」此一社會主體的赤裸情景。如前所述，管虎塑造的「老炮兒」是時序錯位、身分嫁接的去歷史化的人物，這裡我們不再討論虛構本身。但值得關注的是，影片的敘事邏輯如何處理子一代對於父一代的理解與繼承。父一代的輝煌過往如今只存留在當事人的追憶之中，在子一代看來不可信且不可考；父輩標

你們那會兒還猛」、「下手沒輕沒重」。這種不合時宜既是底層父輩被動性的體現，亦是父輩遺產不為新一代珍視的象徵。

榜的道義規矩、兄弟情義與江湖血性，也被子一代毫不留情地還原為流氓階層自我美化的說詞。

　　這對劍拔弩張的父子，是在有關開酒吧的規劃未來之中，達成了第一次和解。老炮兒提出藉「水滸」之典故，將酒吧命名為「聚義廳」，大擺長條凳，主座太師椅。這個方案令兒子嘲笑不已。在片尾彩蛋中，小波的確依父之願開張了名為「聚義廳」的酒吧。經由子一代的改造，父輩手下沒有招牌、生意稀少的街坊雜貨鋪擺脫了先前的不合時宜，成為後海胡同諸多新興時尚消費場所之一，成功納入新人類的空間政治之中。與其說「聚義廳」是六爺「江湖」情懷的實體化，不如說它更像是子一代的謀生之所與緬懷之地，承載著子一代對自身難以通盤理解的父輩的悼念，而小波顯然並非老炮兒「江湖」和「規矩」的信仰者。相反地，是官／富二代小飛的出現使得老炮兒的「江湖」舊夢得以復現。

「官／富二代」的兩個「江湖」：皈依「精神之父」

　　作為共產黨高官之子、富二代兼北京的外省權貴子弟，小飛的人物設定有其代表性。一方面，其形象延續了大眾文化再現富二代的「新傳統」：有魅力的「高顏值」男性，是偶像明星般的迷人角色。相較六爺、燈罩兒等北京平民的影像再現，小飛等二代子弟的差異體現在電影美學上：富二代常以廣告片式的臉部及身體特寫鏡頭出現，宛如時尚雜誌中的模特兒，華服考究、英俊迷人且氣質冷峻，呈現一種去生活化的、高度表演性的視覺奇觀。另一方面，《老炮兒》也延續了「官／富二代」的刻板媒介形象：小飛其人有過飆車撞死人後由父輩權勢

擺平脫罪的過往，以他為首的「三環十二少」飛揚跋扈，其父輩「不是地方領導就是首富」，在高速公路的飛馳中出場，占據京郊修車廠作為「法外之地」，看似凌駕整個北京城（以及老北京人）的秩序之上。

　　然而，這種負面形象又勢必得在敘事中逆轉。小飛首先被塑造成一個不合時宜的武俠小說愛好者。閱讀古龍作品《小李飛刀之邊城浪子》的畫面特寫，連同鏡頭兩次帶到散落成堆的武俠小說，為這位官富子弟的成長困頓與俠義理想埋下伏筆。古龍的武俠小說連結了中國傳統俠義精神與道義江湖的想像；而在現實之中，江湖卻並非理想世界，而是後社會主義脈絡下充滿風險和競爭的叢林社會。改革開放以來，「江湖」和「幫派」作為代表性的敘事喻象，成為想像「市場社會」的重要語言之一。[11]後社會主義向市場經濟轉型的初期，底層個體往往訴諸江湖道義、兄弟情誼，或拉幫結派，作為自我保護和融入新社會秩序的倫理契約（Barmé, 1999）。「江湖險惡」用來形容商品社會的不確定及其不擇手段的風險。官／富二代小飛是在「新江湖」的叢林社會之中，渴求古龍筆下舊式的江湖秩序。而理想的舊時「江湖」，顯然無法寄託於他身邊不擇手段的叔父輩流氓以及新一代權貴子弟身上，而是在六爺所象徵的老北京「規矩」之中才覓得蹤跡。

　　實際上，「六爺救子」，亦即「老炮兒抗衡官／富二代」

---

11 例如，新世紀以降大量出版的富商傳記中，一個主要類別即是藉舊時「商幫」互助共濟的傳統來講述新市場秩序之下商人的地域性發跡，從而將求利個體塑造為草莽英雄（李紀舍、黃宗儀，2010：70）。

的敘事在影片前半部分基本上已完結。影片後半部分，當小波順利回家之後，敘事動力發生了轉化：主人翁老炮兒的對立面已從官／富二代小飛，置換為他背後的父輩官／富一代。因為一張意外帶回的鉅額國外銀行對賬單，也就是可能暴露小飛之父貪腐的證據，使得老炮兒父子不得不共同面對來自小飛父親的直接威脅。如同在四合院飼養鴕鳥的「本主」，這位不曾露面的南方某省高官代表了一個隱祕的階層。這無疑是王曉明（2000）以「半張臉的神話」描述改革時代新貴人士發跡的另一版本，影射「後共產主義」社會轉向市場經濟過程中的普遍現象：政黨幹部將其在國家社會主義下的特權轉化為新時期的經濟資本（Eyal, Szelényi and Townsley, 1998）。這是影片後半部分涉及的關鍵問題：官／富二代如何擺脫出身的汙點，進而重獲道德正當性。在最終的冰湖決戰，也是全片的高潮之中，我們看到小飛為奮戰而體力不支的六爺流下眼淚。這是「老炮兒」青年時代經典的茌架場景在後社會主義現時情境下的復現，而小飛某種意義上目睹的是底層與上層的所謂正邪對峙，而他最終選擇了反叛生父，以及尋求精神之父。冰湖一戰後，小飛及其父鋃鐺入獄。未直接呈現的老炮兒之死，使得六爺暗中向中紀委寄信檢舉貪官的行為具備了契約和道義上的雙重合法性：在北京舊式的江湖秩序當中，死者為大。[12] 道德秩序混

---

12 導演管虎本人的說法是，寫舉報信的劇本設計並非是迎合國家反腐政策，或是向電影審查制度妥協。他強調「凡是老北京人都知道六爺這麼做是合情合理的」，因為「老北京身上有身懷家國的特點」，另一方面這也符合「老北京打架的規矩」：「只有這人不要命了，我就服了，我就得撂刀。六爺已經不想活了，他贏了，所以，他想怎麼處理都行。」（肖揚，2015）

亂的北京，從而恢復了江湖規矩。相比仍在醫院渾然不知的小波，小飛清醒地目睹了這場對峙、並作出了認同的選擇。至此，原本看似反派角色的富二代弔詭地成為北京「老炮兒」精神的跨代際、跨地域的繼承者。

藉此，《老炮兒》以新的現實有效修訂了北京作為「皇城」、「首都」的舊有意象。在新舊勢力對抗與和解的脈絡之中，《老炮兒》的英雄主義取代了單純的懷舊，一躍成為真正「京味兒」的化身。恰恰是經由小飛的肯認，昔日的流氓「老炮兒」被重新奉為「英雄」，「老北京」被重塑為「理」和「規矩」之所在，而今日階級衝突分明的首善之區，則復現為具有武俠色彩、血性尚存的「江湖」。影片的敘事邏輯力圖證明，小飛不同於身為改革開放利益侵吞者的生父，而與落魄者六爺同為當下中國失落的患難父子。當「老炮兒惡鬥二代勢力」的敘事逆轉為「迷途浪子皈依精神之父」的結局，「官／富二代」某種意義上亦從父輩的歷史債務中解脫出來，從身為「惡勢力」轉化為無辜者與無害者，以及被時代強行徵收靈魂的反抗者。經由悲壯而煽情的一場終極械鬥，導演想像性地重新配置了階級關係，以表明「六爺真正的敵人不是小飛的父親，而是這個時代」（肖揚，2015）。最終老炮兒英雄主義的悲壯與勝利，如戴錦華所言，僅僅是「恰到好處地、偶然降落在社會整體的無力感之上」（戴錦華、羅皓菱，2016）。藉由小飛一角，《老炮兒》將這個關於「現在的北京」的故事導向了貪汙腐敗、官／富二代與階級分化等社會現象，繼而拋出合乎大眾文化邏輯的方案（諸如昔日兄弟如今跨階級的結盟、富二代與老炮兒超乎階級和年齡的惺惺相惜），同時迴避了真正

的歷史問題。

五、《山河故人》：無父無母的國際化之子

　　類似《老炮兒》，同年上映的《山河故人》也藉父子衝突和「富二代」形象來處理全新的城市想像和空間關係。不同於《老炮兒》中的首善之區北京，這個90年代以來幾乎是文學影視作品最熱衷再現的中國城市，《山河故人》選擇了另一類具有代表性的後社會主義空間──縣城。影片以縣城為起點，連結最富裕的中國城市上海和西方世界的另一居所澳洲，從而勾勒出兩代小城青年從鄉土走向世界的後社會主義想像版圖。在《老炮兒》中，富二代是以外省人介入並稱雄本土的形象出現；而在《山河故人》中，富二代則以離鄉遠走、漂泊無根的形象出現，父子之間無法和解的矛盾在一定意義上是出於空間的轉移變動。

　　賈樟柯常被海外視為中國故事的可靠講述者，許知遠稱其為「我們時代偉大的新聞記者」（單讀，2017），《山河故人》一片也逐鹿坎城影展、斬獲台北金馬二獎，但在中國大陸放映後卻毀譽參半。部分影評人批評賈氏電影過於依賴符號、生活質感缺失，敘事難以讓人信服（Masaga，2015），尤其是講述富二代生活及父子關係的部分。本章未必視《山河故人》為佳作，但重要的是，影片開闊的時間與空間版圖以及對於過去、現在與未來的理解和符號化的呈現，皆提供了探究後社會主義當下有關地方與世界感覺的契機。

　　賈樟柯早期影片以汾陽作為中國的喻指，反擊後發展社會

的影視作品只見繁華大都市、不見廣大無名小城鎮的弔詭現象（亦是發展慾望的投射）。透過講述小城故事處理父子關係與底層經驗，亦是導演長久以來關懷的主題。不同於以往的是，《山河故人》的故事主角、空間和時間都發生了重大轉變：新富人的國內流動與海外漂泊成為故事主軸，地理版圖並未侷限於汾陽，而是從小城延伸至國際都會上海，乃至海外的澳洲，時間跨度則長達30年。總體來說，《山河故人》以父母一代為故事開端，講述子一代的成長與上一輩的離散，如此的敘事刻畫的是在中國崛起、步入全球化的城市個體經驗，曾經以共同的地方生活為基礎的愛情、親情與友情如何走向割裂破碎乃至無法修補的境地。某種程度而言，如此的現象不完全是私人化而是集體潰散的敘事。

汾陽—上海—澳洲：無法達成的寰宇主義版圖

　　《山河故人》實際上是一部鄉愁之作，也是賈樟柯繼十餘年前成名作「故鄉三部曲」（《小武》、《站台》、《任逍遙》）之後再度重返故鄉汾陽拍攝的作品。這部鄉愁之作的空間版圖涉及汾陽—上海—澳洲三地，講述了沈濤、張晉生、梁建軍三位汾陽故人在三段時空中的情義糾葛與空間離散：1999年，陷入三角戀之中的汾陽姑娘沈濤選擇了在省會太原發跡並晉升新富的張晉生，情場失意的梁建軍離開汾陽去往另一座小城邯鄲打工。2014年，梁在礦場患病後重返故鄉，此時沈與張已離婚，張再婚並攜兒子Dollar定居上海生活。沈的父親去世後，Dollar返鄉參加葬禮，在國際小學念書的他已說得一口流利的上海話與英語。2025年，在澳洲長大成人的Dollar與汾陽的母

親失去聯繫，並全然遺忘了母語，需要藉助谷歌翻譯（Google translate）與父親交流，並與自己的中文老師Mia發生了一場忘年之戀。

在更廣闊的時空範疇裡，賈樟柯呈現了昔日的小城青年如何分化為不同階層的社會化主體、經歷種種異鄉（乃至異國）的生活挫折、並伴隨下一代之成長而衰老的故事全貌。就空間而言，《山河故人》中的汾陽，已無法如前作那般作為後發展國家的整體性隱喻，那個急速變動、落後閉塞且又充滿消費世界之新奇的小城亦不復見。汾陽與世界另一端的距離不再遙遠，在時空壓縮的邏輯下，它與上海及澳洲同屬一個標準化的世界，這現象明白體現在父輩張晉生的無障礙流動、成為國際人士的發跡歷程。然而，全球化的速度無法抹除距離，看來沉寂互古、活力式微的汾陽作為內陸的故鄉，仍然與新興的「寰宇主義」風潮有一定的差距。如果要指出《山河故人》敘事的符號，那麼男主角張晉生作為「鄉愁」主體，指涉小城青年普遍的流動慾望與「新移民」之離鄉體驗；兒子Dollar則暗示了第二代的小城青年無鄉可歸、孤獨失語的當下與未來。在《山河故人》中，離鄉者、返鄉者乃至守鄉者無不深陷鄉愁的困頓，作為故鄉世界的小城在持續的四分五裂之中早已無處可尋。

有趣的是，父親張晉生成功走出小城、成為新富，但卻未能成功表現出合格世界公民的主體性──四海如家的國際人士，亦即後社會主義理想的**寰宇主義**主體。按照慣常的理解，社會主義中國的寰宇主義是一種跨國社會主義，亦即將自身重建為亞非去殖民化的國家，也就是「第三世界」的文化中心。

然而，在後社會主義時期，中國的寰宇主義轉向以美國為中心，因為要融入後冷戰世界美國主導的世界經濟秩序，美式文化的寰宇主義觀點也就形塑了後社會主義的新主體。當然大國崛起以來中國國際位置的轉變，同時微妙地影響著中國的寰宇主義感覺。如羅麗莎之研究所示，不同於社會主義時期寰宇主義對革命犧牲和英雄主義的投身，後社會主義公民從消費、工作到性別上培育各式各樣的慾望。理想的後社會主義主體，志在培養寰宇主義的自我，擁抱更廣闊的慾望，且不拘泥於自身的慾望。這種慾望透過健身房、餐廳、資產階級的寵物文化、好萊塢電影以及搖滾、嘻哈音樂等一系列消費文化而達成（Rofel, 2012: 443-451）。以最簡單的例子來說，英語早已是北京、上海等大城市必學的語言，成為後社會主義的寰宇主義人士必備的能力。羅麗莎在2000年之際的田野調查已指出，中國的中產階級青年身上最鮮明地體現出這種寰宇主義的特徵，而工人和農民工同樣擁抱了如此的慾望（Rofel, 2007: 111-134）。

然而，電影中的張晉生非但不願學習英語，甚至連普通話都拒絕。這使得他成為一個無法與現實變化和諧共處的異類，這也在他與兒子Dollar之間構築起根本性的認同分歧，最終並造成父子之間的交流困境。賈樟柯幾乎以不盡合理的方式強調了父親的角色對於山西方言的固執，他始終以小城方言標記並宣示著自己的出身之地。事實上，我們很難想像一位外省成功人士生活在上海、乃至外國城市──那類齊美爾（Georg Simmel）意義上的經典現代大都市，亦即人與人透過理性計算關係而非人情鄉土進行連結的地方──依然能夠依賴山西方言進行日常交流與對話。這種不可思議唯一的解釋是：張晉生

雖然離開了小城，但從未脫離小城的人際關係網絡，他始終固守在故鄉設定的文化及情感格局中。中年的張晉生富裕而又落魄地客居澳洲，他與不懂中文的兒子只能透過谷歌翻譯進行對話，但卻能與其山西同鄉用家鄉話談笑風生。電影中的一個細節饒富趣味：父親在透明平板電腦上翻查郵箱，看到兒子要求離開大學的郵件時，同樣有一封來自「汾陽同鄉會」的郵件靜置其中。如果說平板電腦作為他在澳洲的語言工具已經內化為身體的一部分，那麼或許可以說，不論遷徙何處，張晉生始終隨身攜帶小城經驗與關係。換言之，賈樟柯將小城青年對於故鄉的矛盾態度安置在父親角色的身體中，使之成為「攜帶故鄉的人」：既要義無反顧地離開，卻又無可抑止地回望，而後者正是影片對古典意義上懷鄉者的迴響。結局中張晉生因貪腐案發而客居澳洲，不能回國的狀態，暗示著小城青年在全球化與城市化中看似風光卻落得無處還鄉的困境。

作為新富人的父親，張晉生的角色似乎與賈樟柯電影《世界》中的外來民工泰生及小桃並無分別——他們都是離開鄉土地緣的親信關係，便無法順利展開生活軌跡的小城鄉民，如此的特性使他們成為無法達成中產階級化，難以融入世界新生活的失敗主體。《老炮兒》中的父一代亦有異曲同工之處：六爺因為所謂「老北京」的文化執著而拒絕華麗誇飾的新中產階級守則、拒絕一種國際化都市的生存範式，儘管他所固守的傳統也不過是全球化危機感之下對古都市民及革命文化的想像雜糅與再發明。對於《山河故人》中的張晉生而言，那些難以定義的七拼八湊、城鄉混雜狀態在某種意義上成為他的根源性的東西，儘管全球化的美麗新世界給了他成功與財富，但他終究無

法從中覓得具體的意義。

失去的「父親之名」與無所繼承的「富二代」

　　無法完成跨國中產階級化的富一代父親，對應著作為殘缺的寰宇主義主體的富二代兒子，他們是後社會主義狀態下難以理解自身及彼此處境的兩代人。然而，在國際舞台上發揮影響力的新富人及其後代繼承者，又同時都是崛起時代中國的新國際形象代表。《山河故人》的敘事推進，據此也可理解為父一代發跡史的不斷推進：這是中國夢的象徵，但它的另一種想像也可能是美國夢。這或許說明了「美元」之名在《山河故人》中直接成為富二代的英文名字（Dollar）。

　　在都市影視劇中，富二代往往被再現為充滿魅力、備受異性矚目的英俊男性。但成年的富二代Dollar仍然有一張稚嫩天真的臉孔，他的個人史，更有如消磁的錄影帶般被抹去了一半，關於家鄉的回憶，只留存了母親的名字。全球化之下崛起的中國富二代，原本是社會轉型下最後贏家的符號，但在影片中卻被再現為一個無根者，Dollar充滿了對於空間壓縮的困惑，體驗著後社會主義發展下的無奈。不只是無根，他自嘲是無父無母的國際化之子，一個「石頭縫裡蹦出來的孫悟空」。

　　在賈樟柯對於鄉愁敘事的設定中，方言的失落意味著個體在流動之中徹底的失根，這一點具體體現在Dollar身上。Dollar 7歲時還能講一口流利的上海話和普通話，並能聽懂山西話，但移居澳洲後，卻變成對中文一無所知的「香蕉人」（不知是刻意或是自然的遺忘），甚至要透過谷歌翻譯與父親交流。這令人想起賈樟柯的另一部作品《世界》。趙濤扮演的舞

者與一位語言全然不通的俄羅斯同事安娜成了好朋友，她們分別以各自的母語山西話與俄語進行對話，並達成了一定程度上（儘管是帶有誤解的）的相互理解。這個層面凸顯了賈樟柯此一設置的意指：失去方言的能力，即是割斷了故鄉的連結，割斷了故鄉的連結便喪失了交流的可能性，而交流的隔閡，某種程度上則意味著童年在中國小城的經驗已無從訴說。

　　片中Dollar找到了與母親年紀相仿、也是他中文教師的香港情人，這個替代性的關係意義鮮明，也讓我們無法忽略這段父子關係失衡的敘事之中母親的缺席。母親的缺席自童年起是空間分隔所致，父親的私情或許是婚姻告終的主因，但也是兩人發展路徑上分道揚鑣的必然結果。其實，母親沈濤的角色是整部影片中變動最小的。她如此抽象，以至於賈樟柯得以在沈濤身上，幾乎完成了由母親到故鄉、由故人到山河的轉喻。然而，與其說母親是現實中的故鄉化身，不如說她是理想故鄉理念的肉身化或具體化。因為真正的故鄉不論是在物質或精神上都已崩壞消散，正如前作「故鄉三部曲」所展示的那般。在《山河故人》中，賈樟柯透過角色沈濤肉身化了鄉土情義的理念，以映照他記憶中（更準確地說是想像中）的故鄉小城。片尾女主角獨自一人在家門口的荒地上跳起開場中的Disco舞蹈，無奈地暗示當鄉土空間自身所承載的人際結構失散後，故人亦無法在孤立的境地保留「山河」原初的意義。面對缺席的父親、無可尋找的母親，Dollar在海外尋獲了母親一般的華裔情人／老師，在爭執、衝突、溫情與無奈的困境中，子一代試圖挪用、拼湊混雜的身分訊息以填補各種成長記憶的錯位失落。

　　在《山河故人》中，新富人不再被單純地再現為得意洋洋的發達者或忘本者，相反地，窮人和新富都成為某種意義上的「歷史廚餘」，在社會的發展之下喪失了自身的慾望與時空感。換言之，他們都是未完成的主體。父輩知其從何處來，但失去了對於空間的體認和掌控。子一代則在新的全球化世界中喪失了歷史向度：當下經驗無法將過往的記憶與語言拼湊成形，母親及故土的形象只能如幽靈般徘徊；父親雖然身體在場，卻喪失了「父親之名」。子一代的拒絕剝奪了父親的形象，也使父親難以傳遞鄉土文化的遺產。在此無法達成的寰宇主義版圖之中，《山河故人》中的富二代最終淪為無父無母的國際化之子。

六、結論

　　以《老炮兒》和《山河故人》兩部影片為例，本章嘗試重拾「後社會主義」理論作為分析電影和理解中國轉型現實的框架，主張今日若欲透過電影來洞察中國社會之變遷，「後社會主義」的歷史視野至關重要。從一個反帝反美且激進展開文化大革命的第三世界社會主義國家，到冒險轉向市場經濟、融入世界資本主義經濟，進而成為以「中國製造」聞名的世界工廠，再到今天邁入高新產業轉型、嘗試推動「一帶一路」改變國際秩序主導權的「強國」，後社會主義中國經歷的不僅是「富起來」，其方向轉變極其驚人且一言難盡。我們經歷斷裂亦身處多重歷史的交疊，人們焦慮、失落、徘徊在希望與懷疑之間，並為此爭論不休。「崛起」以來的國家及國際感覺並非官方推動的「中國夢」論述所能概括，而政治經濟層面的有

效分析，亦不足以揭示中國深入全球資本主義以來個體所經驗的現實複雜性。不同代際之人究竟體驗了什麼？留下了怎樣的印記？那又意味著什麼？新一代懷什麼樣的舊，想望的又是怎樣的未來？如今的城市變成什麼樣子？我們對於家庭與家鄉的想像，對於世界的感覺有何不同？除了人類學、社會學的研究之外，文化研究的電影分析同樣提供了有效的視角與可能的洞見。

綜上而言，德里克對後社會主義中國的歷史分期，同樣體現在「後社會主義」中國的電影文本及其傳播之中。1980-90年代中國走向全面的改革開放，正是管虎和賈樟柯作為「第六代」導演登上國際舞台而受矚目的時代；而至「最近10年重新擔憂社會主義的未來」（Dirlik，2009：31）的當下，他們的創作同樣體現出時代脈動的改變，這具體表現在歷史和記憶的平面化處理，以及有機城市社會的潰散。《老炮兒》和《山河故人》分別是中國票房大勝和斬獲國際榮譽的影片，為迎合目標受眾各自做了敘事的調整：管虎無法以真實的文革脈絡來還原「老炮兒」的形象，而是必須通過虛構和嫁接來磨平歷史的縱深，從而製造一個在北京及全中國，無論中年或青年都能消化並享受的嶄新的老北京故事。而賈樟柯在老調重彈他廣為國際電影市場接受的慣行敘事符號之時，其有關跨國人士的想像早已被現實所超越，例如中國新富在海外大量購房而改變當地地景的新聞早已不再新鮮。換言之，就影片對後社會主義變遷的洞察而言兩者皆有所不足，但也因此呈現出鮮明的時代症候。兩部作品共同傾向以（故鄉）城市和家庭作為再現後社會主義新階段不安情緒的空間，代際差異成為處理歷史的曖昧方

式,而富二代亦成為極具時代特色的敘事符號。

就城市再現而言,兩者皆提供了理解後社會主義當下有關地方與世界感覺的契機。《老炮兒》在北京成為國際大都市的當下重新拼裝「京味兒」,將其寄寓於一個理想的虛構形象「老炮兒」身上;《山河故人》則從故鄉小城延伸至上海、澳洲,以家庭離散呈現時間跨度30年的鄉愁空間的變與不變。兩部影片中的父親均被塑造為一種無法達成中產階級化,難以融入國際化都市新生活的失敗者,其失敗被歸因為30年來經濟高速發展的副作用,具體的表現是父親角色往往固守某種實為懷舊情緒所虛構的傳統身分 —— 這種傳統想像或來自導演對於革命文化的拼貼操弄,或出於導演將城市發展進程中變動不羈的青春歲月視作意義本源的誤認 —— 在流行文化的懷舊之中,「現在總被看成充滿缺陷和不足,而過去則被視作相對完整、有權威性和充滿希望的場所……是『更加完美』的地方。」(周蕾,2013:200)即使在電影中,實際上過去與當下的故鄉同是變幻流轉的發展產物。最後,富二代作為崛起時代中國的新國際形象代表,在兩部影片中發揮了關鍵的敘事功能。《老炮兒》中的小飛與《山河故人》中的Dollar,前者結合了早年媒體報導中乖張霸道及影視劇中英俊多金的富二代形象,後者則與本書諸多章節涉及的跨境主體有關,體現出中國新富家庭移居海外後的富二代面臨的認同問題。儘管兩者的身分不可等同視之,但作為富二代再現的某種風向標,他們共同透露出種種欲說還休的大眾意識形態如何操演。例如,影片揭示了官/富二代擺脫身分污點而重獲道德正當性之過程、當下中國理想的寰宇主義主體(四海如家的跨國中產消費者)的後

社會主義鄉土的起源，以及「中國夢」與「美國夢」之間的曖昧關聯。這些嵌入個體經驗的創傷敘事，透露出後社會主義遺產在個體層面難以維繫的失落，亦映現出拼合破碎時空的救贖渴望。

（黃宗儀、魯凌清）

第四章

想像跨界社群
晚近香港電影中的中國移動女性

　　座落於珠江三角洲，香港從 1980 年代起，不僅是東亞地區繁榮的國際都市，同時也是中國南方指揮與控制金融貿易的關鍵樞紐。然而，1997 年回歸後，香港接連經歷了 1997 年亞洲金融風暴、2003 年的 SARS 危機，以及一連串嚴重的經濟蕭條、高失業率等問題。這種種的社經變遷，加上中國迅速崛起與不斷增加的跨區域都市競爭，在在迫使香港在變動的地緣政治脈絡中持續重造城市，其中最重要的策略即是尋求與中國南方結盟，以形成一個強大的經濟體。與此同時，中國加入世貿之後快速擴張的資本主義市場使得區域化成為趨勢，長三角、珠三角與環渤海區等皆為主導發展的策略場域。在此脈絡下，香港與珠三角的整合似是水到渠成。區域化的成形主要來自兩個貿易協定：2003 年簽訂的《內地與香港關於建立更緊密經貿關係的安排》（CEPA），是香港與中國簽訂的第一則區域協定，內容涵蓋三個領域，包括貨品貿易、服務貿易、貿易與投資便利化（《內地與香港關於建立更緊密經貿關係的安排》，2012）；緊接在 CEPA 之後，2004 年簽訂的《泛珠三角區域合作框架協議》，區域範圍除了中國南方九省，也含括香港與澳門。在後 CEPA 時代，香港明顯的發展趨勢即是與中國南方更頻繁地連結與互動。換句話說，有別於回歸前將自身視為相對獨立自主的全球城市，當今香港的自我定位更像是此區域的一個節點。

　　當市場主導、利益取向的區域整合成為定義中港關係的核心邏輯時，釐清區域化的多重意義是理解中港關係的關鍵。近年地理學的新區域主義（new regionalism）研究紛紛強調「區域」並非本質化的現象或概念，而是複雜的經濟、文化與政

治力湊組之施作場域與產物，是高度政治化的社會建構結果（Jayasuriya, 1994, 2009; Lovering, 1999; Paasi, 2002, 2011）。區域形成的動態過程，涉及多重公／私領域、國家及地方層級的行動者指認以及部署新的制度空間，以為經濟改革與政治意圖之用，因此必然造成新的空間想像與區域身分的重組（Perkmann and Sum, 2002: 13）。區域不僅是一個實質的空間或社會場域，同時也是一套論述實踐（discursive practice），亦即一套由語言與政治論述形塑的認知實踐，透過創造概念、譬喻與類比來決定區域如何被定義，並規範了什麼樣的行動者該包含在內。換言之，區域的產生涉及論述與文化的運用，以達成治理之目的（Jayasuriya, 1994）。從上述新區域主義的視角出發，本章由視覺文化的文本切入，嘗試回答下列問題：中港區域化的過程中，政治、經濟與文化如何交互運作？政治和經濟的整合衍生了什麼樣的區域身分與空間想像？本章將以幾部當代香港電影為例，檢視文化於跨界連結中所扮演的角色，說明在影片中意象與想像如何形塑香港的新身分，及其與中國的變動關係。

就電影製作而言，CEPA是促使香港電影將眼光投向內地的主要「中國因素」（China-factor）。香港電影工業在2006年出現產業「北進」的一股高峰，光是當年度就有半數的香港電影是與中國共同製作的（尹鴻、何美，2009：34），且這個數目遠遠超過1979年到1997年間中港合製片的總數。此外，過去香港與中國合作的大半都是古裝劇，中國在那些劇碼中僅現身為歷史場景，而今中國成為電影敘事探討的重要主題。根據CEPA的規定，只要符合特定標準（例如一定比例的國內與

外國演員、電影製作架構、電影審查制度等），香港電影即可用國內製作影片的名義在中國境內發行。由於中國管控每年發行的外國電影數量，而香港電影以往被歸類為外國片，因此CEPA對香港電影工業確實極具吸引力。再者，CEPA許可港資在中國設立電影院，為香港電影提供更有利的播映機制。因此，電影產製合作體系雖說由來已久，但一直要到CEPA簽訂後，隨著中國電影市場內需急遽增加，與中國的合作關係才真正對香港電影製作產生重大影響。[1]越來越多的中港合資電影於搶攻香港票房的同時，亦試圖討好內地觀眾，並盡力符合中國電影審查制度的要求。

　　一般認為香港電影是探討社會環境劇烈變遷的有效途徑。例如彭麗君指出：「研究電影可讓我們看到香港近年『地方製造』（place-making）的過程，尤其是香港在『全球』和『國家』的拉扯中的勉力適應。」（2010：243）而在後CEPA時代，香港電影究竟如何述說香港故事，以回應日趨緊密的中港關係？其中必然牽涉複雜的身分認同與情感／情緒糾葛。上述的產製脈絡固然提供了釐清問題的部分線索，然而若要剖析在劇烈變動的中港關係下，港片裡的中國想像及其隱含的政治無意識，必須同時深入檢視影片的敘事與風格。在此借用羅賓遜（Jennifer Robinson）「想像的連結」（imaginative affiliations）概念，分析當前泛珠三角區域化趨勢下，香港電影中的「想像」如何協商香港的社會與文化身分。就某種意義來說，羅賓遜將阿帕度萊（Arjun Appadurai, 1996）強調的「想像」概念

1　參見林莉麗（2008）。

運用在城市身分認同的想像上。她提醒我們：「城市之間如何相互影響通常與實質空間中像是流動、分散或定點等可具體描述的現象較無關聯，而是與主觀經驗或想像中彼此連結或分隔的方式息息相關。」（Robinson, 2011: 16）本章將以「想像」為核心的分析概念，檢視當代幾部具有代表性的香港電影，闡述在香港的脈絡下，影像如何被生產出來中介及形塑社會身分，並提供想像香港與中國之間在不同歷史與社會情境下或「親近」或「疏遠」的彈性連結。

事實上，香港電影裡的「中國因素」早在20世紀前半葉便已出現，且持續大力影響新近的作品。香港不同歷史時期的中國文化想像圖像中，獲得最多評論家與學者關注的是1980與1990年代。這些年代除了標示香港的主權轉移，也見證了香港新電影的出現。香港新電影可說是個集體的文化計畫，透過以影像呈現香港在地經驗，試圖在香港的身分認同消逝前形塑地方意識，並想像香港與中國的結合（Abbas, 1997: 23-25; V. Lee, 2009: 163-164）。政治主權的戲劇化變遷與層出不窮的新電影風格之間的關聯值得關注。阿巴斯（Ackbar Abbas）與迪薩納亞克（Wimal Dissanayake）的《香港新電影叢書》（*New Hong Kong Cinema Series*）引言中指出：「若說這種電影在香港宣布回歸中國後的1980年代逐漸變得耐人尋味，主要是因為它必須面對既複雜又難以定義的新文化與政治空間。在這個空間裡，殖民主義的問題與全球主義的問題以詭譎的方式交疊重合。」更重要的是，香港新電影的代表性特色在於「展現出一種已然轉變的地方感，在這樣的地方感裡，所有的規則都已經默不作聲又移花接木地被改變了。」（2009: ix-x）

　　香港在遭逢政治與經濟危機時所生產的眾多影片中，中國經常是香港電影用來定義自身的相對「他者」。丘靜美（E. Yau）的研究顯示，由1980年代兩部代表性作品《省港旗兵》（1984）和《似水流年》（1984）可見，中國的再現呈現出香港對九七回歸的矛盾情結——《省港旗兵》裡來自鄉下的中國罪犯「強化了香港觀影者對於貪婪粗魯的中國入侵者的恐懼與排斥」；《似水流年》的「紙蝴蝶與水稻田喚起香港居民對中國內地前工業化不受煩擾的寧靜的懷舊之情」（1994: 198）。史書美認為香港對中國的矛盾情結同時投射了自身對未來與過去的幻想。她強調1990到1997年之間的香港電影，體現了香港如何嘗試連結城市的過去及其後殖民的未來。因此，這些電影是「不被視為獨立實體存在的文化的幻想性紀念品，也企圖排解懷舊的焦慮」（Shih, 2007: 108）。彭麗君以相似的後殖民觀點指出，後九七的香港電影仍然可被視為一種「打造地方」的文化企圖，香港人民藉此進行後殖民的身分協商（2010：242）。

　　在中港合作日趨頻繁的經濟與文化脈絡下，近年處理跨界主題的香港電影中，《香港有個荷里活》（陳果，2001）、《神經俠侶》（阮世生，2005）、《我不賣身，我賣子宮》（邱禮濤，2008）、《天水圍的夜與霧》（許鞍華，2009）與《單身男女》（杜琪峰，2011）具有一定的代表性，不僅因為這些電影或囊獲獎項或為票房贏家，[2] 更由於它們提供了重思香港北進論

---

2 《香港有個荷里活》獲頒2002年台灣金馬獎最佳導演獎與2003年香港電影評論學會最佳原創劇本。《神經俠侶》贏得2006年香港電影金像獎最佳原創劇本與2006年的金紫荊獎。《我不賣身，我賣子宮》獲得2008年台灣金馬獎最佳女主角獎，《天水圍的夜與霧》則於2010年西班牙電影節獲得最

述複雜意涵的切入點。[3]這些電影中的角色可粗略分為社會寓言意義下的兩種主要類型：無出路的香港成年男性與內地的移民女性。[4]前者象徵受困的在地，後者則是香港對照中國來定義自身的他者。透過將在地男性與外來女性對比的再現手法，影片呈現了香港在地主體面對新的想像社群時不同的協商策略。片中各階層的香港男性與不同類型的中國女性的互動，譜寫了當代複雜多變的北進故事，而影片中的內地女性則常作為不同階段的中港關係的隱喻。

一、從蛇蠍美人到靈魂救贖者：「北姑」的轉變[5]

　　1990年代晚期和2000年代初期，「北姑」在香港成為中國移動女性的同義詞。由於官方大力提倡內地旅客個人遊，再加上與中國簽訂CEPA，自2000年以來，非法勞工等跨境犯罪行為，成了香港社會為了對內地民眾發行旅遊許可證而付出的代價。於此社會脈絡下，香港媒體生產出恐懼論述，視中國妓女為亟待剷除之社會罪惡。[6]

佳男主角獎。《單身男女》在中國與香港分別創下近1億人民幣和1,200萬港幣的票房。

3　其他值得注意的作品包括余力為的《天上人間》（1999）、陳果的《榴槤飄飄》（2001）、爾冬陞的《旺角黑夜》（2004）、郭子健的《青苔》（2008）和杜琪峰的《文雀》（2008）。

4　影評人朗天以「無能男」一詞形容當代香港電影中的男性角色（朗天，2011）。

5　「北姑」原泛指中國來港的女性，後成為港人對內地來的性工作者的代稱。

6　參見陳雪玲（2007）。

　　某種程度上，陳果的《香港有個荷里活》即展現了香港社會對於與中國日益頻繁往來的焦慮。電影以2001年即將拆遷的大磡村為場景，大磡村是當時香港面積最大的貧民窟之一（老狗，2001）。影片描寫從中國來的神祕女子紅紅與幾位在地居民的相遇，包括經營小應召站的青少年黃志強，以及賣豬肉的朱姓攤商。自稱「上海來的天使」的中國女子紅紅，代表了都會中國相對於大磡村這類香港貧民窟的壓倒性先進。這樣的類比在紅紅與志強的關係裡清晰可見。志強從沒有北進的企圖與視野，他夢想中的成功是在旺角開家妓院。和紅紅發生關係後，志強向她坦承自己一輩子都住在老舊的大磡村。此時這個勾引他的女人回應道：「你比我更差，一出世就住在窮地方，整天被荷里活〔大廈〕頂著，很不舒服呀。」紅紅接著說：「不是吧，沒去過上海？上海現在很美，比香港還美。」女主角的說法對比了香港在地與上海，不僅展現出她相對於志強與大磡村的優越感，也點出香港自九七以來與上海激烈競爭的集體焦慮。[7]

　　劇中中國女孩紅紅被描繪成「蛇蠍美人」，電影挪用中國經典小說《西遊記》的典故，暗喻女主角宛如小說裡蜘蛛精的化身——千變萬化、不可捉摸，甚至可能不懷好意。在幾乎與大磡村裡所有的男性都發生過性關係後，女神般的紅紅宣稱自己未成年，接著以上警局告發為要脅，向志強及朱家等

---

[7] 謝永平指出，紅紅暗示了中國為香港焦慮的成因與競爭的來源，且這是一種腦力而非廉價勞動力的競爭（Cheah, 2010: 204）。關於上海與香港間的城市競爭，以及競爭下的文化產物，參見黃宗儀（Huang, 2005）。

人索取金錢。另一方面，她也象徵了中國的向上流動（upward mobility），與那些受困於在地的香港男性形成強烈對比。紅紅不僅住在荷里活廣場（Plaza Hollywood）的豪華公寓裡，高高在上地俯瞰殘破的大磡村，影片結局似乎更暗示了紅紅是這場社會地位競爭中的贏家：當志強「人間蒸發」，朱家也被迫搬離大磡村時，紅紅到了真正的好萊塢，圓了美國夢。由此看來，寮屋拆遷前的時光是片中受挫男性主體的貼切象徵。[8]陳果透過描寫大磡村居民與外來者在村子拆遷前的互動，藉由片中男性角色的挫折經歷，將回歸的集體焦慮化為寓言，而其中象徵回歸情結的，正是紅紅代表的具有社會與空間流動性的現代性主體。[9]正如李佩然所言，影片女主角的能動性「直接對比身心殘缺，而且總是落於人後的男性角色」（V. Lee, 2009: 181）。

　　1990年代晚期與2000年代初期反映社會恐懼的女妖化「北姑」形象，幾年後卻在阮世生的《神經俠侶》中出現了巨大轉變。劇中灣仔警察分局轄區的居民裡，一個精神失常的香港專業人士王志成，和來自中國個性溫和的女按摩師菲菲譜出一段戀曲。他們之間互助且最終組成家庭的羅曼史戲劇化了中港關係。不同於《香港有個荷里活》裡住在貧民窟的低社經地位男性，《神經俠侶》中的王志成原是畢業於香港大學的建築師，但在妻子流產且終因他的負債而離開他後喪失正常心智，從此成了灣仔區人盡皆知的瘋子，由擺報攤維生的姊姊照顧。

8　在香港，「寮屋」意指在政府或私人土地上，以鐵板、木板等材料非法搭建的臨時房屋，居住環境普遍較差。由於國共內戰造成大量底層難民湧往香港，作為難民主要居所的寮屋，其數量也因此暴增（老狗，2001）。

9　有關紅紅與多重現代性的連結，參見黃宗儀、李紀舍（2007：73-74）。

在某種意義上，志成喪失中產階級身分的故事，恰好切合香港自1997年以來坐困危城的集體潛意識，許多中產階級男性一夕之間發現自己破產或失業，而經濟危機也導致許多家庭瓦解。

　　對比於志成消極不安且受挫的男性主體，中國女性菲菲則是個勤奮積極的單親媽媽，嫻靜婉約、包容且有耐性。她離開不負責任的丈夫，把女兒帶到東莞託付給親戚，隻身在香港謀生。丈夫角色的缺席與菲菲母性的溫柔，為這個中國移動女性和失意香港男人間的親密關係預設了發展背景。為了讓菲菲有別於「北姑」的刻板形象，電影敘事將她與志成的關係呈現為相濡以沫的愛情：他們皆是心靈受創的單身男女，藉由彼此的慰藉從失去伴侶的創傷裡重生。

　　值得注意的是，兩人的情感在影片中被賦予中港連結的象徵。菲菲離開香港之際，志成突然恢復神智，他鍥而不捨地找到菲菲，要她把女兒接來香港一起生活，並向她允諾這個家「有粥吃粥，有飯吃飯」。如此浪漫的情節明顯指向一個政治與經濟共同體的空間隱喻。不僅如此，在志成和菲菲的情愛關係中，作為政治產物的金紫荊亦成為他們愛情的紀念碑。金紫荊是1997年回歸典禮上中國贈與香港的雕像，置於香港會議展覽中心旁，代表中國保證「香港永久繁榮」。影片一開始，我們看到志成在金紫荊廣場，以流利的普通話向中國遊客解說金紫荊的來由，以及緊鄰在側的會展中心象徵展翼飛向祖國懷抱的鳥。稍後影片透露，志成曾參與金紫荊廣場與會展中心的設計團隊。巧合的是，片尾菲菲留給志成的團聚承諾正是一張她於1998年在金紫荊前拍的照片。如果說精神失常的志成對金紫荊的依戀是他瘋狂的一部分，標誌他與美好往昔的連結，那

麼故事結尾，志成在真實雕像前拿著菲菲照片的低角度鏡頭，則意味著他最終透過愛情找回了失落的自己。因此，菲菲在金紫荊前的相片不僅標記了中國移動女性在1998年的南遷想望，同時也暗示著10年後，她追求經濟獨立的香港夢因緣巧合地救贖了一個香港男人。

二、從妓女到母親：在城市中重新想像移民

　　從1980年代以來，隨著香港北進企業主義崛起，不僅可以看見香港商人在中國包二奶，同時由於香港嚴重的性別比例不均，面臨「婚姻擠壓」的香港勞動階級男性（建築工人與卡車司機等）也發現自己在中國比較容易找到結婚對象，因為他們的收入對中國農村女性而言仍具吸引力（So, 2003: 525）。然而，逐漸成為香港社會成員的中國妻子／母親與她們的香港丈夫，始終難以擺脫不利的形象。他們往往遭受歧視，被認為是香港當今及未來社會與經濟問題的禍首（So, 2003: 531; Newendorp, 2010: 79）。即使在香港經濟蓬勃發展的2007年，媒體對中國妻子的報導仍不脫其負面形象，強調這些女性結婚是為了提供內地親戚金援，或指責她們對香港丈夫不忠（Newendorp, 2010: 80）。

　　有別於社會學與人口學的視角，本節探討的兩部影片《我不賣身，我賣子宮》與《天水圍的夜與霧》以藝術形式提供了理解跨界家庭現象的可能。影片藉由工人階級的跨界婚姻與移動女性的身世，再現既沉重又複雜的社會議題，進而挑戰大眾對中國妻子與母親的偏見，召喚觀眾思考婚姻移民的家庭意義

及其所具有的多重樣貌。在此過程中，影片同時重思階級在形塑北進想像中所扮演的角色。

《我不賣身，我賣子宮》以香港本地妓女的際遇對比中國移動女性，意圖深化觀眾對社會邊緣底層女性處境的理解。[10]影片主要的敘事軸線之一是中國寡婦黃蓮花，她既是符合霸權分類下的「社會資源掠奪者」，也是懷著雙胞胎的單親媽媽。年長她許多的香港丈夫以打零工維持家計，某日不幸於工地意外身亡。帶著稚女的孕婦於是跨境來港奔喪，並爭取居留權。其間，蓮花面對的除了丈夫前妻與女兒的輕蔑，更有來自香港社會與邊界監控機構的歧視。

影片一開始戲劇化地呈現中國妻子的刻板印象，蓮花被刻畫為粗鄙且沒耐性的母親，當眾威脅哭泣不休的小女兒，要餵她吃家裡抓到的老鼠。她求助的社福單位社工試圖說服她墮胎時表示：「你脾氣這麼壞，還要再生幾個，你的小孩很可憐的。」丈夫的保險專員劉富意更半開玩笑地說：「你是生孩子，你以為是生叉燒嗎？」蓮花看來不稱職的母親形象，暗示她算計功利、欠缺素質，只是利用母親身分作為籌碼，從中國

---

10 邱禮濤於《我不賣身，我賣子宮》裡，透過本地與內地來港女性的多重對照（例如：香港阻街妓女與北姑的拉客競爭、同樣以身體為生存籌碼之中國移民妻子對妓女的歧視等細節），續探前作《性工作者十日談》中關於社會結構性壓迫下底層女性相互傷害的命題（李卓倫，2008）。《我不賣身，我賣子宮》除了刻畫底層小人物的生命故事，還包含中國專業白領女性的角色（內地女醫師），藉由不同階級之中國移動女性來呈現中港關係的複雜面貌。限於文章篇幅，本文未能連同各類香港在地女性角色一併深入分析。

農村跨境到香港，追求更好的物質生活。正如電影片名《我不賣身，我賣子宮》言下之意的暗諷，中國婚姻移民女性為錢結婚生子，出賣子宮與出賣身體看似不同其實無異，甚至可能更令人不安。在此邏輯下，身為港人合法配偶的黃蓮花與北姑只是一線之隔。

　　對蓮花這個跨界寡婦／母親角色的負面觀感，可從香港近年的居港權爭議來理解。1997年香港回歸中國後，居港權爭議開始成為特區政府在公民身分（citizenship）治理所面臨的難題。1999年居港權爭議的焦點，在於《基本法》24條第3項指出，香港公民在香港以外所生的中國籍子女，不論出生地為何皆可被視為香港居民。這個關鍵的判決導致一百多名港人於內地所生的子女來港爭取居港權（Ku and Pun, 2004: 7）。此例一判，香港特別行政區政府估計約有167萬人次達此標準，香港的人口壓力將迅速惡化。媒體報導不時暗指申請在港居留權的人民素質低落且欠缺道德，可能威脅香港的家庭價值，更有甚者，將會危害整個香港社會。[11]之後雖經人大釋法，香港恢復每日150人之移民配額，但2001年終審法院並未遵照人大釋法內容處理莊豐源案，而是單方面以《基本法》24條，判決內地夫婦於1997年9月在香港生下的莊豐源擁有香港永久居民身分（"Landmark ruling", 1999）。這則判例確立了內地女性來港所生的下一代將獲得香港居留權，爾後也使得內地女性來香港生下的嬰兒數目顯著上升。延續多年的居港權爭議，讓長期面對住房與人口壓力的香港社會對新移民累積不滿與敵意，內地孕

11　參見符志明（1999）與〈終審法院的重要裁決〉（1999）。

婦更常成為眾矢之的。[12]

　　居港身分爭議的社會脈絡，提供了導演反轉蓮花刻板形象的可能。影片刻畫新移民在與邊境控管協商的過程所遭受的誤解與困難，試圖藉此改變香港社會對中國移民的既定看法。具體而言，電影語言運用了霍爾（Stuart Hall）所說的「協商的解讀」（negotiated reading），使用召喚親密感與同理心的視覺邏輯來達成協商的目的（1980: 127）。一開始看似以負面刻板印象呈現蓮花，其實是先採取符合觀眾預期的社會普遍認知。透過敘事細節與鏡頭，電影不斷驅策觀眾近距離觀察蓮花這個並不討喜的角色。為了讓觀眾能設身處地理解黃蓮花這樣的不速之客，導演在關鍵時刻浪漫化新移民母親。影片藉由風格化的鏡頭與敘事呈現蓮花的觀點，導引觀眾以人道的角度凝視其困境。兩個例子可說明影片如何喚起觀眾對中國移動女性的同情。其一是呈現蓮花收看新聞報導，接著在公園回憶起往事，其二是她在公車上生產的戲劇化高潮。第一個場景交錯運用特寫鏡頭與倒敘往事的插入鏡頭來建立觀眾對蓮花的認同。影片先以特寫鏡頭拍攝蓮花在街上的商店看新聞報導，內容是名中國男子為爭取分離家庭的居港權上街頭抗爭。然後鏡頭切入蓮花臉部的大特寫，顯現她紛亂不安的情緒，再切換至報導中男子對居留權的意見。畫面接著淡入到餐廳裡的相親，媒人正企圖說服蓮花嫁給來自香港的堅叔。此時觀眾可能假設，蓮花對新聞的反應只是由於議題與她目前的處境息息相關，但隨後的公園場景顯示並非如此。我們見到蓮花坐在長椅上，手拿她與

---

12 關於香港內地孕婦的治理與爭議，詳見本書第六章。

新聞中男子合影的護貝相片。凝視照片的鏡頭重複出現，為蓮花的身世與來港動機埋下伏筆。有別於先前旁觀他者的視角，這是片中首度深入刻畫蓮花的情緒、內心情感與記憶，藉由情緒的渲染使觀眾可能同情並認同蓮花這個角色。

蓮花在公車上生產的劇情高潮，可視為影片對香港接納跨界他者的期許。儘管一再於取得居留權的過程中受挫，蓮花在象徵香港日常生活的雙層巴士意外分娩時，被同車乘客稱讚她難得「在龍年生了龍鳳胎」。巴士乘客集體的熱情甚至感召了同行的劉富意，使他當眾宣布願意當蓮花孩子的乾爹。這裡的乾爹角色是出於自願的社會連結所創造的家庭成員，微妙地使蓮花與在地人民的連結轉變為親屬關係。蓮花生產的戲劇化場景技巧地暗示，即使面對多重的結構性歧視與排斥，在地社會仍可能以寰宇主義的好客精神對待她。巴士產子的劇情也進一步建立觀眾與蓮花的親密性。如此的親密性主要是由蓮花自述心聲的畫外音產生。一方面，影片以旁白形式對觀眾表白（confide）使主人翁顯得真誠無欺。再者，蓮花自述來港原因是出於對前男友（新聞中男子）的純情，這樣的動機也改變了她先前的掠奪者形象。此時生產的痛苦、公園照片裡的男子身分與蓮花的來港動機等細節，都有如散落各處的拼圖一一歸位。在生死之間掙扎的非常時刻，畫外音道出了女主角對前男友的情感。蓮花對為追尋香港夢而拋下她的前男友這麼說：「你說你很想到香港見識一下。我明白你為何要娶她，因為她爸爸是香港人。你結婚那晚，我的心很痛、很痛。就在那晚，我認識了堅叔。就在那晚，我也決定來香港見識一下。我們現在都在香港，但是你天天都跟你太太去聲討還我居留權，**而**

我卻淪落到在巴士上拼命。」（強調為本書作者所加）這番獨白即使未能讓人認同蓮花，也可能觸動觀眾的同情心。此段生產的場景暗示了香港居民接納他者的可能，然而弔詭的是，巴士乘客、電影觀眾與蓮花之間的親密性，有賴於鏡頭語言暴露蓮花的私人情感與產婦身體，將她展示於非自願偷窺的觀者眼前，才能合理地鋪陳好撒瑪利亞人（香港在地社會）拯救受難女子（新移民）的情節。由此觀之，無論是對男友的真心告白或是當眾生產的羞辱感，或許都是蓮花被香港社群接納的必要前提與必須付出的代價。

　　蓮花公車產子的情節看似誇張，但其實相當程度呼應甚至預示了近年跨界中國女性在港分娩權的棘手問題。2001年莊豐源案的判例確立了內地孕婦在港生下的嬰兒具有居港權，此後內地孕婦所生的嬰兒人數遽增。或有媒體以「不速之客」形容這類嬰兒是社會福利政策的負擔（〈「不速之客」打亂教育福利規劃〉，2004），或以「另類港人殺入，勢改香港核心價值」為新聞標題（〈50萬「另類港人」分批殺入　勢改香港核心價值〉，2010），表達內地孕婦所產嬰兒對香港社會的負面影響。這些報導呈現出中港跨境流動下特區政府所要面對的人口治理問題，同時也凸顯了香港社會對非公民的內地孕婦生產具有公民身分嬰兒的排斥與不安。2007年制訂的「中國女性產科服務條件」要求懷孕7個月以上的中國女性提出香港醫院官方書面資料，證明她們已在醫院預約分娩床位並事先繳交全額費用，否則可能無法入境香港（〈婦產服務〉，2007）。在此新制下，單非孕婦若無法於產前預付一大筆費用確保在港分娩，便可能要冒險逾期居留並在臨盆之際趕赴急診室生產。像蓮花這

樣寡居的孕婦連「單非」身分都不保，公車產子固然戲劇化，但也其來有自。

　　改編自發生在天水圍住宅區的一樁滅門慘案，許鞍華的《天水圍的夜與霧》更深入地刻畫港人中國妻子／母親的境遇。影片中的跨界婚姻是一個新移民女性的致命決定，香港丈夫李森殺死中國移民妻子王曉玲和兩名稚齡女兒後自殘身亡。2004年這件震驚社會的兇殺案使得「天水圍」聲名大噪。事件發生後的兩年間，其他案件接二連三發生：一個母親將孩子們捆綁起來從高樓拋下；三個中年婦女集體自殺，留下一封信件寫著「沒有值得活下去的理由」。這幾起案件在香港社會引起廣大關切，先是香港發展局的祕書長林鄭月娥公開指稱天水圍是「悲情城市」，接著許多針對此區域的評論與重新評估接踵而至（〈標籤「悲情城市」謂東涌將成翻版，林鄭月娥踩沉天水圍〉，2006）。曉玲的故事反映了社會學者指出的香港新移民被社會隔離的現象：「大多數新到移民的住宅被區域性地集中在最貧窮的地區⋯⋯也就是像深水埗、觀塘、元朗、屯門等地。最後兩個地區離新來移民通常的工作地點很遠⋯⋯這些地區的新移民通常因為他們的居住地點而被貼上標籤。」（Law and Lee, 2006: 236-237）天水圍正是這樣一個近年來新開發的新移民集中地。

　　鏡頭下的女主角大多時候扮演受害者的角色。身為移動女性，曉玲來去四川與南方，把自己奉獻給分隔兩地的娘家與夫家。一方面，曉玲是她父母強烈物質慾望的受害者（尤其是母親），他們不斷期許女兒與女婿能為鄉下老家帶來更好的生活。曉玲代表了中國自1980年代以來南下打工的典型農村

女兒（打工妹），身為家中長姊，她自小離家工作，渴望將都市「現代性」帶回家鄉。[13]曉玲去深圳打工帶回的彩色電視富含強烈的象徵意義，展現她為家庭帶來的進步。幾年後這個提升經濟地位的象徵從彩色電視換成她的香港丈夫李森。當他們手挽著手回家，她母親臉上泛起笑容。鄰居誇讚李森幫他們蓋的新房子時，母親的回答總結了對農村女兒外出打工的普遍想法：「出去打份工嘛，要不然在家裡頭有啥指望？」為了維繫她與香港女婿所代表的繁榮南方的連結，曉玲母親選擇視而不見李森對二女兒的曖昧舉止，甚至說服曉玲忍耐李森的暴力：「你也曉得，在我們鄉下，哪個村、哪條巷裡頭都是男人打老婆的事。曉玲，三妹的男人不好，你的男人好。他還給我們家蓋房子，帶你們姊妹去深圳、去香港。」服膺父權思想、現實功利的母親對現代性的想望（表現在對物質的需求上）終究成為女兒的包袱與夢魘。隨著敘事的發展，曉玲為物質需求所驅的母親某種程度而言成為使女兒死於非命的共犯。

另一方面，曉玲也是丈夫李森受挫的北進慾望的代罪羔羊。李森是沒有受過教育的低階建築工人，他與曉玲四川農村家庭的連結，根植於「北進殖民主義」的天真想像，將香港視為中國現代化的範式。這種心態上的優越感，從李森自命為農村現代化先驅者的說詞表露無遺：「告訴他們〔曉玲父母〕，這次到四川去給他們修房子，還要裝電話，來一個『農村現代化』！」在尚未真正理解香港的四川鄉村中，李森佯裝為工程

13「打工妹」的相關研究參見潘毅（Pun, 1999; 2004）與葛蘭修（Gransow, 2003）。

師，享受自己在香港所未有的特權地位與自尊。李森的沙文態度同時部分解釋了他和曉玲妹妹的性關係，因他假設北進發展也隱含征服女人，內地是有錢大爺的娛樂場。[14]然而，隨著李森的雜貨店生意蕭條，他們從香港帶來的錢也用罄，曉玲的媽媽一改原先客氣相待的態度，要求他們夫婦返回深圳或香港賺錢。至此，李森無可避免地從他寵幸農村居民的北進美夢中醒來。他向曉玲抱怨岳母的要求：「個個都說去深圳、去香港，現在深圳、香港有錢分呀？」李森繼之而來的報復行動是打死王家的狗，此舉不僅是對曉玲母親權力的反抗，更是宣洩北進失利的挫折。

曉玲悲慘的跨界婚姻反映的是中港關係中一個尚未被充分處理的層面，亦即香港丈夫與內地妻子原生家庭之間的誤解。就這一點而言，《天水圍的夜與霧》探索了跨境逐夢慾望的強大驅力。這種寄個人成功於應允之地的相互凝視，形塑了香港民眾的北進想像與內地人民的南移渴望。影片對曉玲四川家庭的具體描繪不僅再現了中國內地的農村生活，更展現出深圳與香港如何成為農村發展夢的投射。曉玲母親認為深圳和香港代表經濟成功的夢土，這個根深蒂固的信念顯示，即使地理上距離遙遠，四川農民的生活世界在物質與想像層面都與深圳、香港等城市緊密相連。同樣重要的是，影片也指出香港人北進想像的侷限，李森對四川農村落後的刻板印象，造成他的錯誤期待與日後的挫敗。

儘管許鞍華宣稱自己「並沒有讓他們〔電影角色〕顯得特

---

14 北進殖民主義的性別觀點可參見史書美（1997）。

別令人憐憫或同情」，但這部導演所謂具有「社會意識」的作品（"Director Ann Hui completes Tin Shui Wai diptych", 2009），其實是以相當正面的形象再現中國女性移民（E. Lee, 2009）。也就是說，如同《我不賣身，我賣子宮》，這部影片同樣具有反轉中國妻子負面刻板印象的意圖。《天水圍的夜與霧》由纖弱清麗的女演員張靜初飾演曉玲，她楚楚可憐的外型頗能引領觀眾認同並同情她所扮演的農村移民。再者，電影以浪漫化的鏡頭刻畫女主角，藉此縮短角色與觀眾的距離。最具代表性的例子是影片中反覆出現的曉玲幼年形象，導演幾度浪漫化地呈現她出外工作的情節。劇中透過農村小女孩背著竹簍離家，稚氣未脫、刻苦耐勞的意象，暗示成為打工妹／新移民的曉玲從小就善良顧家。曉玲在婦女庇護中心的復活節慶祝活動上演唱1970年代的歌曲〈採蘑菇的小姑娘〉時，再次出現小女孩準備外出工作的片段。她唱歌的特寫鏡頭切入回憶的場景：年幼的曉玲打開手心放走蝴蝶，草叢間百蝶翩翩飛舞。此處對比的是曉玲在天水圍破碎的南方夢，她非但不能如蝴蝶自由飛翔，還落得慘死家中。當這個夢一般的曉玲形象在影片結局再度出現時，小女孩的告別彷彿是早已注定的惡兆——被謀殺的女兒的魂魄，在獨自沒入永恆的黑暗前，回家向父母做最後的告別。影片充滿同情的敘述構成了對香港中心主義（Hong Kong centrism）的自我批評。

三、人人都愛「杜拉拉」？專業白領成為新的慾望客體

　　中國於2000年加入世貿之後，資本主義的快速發展，造

成大規模的都市化與現代化。而在經濟迅速成長的同時，也帶來諸多嶄新的文化身分。其中，「白領」這項分類是中國後社會主義時代的新詞之一，廣為年輕專業人士採納，用來標記自我的身分，藉此「將自身與他們視為現代性楷模的西方白領階級連結」（Brownell, 2001: 126）。這個白領社會階級主要的組成分子是「年輕專業人士（20來歲的行銷、技術、科學從業人員），普遍對西方的價值觀與生活方式接受度很高」（Y. Yan, 2002: 23）。在1990年代，都會白領階級女性成了大眾媒體的寵兒。如第一章所敘，2007年後，隨著描寫女性成長的外企職場生存小說《杜拉拉升職記》的暢銷，緊接而來同名電影、電視劇和舞台劇風行中國，周邊同類型的小說與職場教戰手冊也陸續出版，儼然形成了所謂的「杜拉拉現象」。這股風潮更讓都市白領階級女性成為眾人稱羨的身分。有趣的是，中國白領女性的身影也出現在近來的香港電影中。

　　以下將以《我不賣身，我賣子宮》與《單身男女》為例，探討專業菁英女性的新形象，說明此類有別於北姑與內地配偶的新移動女性作為在地香港男性追求對象的意涵，以及片中的男女關係如何成為中港關係的隱喻。本章將論證《我不賣身，我賣子宮》中再現的中國女醫師主要用來對照劇中的底層女性，影片隱含的態度是留守香港深耕在地，而非追求風險難測的中國市場；相反地，《單身男女》則暗示香港經濟發展的利基在於北進，如蘇州這樣充滿商機的中國二線城市仍是「處女地」，有待香港探索，或以香港自身形象為模範打造另一個高樓林立的全球城市。

　　在《我不賣身，我賣子宮》裡，白領移動女性的代表是來

自內地的李醫師，她與同樣來自內地的蓮花形成對比。李醫師是劉富意任職的保險公司請來提升員工專業知識的講師。一開始劉富意對李醫師充滿偏見，認為她不過是另一個內地庸醫。但在聆聽李醫師專業的演講之後，他立刻拋棄成見，轉而使出渾身解數要拉攏討好她，甚至有意與她合作北進中國：「李醫生，其實你可以用專才身分申請來香港。你這樣的人才，在香港大有前途。對了，不是每個大陸人都喜歡來香港，沒本事的才喜歡來。是的，香港人也沒用，又自大狂。我跟你北上開拓市場吧。」劉富意以誇張的語言，區分了「專才」與「無用之人」兩種中國移動女性的類型，透過貶抑底層移民，凸顯的是香港對內地人才的渴求以及港人持續的北進慾望。

　　劉富意熱切想與李醫師合作的情節可被解讀為影片想像中港關係的探索。在身高與地位皆高人一等的李醫師面前，劉富意顯得逢迎卑下，甚至無知：「我臉皮厚，我肯學……我會提供最好的服務。我和一般香港人很不一樣。一般香港人常看不起大陸人，但我不會。」我們很快見到，這位中國專業菁英既不想跟劉富意共進晚餐，更沒有意願成為他的商業夥伴。態度冷淡、拒人千里的李醫師毫不保留地道破他的天真：「其實你知不知道，大陸市場跟香港市場很不一樣？」此時這位新移動女性不僅是專業醫生，更是了解中國市場情勢的專業人士。香港男人劉富意主動追求中國女醫師卻鎩羽而歸的場景，暗示中國對香港隱含的雙重形象——令人心嚮往之卻又難以捉摸。

　　劉富意對李醫師的追求及北進發展的盼望，並未因李醫師冷淡的態度而被澆熄，但卻在電影接近結尾時出現耐人尋味的轉變。原本精明務實的劉富意，隨著與黃蓮花的互動，開始對

他口中沒用的低階移民女性多少產生了真誠的關懷，因而答應幫助蓮花生產。之後當他讀到境遇坎坷的香港妓女黎鐘鐘的報導時，更霎時靈光一現，彷彿受到在地女性生命力的感召，主動打消了前進中國的念頭。儘管影片並沒有對促使他決心留在香港的頓悟多作解釋，然而，此處看似突兀的轉折或可視為影片對中港關係所持的立場。劉富意最後的回心轉意是對北進的反思，提出除了北進之外仍有其他可能的選擇：與其追求充滿風險的北方市場，不如珍惜現有的在地生活與社群。

在《單身男女》一片中，白領女性的形象不再拒人千里，而是人見人愛的鄰家女孩。女主角程子欣來自蘇州，任職於投資分析公司；她隨男友來到香港，對方卻移情別戀。結束傷心的戀情後，子欣先後遇到兩位極有魅力的香港男人，這段三角關係發展出一連串迂迴曲折的愛情攻勢。子欣似乎一夕之間成為天之驕女，某種程度來說，這樣的轉變呼應了中國戲劇性崛起的國際地位。由中國女演員高圓圓所飾演的女主角，代表新型態的中國女性。這個專業菁英女性象徵當時的中國——快速擺脫落後的形象，取而代之的是充滿發展潛能的光鮮魅力。而兩個香港男人競相追求子欣，則有如全球的中國熱。新追求者的出現提供了影片勾勒中港連結的可能，隨著都會愛情故事的發展，揭示電影對中港關係的想像。

子欣的追求者方啟宏（Kevin）與張申然（Sean）分屬兩種香港專業人士的類型。Kevin代表的是寰宇主義式的菁英。他出生於香港，在加拿大長大，赴紐約讀建築，學成後返港進入業界。Kevin有著香港人心目中理想的養成經歷：流著香港血液，遊走於世界各大城市。在高度競爭的香港，像Kevin這

樣於全球化環境培養出的頂尖人才，無論在事業發展或追求伴侶，皆占有先機。Sean則代表香港本地企業菁英，他雖然於2007年的金融風暴中失業，但之後東山再起，成為子欣的上司。Sean有如導演知名前作《孤男寡女》男主角「華少」的翻版，他是典型港片愛情喜劇的男主角，表面上風流不羈，其實真誠體貼、重情重義。

兩名香港菁英登場後，影片的主要內容即是各自追求中國女性的招數。其中，Kevin追求子欣的橋段宛如現代童話故事。Kevin的角色從開始便具有濃烈的童話色彩：他以流浪漢的形象現身，破落失意的外表下隱藏了菁英身分。他收留子欣前男友留下的角蛙並將之視為心愛的寵物，更影射他是青蛙王子的化身。值得注意的是，這則童話愛情故事同時也是北進成功的寓言。幾個場景充分顯示影片如何以通俗浪漫的愛情童話呈現樂觀正面的北進想像：香港專業人才前進中國發展二線城市大有可為。

電影中象徵北進成功願景的是一再作為敘事場景的摩天樓。影片一開始便將子欣的形象與摩天樓重疊。兩人初識不久的某次晚餐約會，子欣戲劇化地成為促使Kevin在蘇州建造一幢宏偉高樓的發想起源。這個場景始於道別之際，子欣轉身鼓勵曾經風光一時的建築師：「不要放棄，你行的，一定行！」此時在黃色街燈下，路過汽車的藍色頭燈把子欣的影子映射在牆上，影子隨著車子駛過逐漸放大。兩人相隔三年後重逢，先前潦倒的建築師已重新出發，他以當時子欣的影子為藍圖，在她的家鄉蘇州設計了一棟地標性的大樓。由此觀之，子欣不僅成為拯救Kevin的公主，鼓勵自暴自棄的建築師重新提筆創

作，更是他的繆思女神，引領受挫的香港男性成功北進中國城市，大展身手。

而劇中Kevin北進中國蓋高樓也成為求愛的具體表現。重逢後某夜，兩人到了Kevin設計的蘇州大樓樓頂，俯瞰城市光景之際，青蛙王子以建築業的術語向公主深情告白：「我由零開始，設計、畫圖、打地基，已經蓋了八十層樓。我喜歡你已經很久，不只是幾個小時的事。」Kevin對子欣的告白顯現了影片如何運用愛情敘事的公式來自然化城市摩天地景的打造。此處Kevin將高樓大廈轉換成追求窈窕淑女的求愛籌碼，透過在蘇州建造摩天樓的成就，青蛙王子破解了咒語，向公主證明自己的貴族血統。

影片結尾時，蘇州的高樓更成為王子為公主奮戰之劍。由拍攝夜晚蘇州市中心的兩棟摩天大樓的遠景鏡頭展開序幕，接下來戲劇性的求婚場景中，子欣的兩個追求者在同一夜分別於兩棟大樓向她求婚，一間是五星級飯店，另一棟則是Kevin設計的建築。最後的贏家是在地標性的摩天樓安排求婚燈光秀的青蛙王子，而非辛苦爬上對手設計的建築物，秀出「嫁給我」布條的情場高手。飯店的求婚場景裡，一個值得注意的鏡頭是Kevin拿著戒指跪地的遠景鏡頭中，出現了一個電視畫面，內容是兩幢大樓的商業廣告。這個看似巧合的鏡頭並非偶然，而是呼應Kevin的父親先前對蘇州發展的看法：「蘇州這兩年變化太大了。」城市傲人的摩天大樓景象暗示著：來此地碰運氣的人皆不會空手而回。重新振作赴中國發展的建築師Kevin最終成功抱得美人歸，這樣的結果符合大眾對童話故事美滿結局的期待。然而，我們不能忽略的是，如此以羅曼史包裝北進發

展慾望的敘事邏輯，可能促使觀眾在接受愛情公式的同時，自然而然地認同北進發展的意識形態。

相較於求婚成功的 Kevin，Sean 雖然以各種創意花招追求子欣，但終究在情場敗下陣來。表面上這是由於他玩世不恭、對性又過於開放的「花花公子」形象，始終無法贏得保守的子欣信任所致。但若將 Sean 的落敗置入北進童話的敘事結構中來看，打算在港買房定居的在地才俊輸給引領中國城市發展的全球菁英，似乎就顯得理所當然。有趣的是，影片結尾對於 Sean 的情場失意提供了饒富深意的註腳，開啟了另一種中港關係的想像：當 Sean 看到子欣的選擇，他故作大方地表示不用再勉強自己做專情的「火星人」，而要「回到地球」，意思是與其為女人改變自我，還不如選擇自在快活。Sean 對情愛挫折的輕鬆回應，儘管表面上看來只是以無奈的自嘲展現風度，卻可視為影片最後向香港精神致敬的表達（鄧小樺，2011）。也就是說，此處挫敗的男女關係並非全盤皆輸，影片暗示與中國保持距離反而可能維持香港的自主性。

四、結論

總體而言，晚近港片中的中國女性形象複雜多變。《香港有個荷里活》與《神經俠侶》揭示了「北姑」主題重大的轉變——從貪婪的「蛇蠍美人」到充滿母性光輝的靈魂救贖者，從妓女到未來的家庭成員，也就是由純粹的商業行為轉變為親屬關係。陳果電影裡的中國妓女角色諷喻香港遭中國閹割的恐懼，阮世生片中的中國母親／妻子則浪漫化了香港與中國的

融合。如此劇烈轉變的北姑形象引領觀眾重新理解南來香港的中國女人，以更多元的方式想像中國。《我不賣身，我賣子宮》與《天水圍的夜與霧》中的跨界婚姻及家庭，進一步表達了香港社會對中國移動女性的集體焦慮。無論是爭取權益的蓮花或死於非命的曉玲，皆象徵了香港在中港關係日益緊密的情境下難以迴避的人口問題。這兩部作品對香港跨界婚姻中被拒為公民、為生存掙扎的中國女性的不平等關係，投以人道的凝視。藉由母性身體的比喻（蓮花的懷孕分娩與曉玲的家暴與死亡），影片提出了香港新移民女性面對的重要議題：受剝奪的生育權、隱含偏見的社會福利制度與生活空間的邊緣化等等（Law and Lee, 2006）。相較於北姑作為中港關係的隱喻，這兩部作品則傾向關懷實際的社會處境與議題。影片提供我們省思，近年中國中央及地方政府致力於區域整合，強調香港和中國南方連結與流動的重要，然而對於底層階級來說，跨界其實仍有重重問題和考驗。最後，近年香港電影中出現的中國白領專業女性的形象，某種程度顯示了中國資本的現形與中港經濟優勢地位的消長。在《我不賣身，我賣子宮》與《單身男女》這兩部影片中，中國移動女性成了資本與市場的代理人，左右香港中產階級男子北進的決定，隱喻香港從過去資本社會主導者的位置，轉變為中國市場的追求者。值得注意的是，兩部影片不約而同地暗示追求中國女性失利的香港男人或許是塞翁失馬，挫敗失意反而成為重新肯定自我與認同在地的契機。

第五章

「襟兄弟」與「自己友」[1]
從親密性談《低俗喜劇》的本土主義與中港合拍片想像

---

1 粵語「襟兄弟」的意義見註19；「自己友」即國語的「自己人」，形容志趣相投的人（歐陽覺亞、周無忌、饒秉才，2009：108）。香港的坊間會用「自己友」形容裙帶關係，例如有專欄作家把魯格曼（Paul Krugman）的裙帶資本主義（crony capitalism）譯作「自己友資本主義」，形容政府成為少數既得利益者的保護傘（史文鴻，2003）。媒體報導黨派內訌時，也用「自己友」形容黨內同志的關係（〈促「自己友」辭職 民主派內訌加劇〉，2005；〈自己友不支持 內訌加劇〉，2012）。

一、前言：後CEPA時期的合拍片與流行文化的地緣政治

《低俗喜劇》一片是香港新銳導演彭浩翔繼《志明與春嬌》系列之都會愛情喜劇之後，以12天的工作時間、800萬港幣成本完成的作品。影片刻畫男主角杜汶澤飾演的香港電影監製應邀至大學演講，在演講過程中自訴其在業界求存之經歷，如何北進至廣西會見黑道老大請求挹注拍片資金，對方卻要他吃下野味與動物性器官，甚至強迫其與母騾人獸交。全片充滿性愛雙關語、三級片典故與粗口（髒話）。彭浩翔與男主角杜汶澤在接受各大媒體採訪與宣傳時強調，本片是放棄內地市場（勢必無法通過中國的檢查制度）的正港本土片。[2]《低俗喜劇》於2012年8月上映後影評雖然褒貶不一，[3]但香港票房高達三千萬，亦獲得諸多獎項，[4]顯示影展評審與在地觀眾對此片的高度認同。

隔年3月香港藝術發展局首度舉辦之「ADC藝評獎」金獎獎金5萬港幣頒給了賈選凝的〈從《低俗喜劇》透視港產片

2　參見：熊秉文（2012）、〈彭浩翔　追求情感與瘋狂〉（2012）、瓦利茲（Vélez, 2012）。

3　盛讚本片的報導如：孫進（2012）、翁子光（2012）；持保留看法的如陳景輝（2012）；並不贊同的有林沛理（2012）、李展鵬（2013）。

4　《低俗喜劇》曾獲得美國奇幻電影節最佳喜劇男主角、加拿大蒙特婁奇幻電影節最佳亞洲電影銀獎、台灣金馬獎最佳男配角等獎項。參見：〈杜汶澤勇奪德州影帝〉（2012）、〈《低俗喜劇》加國揚威〉（2012）、〈鄭中基勾妻閉門同樂　笑納香港最低級〉（2012）。

的焦慮〉一文。[5]除了批判影片內容低俗，賈選凝（2013）主張這部電影的票房成功，代表了港產片的誤入歧途。文中亦強調本片以「低俗偷換本土」，透過醜化大陸人建立香港本土性，而「香港觀眾則在盡情嘲笑大陸人的愚昧和不開化中享受到快感，這種醜化與奚落，其實是狹隘的『精神勝利法』」。藝評獎評審認為賈選凝之文「探討港人身分定位及與內地關係等主題，描寫當下兩地關係的微妙變化，既具強烈的批判精神，亦富有創意及獨特見解，讓讀者反思香港的主流價值」（〈「HKADC藝評獎」得主誕生〉，2013）。獲獎訊息之後經《蘋果日報》頭條〈北京女奪藝評獎斥《低俗喜劇》辱內地人〉（2013）報導，原本是文化界鼓勵藝術評論的活動，迅速在港引起激烈爭論，輿論批評聲浪不絕。論者或指責主辦單位藝發局評選制度不公，或認為藝評組主席林沛理及評審之一的《亞洲週刊》總編邱立本預設立場偏袒賈選凝（葉蔭聰，2012）。更多的評論則是抨擊賈選凝對影片的解讀，不認同她對《低俗喜劇》中香港身分的認知與香港本土文化的詮釋，強烈反對其對影片中大陸人形象的分析，更指責作者抱持中國立場貶抑本片，非但不懂香港文化，更有以狹隘政治觀點歧視港人之嫌（殺破狼，2013；安徒，2013）。[6]藝評風波迅速發展為中港矛盾，爭辯究竟是這部港片醜化大陸人抑或北京人之藝評歧視港人。何以賈之藝評迅速激發醜化大陸人與貶抑港人之爭，而對一部影片的解讀在輿論激情下升高為中港矛盾？彭麗君將港人

---

5 賈選凝為北京電影學院畢業、香港中文大學傳播碩士。

6 亦參見：瀨名安彥（2013）、何雪瑩（2013）、葉蔭聰（2012）。

此番的激烈反應歸因於將「『一國兩制』看得過分單一，害怕『一國』凌駕『兩制』，往往用上了『敵我矛盾』的思維，而沒有探討當中的多元性及可能性」（引自楊宇軒，2013）。如此敵我矛盾思維的出現實非偶然：當一篇北京作者的藝評成為反中情緒的眾矢之的時，這顯非單一事件，而是指向了近年日漸白熱化的中港矛盾與新一波香港本土意識的興起。[7]

在近年有關香港電影與本土性的研究中，中國因素具有至關重要的影響。隨著CEPA在2003年施行，香港進入中國市場的條件放寬，加上中國電影市場急遽增加的內需，內地遂迅速成為香港電影工業的首要市場。香港與中國的合作關係亦進一步真正對香港電影製作產生舉足輕重的影響，2006年後出現香港電影工業「北進」潮流，中港合拍片數量快速增加（尹鴻、何美，2009：34）。然而，當合拍片獲得商業成功的同時，中港合作關係也開始重新結構香港電影產業，並對勞動環境造成重大改變。司徒薇與陳允中即指出，中港合作模式使香港條件較好之電影專業人才轉往內地施展拳腳，但剛入行與年輕的電影工作者面對的產業環境則是困難重重，若不能接受減薪或剝削的勞動條件就得北進競爭或者離開這個產業（Szeto and Chen, 2012: 119）。漸成電影產製主流的中港合作模式使香港

7　近年香港本土意識的變化與市民社會意識的發展及社會運動的勃興息息相關，同時可見的是香港社會激烈的反中情緒與激進的本土論述。一方面回歸後香港社會出現灣仔利東街保育、保衛天星及皇后碼頭等反思政治以外的文化與經濟發展的社會運動，本土論述亦發展出複雜的樣貌（葉蔭聰，2009）。一方面也出現了諸如陳雲的《香港城邦論》（2011）這類具有港獨精神的論述。

電影產業人才外流，並造成香港本地勞動條件的惡化。

　　中港合拍片不僅重新結構香港電影產業，亦影響影片內容。由於合拍片必須通過中國電影審查制度的要求，同時為了迎合內地觀眾喜好，產生了所謂港片大陸化的現象。其中以喜劇類型片在合拍片當道後面臨重大危機。由於審查制度以及迎合內地觀眾喜好的預設，香港喜劇或加入內地元素，或無可避免地走向高雅化（以周星馳為代表），不再恣意狂歡、大膽搞笑；但去除鄙俗與限制級笑點之後，港式喜劇也被認為失去了港味與純正性。[8] 換言之，北進合拍固然提供了香港電影工業重要的市場與振衰起敝的契機，然而弔詭的是，伴隨香港電影工業北進而來的衝擊「正是香港電影中香港本土性的消失」（彭麗君，2010：132）。北進合拍趨勢對香港電影造成的改變令港人憂慮，再加上中國一國兩制架構下大力向香港宣傳民族主義、不樂見香港進行民主改革等背景因素，憂慮香港本土性消逝的情緒演變為具體的感覺結構。由於合拍片所形構的大中華民族主義既無法統攝內部的異質歷史與文化，亦無法滿足香港追求本土性的想望，因而形成中港間矛盾的情緒張力。[9] 面對上述情

8　例如，周星馳的《長江七號》與《西遊・降魔篇》被認為是為追求中國市
　　場而失去原有的喜劇風格。關於《長江七號》，參見家明（2008）、木子李
　　（2008）。關於《西遊・降魔篇》，見王貽興（2013）、阿果（2013）。

9　例如，張少強、羅永生（2013）分析中港合拍片《葉問》所再現的民族主
　　義特性時指出：中國今日所強調的並非過去「漢賊不兩立」式的狹隘民族
　　主義，而是不斷擴大內涵、涵蓋多種文化趣味的民族主義，盡可能網羅各
　　種華人的生活經驗，促使電影所呈現的民族主義故事能具有服務更寬廣市
　　場的潛力（129-136）。若將彈性指涉大中華的民族主義，對照葉問離開大
　　陸前往香港發揚「國粹」武術的這段香港歷史，便能看見以中共政權為核

境，即對於香港電影工業北進合拍後中國化的趨勢與本土性的消失，司徒薇與陳允中認為除了面向內地市場與華語電影外，「特區新浪潮」（SAR New Wave）導演與其作品是香港電影另一種貼近香港文化的可能出路。[10]他們強調以粵語為主的電影除了因應市場有所轉型之外，香港電影產業也仰賴有別於80年代新浪潮的新世代導演，亦即特區新浪潮世代，因為他們的作品「提供了香港近年變化最有趣的文化指標」（Szeto and Chen, 2012: 122）。參照此定義，《低俗喜劇》在晚近的特區新浪潮電影中有其代表性：影片以低俗情節陳述大陸金主與香港電影監製合作製作合拍片的故事，提供思考港片面向香港本地市場與轉型的可能性，以及觀察香港近年本土意識變化的視角。

心的民族主義在歷史上尷尬的一刻：「中國本土在中共政權之下不能為家，華人竟要投奔西方殖民主義，但華人民族的歷史光華卻是由此照射出來。」（138）由此觀之，雖然香港電影在北進合拍潮流下須與中國民族主義合模同調，但大中華敘事內部作為香港因素的「歷史異質與斷裂」又同時保有動能，使得如此的民族主義敘事不攻自破。

10 「特區新浪潮」一詞出現於2010年的電影論壇，然而，當時提出這個詞語的紀陶並沒有提供詳細的定義。因此司徒薇與陳允中試圖脈絡性地比較特區新浪潮電影與1980-90年代香港新浪潮電影（Hong Kong New Wave）之間的差別（Szeto and Chen, 2012: 117）。他們認為這個身分指涉的是：「1.在香港成為特區之後崛起，關注地方問題的新生代導演；2.早先入行，但在1997後才開始受到地方矚目的導演；3.清楚意識到自己工作的地域環境與回歸前的香港殊異，他們在處理地方議題時更具有跨地域或地域間華語流通的意識，世界觀也有別於97前出於殖民地自卑情結的香港本位主義」（2012: 122）。

二、親密性／低俗／本土

本章主張以親密經濟來理解《低俗喜劇》隱含與操作的地緣政治。因此在分析電影與地緣政治的關係之前，必須先釐清幾個概念，即親密性、低俗與本土的意義和關聯。首先，「親密經濟」概念援引女性主義與人類學者對親密性的討論以及以親密性理解經濟活動的視角，強調經濟活動與社會連結之間的關係。女性主義學者威爾遜（Ara Wilson）的方法論深具啟發性，她指出：「親密性這個概念表達的是那些構成所謂個人、私生活或內在自我之深刻感受的取向（orientations）與根深蒂固的習慣，包括正面的情感或負面的恐懼與厭惡……以親密性來描述大致與個人情感或認同一致的聯繫模式（modes of relatedness），對比的是政府、市場與現代制度中的正式互動（formal interactions）。」（2012: 32）威爾遜的人類學研究將親密性的概念與經濟結合，透過「親密經濟」一詞分析市場與社群的交互作用。她強調經濟活動常被視為公領域，而親密關係則屬私領域，由於公私領域的劃分，導致過去的研究鮮少將經濟活動與親密關係並置分析。對此現象，威爾遜以曼谷的研究指出：經濟活動與親密關係是緊密交纏、相互影響的，親密經濟的概念可作為分析經濟系統與社會生活間互動的概念架構。即「親密」雖然意指日常生活中被視作非經濟範疇的社會身分或社會關係，但親密關係如親屬與伴侶等皆可能具體涉入經濟活動過程，並形塑特定地方資本主義運作；反之，公領域亦可能影響親密關係的建構：「親密生活（例如與性別、性或族裔相關的關係）進入市場與職場的公領域，這些公領域也深刻影

響人們私領域的互動與自我認知。」（2012: 43; 2004: 9-11）

　　威爾遜以「親密經濟」的概念分析親密關係對塑造資本主義文化邏輯的影響，呼應了古德曼（Stephen Gudeman）以經濟人類學視角對經濟活動涉及的社群連帶（solidarities）的分析。古德曼指出：經濟包含「市場」（market）和「社群」（community）兩種領域。「市場」意指由仲介（agent）而非個人身分參與的全球交易，其中的社會關係主要由契約所規範，交易行為則以追求「效率」為主要價值觀；「社群」乃指家戶、部落等具體連結個人的團體關係，或是個人基於共同利益和信念想像的群體連帶，其中體現了性別與位階等差異（2001: 1; 2005: 95-96; 2008: 14）。他認為經濟市場交易的計算選擇，是由社會與個人關係交織而成（2005: 95, 111; 2008: 48）。由此觀之，探討不同身分屬性衍生的社群親密感與市場運作之間的關係，有助於理解市場貿易可能以社會連帶作為行銷的基礎，透過社群連帶推動地方資本主義的運作。

　　借用上述親密經濟的概念，本章將指出《低俗喜劇》彰顯了社會生活所體現之地理及文化親密性與經濟系統的關聯。影片利用親屬連帶、性關係與性別身分之間的相互作用，形塑片中跨國資本主義（中港合拍片）與戲外本土市場的運作邏輯。換言之，文中的親密經濟並非指向所有涉及親密性的商業行為，而是透過訴諸社群連帶與情感認同來創造商業合作或市場利益的經濟模式。進一步來說，影片裡親密性與親密經濟的操作與「低俗」及本土性的建構息息相關。片中的低俗論述具有多重複雜意涵。其一，低俗之所以成為影片定義香港身分的關鍵，某種程度歸因於本片的喜劇類型。喜劇向來是香港電影的

主流類型之一。論者指出，香港喜劇的源起應從香港進入工業化開始談起。50到70年代，粵語片快速成長，其中約有750部為喜劇（占全部的1/4），代表觀眾的偏好（Lau, 1998: 24）。爾後從70年代的許冠文兄弟、80年代的王晶到90年代的周星馳，香港喜劇道盡城市的庶民文化、生活百態、機靈算計（鬼馬精神）與無厘頭創意。[11] 香港喜劇多以市井人物為主，草根本土氣息濃厚，也與粗鄙不文密切相連；也就是說，本片的低俗有其傳統。然而，相較於其他喜劇作品，本片除了大尺度的性題材，更重要的特色在於其低俗的本土性是透過與中國他者（暴龍的角色以及暗諷的中國電檢制度）的連結來呈現。對比於此，周星馳的作品雖然同樣不乏低俗的雙關語與性題材，但片中呈現的香港本土性並不強調與他者的差異。

再者，導演彭浩翔於《低俗喜劇》宣傳期間聲稱本片力求捍衛粵語，強調長期被中原／中國國家文化貶抑的低俗性即是香港的本土精神。這些指涉本土內涵的宣稱，提醒我們必須從歷史脈絡來看香港文化與低俗的關聯：低俗向來被看作是香港文化的特性之一。一方面是源於對商業主義文化的輕視，而商業發展正是香港的根源，香港社會因此常被視為重商而庸俗的商業消費文化（Chow, 1998: 185）。同時，英國殖民地的歷史經驗，使得以中原正統文化自居者動輒以「文化沙漠」貶抑香港（Fu, 2003: 51; Law, 2009: 113; 楊立青，2005：82），認為香

11「無厘頭」是粵語方言，本應寫作「無來頭」，因粵語「來」字與「厘」字讀音相近，故寫作「無厘頭」。這是一種故意將一些毫無關聯的事物現象等進行莫名其妙的組合串聯或歪曲、以達到搞笑或諷刺目的的表演方式（商務印書館辭書研究中心，2003：334-335）。

港即使有文化也是粗俗庸劣的。例如，香港的電視與新聞等媒體便常被批評流於腥羶。粵語電影等香港的流行文化也一再被認為品味低俗，甚至可能傷風敗俗（Law, 2009: 125）。中國作家王朔亦曾表示，80 年代的香港文化以及香港人的形象在他的眼中是說話大聲、吵鬧而粗俗的（K. Lo, 2005: 9-10）。羅永生指出，當國家文化（national culture）等同於現代性，香港自然成為國族主義者的內在他者：落後、低俗、被殖民（Law, 2009: 115）。對右翼的國家主義者而言，粵語文化產品的特性不外品味低俗、灑狗血與情色，這些特質都是身處道德敗壞的殖民環境所造成（2009: 125）。而就廣東話方言來看，粵語因借用了殖民者的語言，長期以來也被外地人看作是粗俗、被汙染的語言（W. Yau, 2010: 109）。周蕾說：「當香港要以自我的語言自我書寫時，如果不是使用英文，那也不會是普通話，而是港人每天日常使用的『粗俗』語言，這種語言的特性是混合廣東話、破英語（broken English）與書寫中文，其表達常常充滿戲謔與反諷。」（Chow, 1998: 153）

　　另一方面，低俗之所以得以用來定義本土，除了喜劇傳統與香港殖民歷史的文化形象之外，更是因為低俗的修辭策略成功地將性別政治轉換為國族主義認同。如前章所述，過去港片處理中港連結的親密性表達經常是透過不同的新移民女性形象：影片以或浪漫化或寫實的手法再現香港男性與中國女性的互動，藉此隱喻中港關係的變化。本片則以男性情誼為中心的低俗話語與行徑來再現親密性。換句話說，低俗也正是《低俗喜劇》片中親密性的表達形式。而片中低俗的具體內容是以陽剛男性代表香港主體，透過交換、貶抑、消費女性來操演粗

口、性題材、性器官與人獸交等巴赫汀（Mikhail Bakhtin）式的下半身身體政治。值得思考的是，低俗何以必然為男性中心？影片在真實與虛構的層次上，親密經濟的核心皆為男主角杜汶澤與導演彭浩翔，他們或在劇中為香港電影付出重大犧牲，或在戲外奮力為正宗本土港片宣傳行銷，不僅代言本土價值，更代表了今日面對北進難題、反中意識越形強烈的香港人（everyman in Hong Kong）。谷淑美提醒我們必須思考集體在地身分的性別意涵，她認為：「如果男性喜劇演員（如周星馳）身為性別主體的現象如此普遍但卻視而不見，這也許顯示了我們的（香港）文化如何已經深深地自然化了男性氣質的價值觀與預設。」（Ku, 2012: 222）《低俗喜劇》作為香港文化敘事，印證了谷淑美的觀察。電影透過性與粗口定義低俗，進而又以低俗定義香港主體。當低俗等同於本土性時，陽剛的集體性別身分預設使得香港本位的族群意識同時接受了片中的性別政治，對性別再現的問題遂視而不見。如此的修辭滑動（性→低俗→本土）決定了觀眾的觀看位置，讓任何對性別議題的關注看來都像是誤讀了影片的重點。此外，藉由劇中女祕書與平權會女性官員的負面形象，影片技巧地將可能出現的性別批判定調為雞毛蒜皮、無事自擾。在此意義上可以說，《低俗喜劇》親密經濟的成功是將保守的男性中心意識形態轉化吹捧為激進的族裔政治。當看電影成為「支持本土創作」的消費活動時，電影中的香港精神成為最高價值，而任何對影片的批評皆可能激起本土文化擁護者的怨憤不滿，挑動本土文化意識對外來者的排除（如藝評風波），也間接阻隔了其他解讀視角的可能。換言之，當彭浩翔將低俗定義為香港喜劇瘋狂不羈的精神，以

此凸顯中國電檢制度的僵化與荒謬時，低俗即被提升為對抗中國的本土文化象徵，而低俗再現所仰賴的性別權力關係與性別刻板印象，亦在建構國族身分的脈絡中被自然化與合理化。

最後，不能忽略的是影片表達親密性的低俗修辭有其前提：中港地緣政治既親密又排斥的雙面性。一方面是香港與南中國地理位置比鄰，歷史文化相近，且語言相通的背景脈絡因素。如此的地緣親密讓影片成功地將片中代表中國他者的廣西人暴龍，塑造為操粵語且熱愛香港流行文化的大陸金主，也使得電影在戲外宣傳時得以順理成章地召喚南中國粵語地區的觀眾來港觀賞本片。另一方面，由於無法通過中國電檢，影片的商業利益主要來自香港本地市場，此時低俗的本土性在宣傳時便成為抗拒中國的香港自主身分，導演也因之強調本片不同於合拍片，是拍給港人看的純正港片。在晚近中港衝突越形激烈的時刻，反中的情感順利召喚出香港觀眾的本土社群意識，創造亮眼的票房。

上述低俗論述的多重意涵，有助於理解《低俗喜劇》如何利用低俗性將中港合拍片刻畫為貌合神離的親密關係，以此在中港矛盾的社會脈絡裡創造出支持本土的票房，為這部低成本的作品帶來可觀的市場收益。以下將先以「親密他者」（intimate other）的概念來分析劇中被認為代表大陸人的暴龍角色，回應其他評論者對此角色的詮釋，進而說明「低俗」如何成為推進劇情的關鍵輔具，促成電影中關於合拍片的故事，以及影片對此親密經濟的曖昧心態。本章將指出影片藉由性題材及粗口建構「低俗」，在虛構與現實中形構兩個敘事，分屬兩種涉及地緣政治的親密經濟類型：一是影片中呈現的廣西金

主投資的中港合拍片模式；二是在現實中放棄內地、但香港票
房大放異彩的低成本港產片製作模式。前者由男性情誼與地緣
親密性所促成；後者的操作邏輯則以男性中心的情慾話題召喚
在地主體，訴求文化親近性與族群意識，進而號召支持本土電
影。而無論是劇中《官人我要》系列合拍片的成功，或者戲外
《低俗喜劇》本土票房的勝利，虛實兩面的親密經濟均透過性
別政治來促成「低俗」之再現。

三、親密他者：定義香港本土身分之中國想像

　　檢視前述之藝評風波，「醜化大陸人」之說為中港矛盾的
關鍵。賈選凝得獎文章認為影片藉由醜化大陸人，獲取港人的
精神勝利，藝評獎主席林沛理（2012）也指出本片：「一方面
承認了大陸人與香港人的主僕關係，但另一方面，又幾乎無
法自制地對大陸人極盡醜化之能事。」在此期間同時出現了對
劇中大陸人不同的解讀方式。例如，彭麗君不贊同賈選凝的
說法，她強調片中的暴龍是可愛的角色，其他的香港人可能
比暴龍更低俗，所以重要的是大家不應對號入座（楊宇軒，
2013）。陳景輝（2013）認為若只看見中港矛盾或者醜化大陸
人，是簡化了導演以戲謔心態創造的角色與現象，像是還包
括「大陸投資者的人慾橫流、大學教授的假道學、靚模的『搏
上位』和港產導演的『唔識撈』等」。[12] 上述爭辯中，賈與林說

---

12 粵語「識撈」是「會混」的意思。參見《普通話網》相關說明（https://
　www.putonghuaweb.com/wordDict/識撈）。

法背後之論述框架是中港二元對立的身分政治，低俗決定了中國他者與香港自我的差異，陳與彭則試圖說明片中低俗的複雜性。有趣的是，藝評風波與諸多影評中，即使一再強調電影裡的大陸人形象，卻未深入討論大陸人角色的再現政治與功能。何以影片選擇以有特殊性癖好的黑幫老大代表中國？為何香港製片北進中國的合拍對象不是來自北京、上海等一線城市的片廠，也非任何其他傳播業發達的省份，而是同樣來自嶺南的廣西富二代？以下將說明《低俗喜劇》挪用了親密關係作為想像中港地緣政治關係的隱喻，從中再現既要合作但又排斥的「中國」，作為塑造香港本土社會理解自我身分認同時的他者想像。

　　身為香港的親密他者，暴龍的形象充滿張力。這個金主與香港製片稱兄道弟合拍電影，他代表左右港產電影「港味」的力量，但與一般港片中的大陸人形象不同：暴龍講粵語，喜愛港產片，從小看香港三級片長大，愛吃野味、滿口髒話且熱衷人獸交。《低俗喜劇》對暴龍這個象徵大陸人的角色所採取的再現策略，呼應了哈立德（Maryam Khalid）所言之性別化的東方主義（gendered orientalism）。哈立德分析美國以反恐之名出兵中東事件，她指出美國除了以過去西方再現東方為邪惡、野蠻的形象來描繪中東，同時以性別化、尤其是陰柔化的方式，賦予未開化之中東敵人（特別是男性）危險的情緒化陽剛氣質（2011: 20）：透過情緒化與瘋狂的連結，東方被他者化為危險且非理性的種族他者。同樣地，在《低俗喜劇》中，看似陽剛的暴龍實有陰柔的特性，他的粵語方言鼻音重且語調柔軟，言談時手勢舉止豐富，表演性十足，在提及騾子女友死亡時更是當眾痛哭。相對於同為粵語文化圈、象徵香港主體之杜

惠彰理性正常的陽剛氣質，暴龍體現了情緒化甚或異常的陽剛氣質。如前所述，性別化再現他者的手法在過去香港電影中多以中國女性他者對比香港男性本土，而《低俗喜劇》雖是由男性角色代表中國，但仍不脫陰柔化他者的再現邏輯，由此刻畫香港西方與大陸東方的主體界線。

藝評風波引發的相關討論與上述性別化他者的再現，其中均隱含了二元對立的語境，然而如此截然敵對的身分政治並無法充分解釋大陸人角色在片中的意涵。有鑑於此，本章提出「親密他者」的概念來詮釋暴龍角色代表的中國，並以此說明合拍片作為親密經濟的矛盾。本章認為「親密他者」的概念有助於理解以親密關係想像地緣政治時，自我與他者同時涉及連結與拒斥的複雜關係。具體而言，身為親密他者的暴龍角色讓影片透過與珠三角的合作，界定中港關係下香港的主體位置。敘事藉由建構一個經濟上緊密合作、但文化素養不及香港的「中國」他者，凸顯香港在南中國區域文化的領導地位，以維持香港身分之優勢，提供凝聚香港本土認同的基礎。

進一步來看，暴龍作為香港親密他者的形象由三個層面共同構築。首先，在語言設定方面，暴龍帶地方口音的粵語，既連結了彼此的粵語文化，卻也正是透過粵語來凸顯雙方的差異。例如暴龍宴請杜惠彰到廣西北海用餐時，因手下先動筷夾菜，暴龍覺得失禮而以粗口教訓之：「叫屄咗你班屄仔幾屄多次，有客人喺度就唔好屄丟我架啊嘛！你喺屄要喺咁屄樣，你話屄唔屄!?」——對於這段對白，導演彭浩翔曾在電影製作特輯和謝票活動裡說明他的觀察，認為有別於香港人愛用形容男性生殖器的粵語粗口「屌」，廣東人則喜歡用形容女性生殖器

的粵語粗口「屄」。[13] 再者，長久以來香港的流行文化在珠三角區域有主導優勢，就如影片強調暴龍深受香港文化影響，之所以願意出資合拍影片，是出於對香港三級片的熱愛以及對70年代三級片女星邵音音的崇拜，[14] 不過片中暴龍對香港文化與香港電影的理解似乎僅止於過時的三級片想像，具體顯示了其與現今香港文化之距離。最後，就飲食文化而言，北海宴席一景借用了粵系飲食文化的刻板印象，亦即廣東人無所不吃，天上飛的地上爬的都能入菜；然而，面對一桌野味與動物生殖器，港人杜惠彰的食不下嚥，暗示廣西與香港文明與現代性的差異。

這般親密他者的再現，實有賴於珠三角的連結與共同文化連結裡的位階差異。一方面，香港與珠三角之間區域連結形成的語言文化親密性，合理化暴龍說粵語又熟悉香港文化的特性。另一方面，暴龍此角色被設定為廣西人，而非同樣講粵語、受香港文化浸潤、與香港關係更緊密的廣州人。[15] 這個值得玩味的地理選擇可從廣西形象的邊緣化來理解。片中的廣西北海除了餐廳的場景之外沒有其他再現；換言之，這個北進的場

---

13 關於彭浩翔對兩廣和香港使用粵語粗口差異之說明，參見（GoldenSceneHK，2012年7月9日）以及謝票活動片段（Paul Chan, 2012）。

14 導演的選角安排更強化了觀眾與角色的親密性。片中代表性的大陸人角色沒有找內地演員來擔任，而是選了鄭中基。鄭中基不僅是香港演員，近年來主演的作品如《龍咁威》與《老港正傳》皆具有濃厚的港人代表性（彭麗君，2010：160-161），其深入人心的港仔形象符碼某種程度而言稀釋了大陸人代表的陌生與不安，使角色顯得可親可愛。

15 片中暴龍與杜惠彰的主戲在廣州的餐廳拍攝，也借用了廣東的飲食文化形象。

域是個空洞的地方（placeless）。同時，廣西自治區在珠三角或南中國的發展位階上皆欠缺競爭力，一向不及廣東，更難望港澳項背。發展的遲滯使廣西在現代性的想像上被視為落後邊緣，化外之地的形象遂令角色粗俗不文的行為看來似乎合情合理。亦即，來自廣西的地理身分合理化了大陸金主的特殊性癖好，指涉珠三角發展落後地區與變態異常的自然連結。如此的中國他者形象使得香港輕易成為現代性的優勢主體，電影藉此定義了中港關係下的香港本土身分位置。

四、斷片：香港面對合拍片的兩難？

釐清暴龍角色的複雜意義之後，本段將進一步聚焦《低俗喜劇》中大陸金主「暴龍」與香港監製「杜惠彰」合拍三級片《官人我又要》的情節，討論其中「低俗」的再現所推進的敘事發展，批判性地檢視電影如何以合拍為題材，借用高度性別化與性慾化的敘事建構低俗性，將男性中心的社群連帶轉換為市場價值，以及對合拍片的矛盾心態。

前述之親密他者形象使得「低俗」成為推進親密經濟的關鍵機制，如此的親密經濟是建立在異性戀男性的社會關係連結與交換／貶抑女性的儀式之上。杜惠彰與暴龍在餐廳場景之後建立了男性情誼（male bonding），兩方決定合拍影片。此種親密性原為男性商場文化中普遍的應酬活動，透過尋歡作樂、彼此共享美食菸酒女色，或藉由性能力、開黃腔等方式來展現男子氣概，以確立男性情誼與商業合作關係。然而導演在此以幾近荒誕的手法呈現男性應酬場合的多重感官經驗，確立了本片

的低俗調性。北海之宴暴龍一見面便說：「乾了這杯茶，大家就是好朋友了，我們歡樂完啦就成了襟兄弟了。」開席菜色的安排，除了田鼠、鱉、蛇與貓等，動物性器官（牛陰戶）也都成了珍饈。之後暴龍安排的餘興節目是操騾子，在暴龍亮槍脅迫之下，杜與雷展現了兄弟義氣，[16] 犧牲尊嚴進行人獸交。影片後續說明杜成功地贏得暴龍的好感與信任，大方界定彼此此後為襟兄弟。[17] 此處，代表交換女性的主體是騾子，共享性癖好的行為（粵語「騾仔」發音與「女仔」相近）則建立了男性情誼與虛構的（fictive）親屬關係，讓暴龍說定投資合拍三級片，也達成了杜北進尋求資金的目的。[18]

　　透過與男性親密他者結為「襟兄弟」的社會關係所促成的合拍片，在《低俗喜劇》裡代表的意義搖擺不定：既意味香港電影的出路，卻又深受大陸金主的牽制，也隱含導演對電檢制度的態度。一方面，資金的挹注為原本潦倒的香港影人紓困。

---

16 劇中雷永成為杜惠彰之香港友人，引介杜至廣西見金主暴龍。

17 所謂「襟兄弟」原指姻親關係中姊妹丈夫之間的稱謂，但現代香港社會使用「襟兄弟」戲稱兩男與同一女發生性行為之後的關係，如《東方日報》報導〈【特稿】前總理同C朗係襟兄弟!?〉（2013）。「襟」意指「連襟」，語出南宋洪邁代其堂兄寫給妻子姊夫的書信內容，其中提到「襟袂相連」一語，用來形容姊妹的丈夫之間的密切關係。後來，「襟袂相連」普遍被簡化為「連襟」，成為姊妹丈夫間的互稱（歐陽覺亞、周無忌、饒秉才，2009）。關於「襟」的定義，可另參見「中國華文教育網」。

18 除了以「襟兄弟」此虛構的親屬關係想像中港合作關係，瀨名安彥（2013）曾以「契弟」形容香港為盡力滿足中國投資者的要求而放棄港產片過往的「香港特色」，以加強與中國的經貿合作關係。一般而言，粵語的「契弟」意指乾弟。「契弟」在福州方言中也有類似於男同性戀者的意思。

杜惠彰的製片角色長期以來因無片可拍，付不出給前妻的贍養費，製作公司也被迫外借給人拍照以維持開銷，與杜合作的導演黑仔達更淪落至幫朋友經營地下賭場。暴龍資金挹注之後，杜找來老班底，之後票房大捷，首映會上皆大歡喜，續集接連開拍，這些情節似乎說明了合拍片是香港電影產業維持生存之道。然而，影片同時再現了合拍片的兩難，即影片的拍攝受陸資與大陸人品味左右。暴龍不僅決定了影片的類型，更要求指派角色：其一是他少時的偶像、如今已經白髮蒼蒼的邵音音作為女主角，其二是其騾子女友也要入鏡。這些香港製片無法拒絕的荒謬要求除了製造趣味（後來採用特效手法以年輕女演員的身體接上邵音音的臉，騾子也因現場爆破意外死亡），更凸顯香港製片與大陸金主合作的不對等關係。片中虛構的合拍片同時隱含了導演對電檢制度的嘲弄。在現實中受限於審查制度，合拍片無法低俗，這亦是本片無法在內地上映的原因，然而片中由大陸金主的低俗品味主導的三級片合拍片卻大獲成功。

我們可以進一步以影片中「斷片」的比喻來探討本片對於合拍片的曖昧態度。敘事以杜不惜為籌集電影資金做出種種犧牲，諷刺中國資金的投入對香港電影製作的影響，將合拍片的中港合作關係再現為香港製片難以啟齒的心理創傷。斷片指的是杜對人獸交的記憶。北海宴席的場景之後，穿插了一個描述斷片的情境。杜對畫面外的電影觀眾說：「當電影放到一半，由於放映機過熱，令膠片燒熔了。我們俗稱斷了片，沒有了畫面。人有時多喝了酒，也會出現斷片。你記不起自己做過什麼、發生什麼事。當然，如果那事你是特別不想記起，就會強逼自己大腦斷片。」這個場景的拍攝手法以虛擬的純白背景呈

現，一鏡到底的鏡頭由遠景緩緩拉近（zoom in）成特寫。杜此時直接對著鏡頭說話，長時間的正面鏡頭與自述，拉近了觀眾與角色的距離。相較於影片一開始杜的形象顯得有些輕浮，此場戲有助於觀眾接受並認同該角色。杜後半段的獨白更強調廣西的際遇不堪重述，進一步以心理創傷博取觀眾的同情：「那晚發生過什麼事？我只記得自己吃了一頓飯，抽完那根菸後的事，我全忘掉。但我現在偶然見到一些四腳動物，好像馬、牛、羊，我都會不禁抽縮一下。我很努力去令自己忘記這事……」斷片代表的是極不堪且不願回首之事，顯示杜為合拍片付出自尊的代價。

　　然而，斷片事件後來也成為杜行銷影片的手法。當暴龍因眼見騾子在片中爆破死亡的畫面而禁止電影上演，杜再次自我犧牲將「屌騾仔」之事在受邀的演講場合公諸於世，透過現場觀眾的手機上傳分享，達到製造聲勢、宣傳行銷的目的，也順利讓電影起死回生、票房大捷。透過「斷片」這個敘事上刻意安排的手法，合理化演講觀眾對杜「到底有沒有操騾子」的強烈好奇，也證明了片中杜所謂自己為電影所做的犧牲，亦即不僅是人獸交事件本身，而是將自己最不可告人、最羞恥的經驗公諸於世。在結局中，首映會上金主與製片共同出席皆大歡喜，杜的低俗電影終究贏得市場經濟價值。這樣的安排使其一雪前恥，從無片可拍、財務窘迫、備受羞辱，轉變為秉持「搵食」精神、不放棄香港電影、終至成功的理想實踐者。此處展現了影片對合拍片的曖昧態度：既以誇張戲謔的表現手法呈現此中港合作產製模式對香港主體在電影製作上的牽制，卻又顯示合拍片可能成為香港電影人逆轉困頓謀生處境的成功契機。

斷片彰顯了杜為了合拍片資金在廣西所經歷的羞恥經驗，這個羞恥經驗又於杜行銷電影的過程中展現吊人胃口的低俗趣味。透過斷片橋段的安排，劇中合拍片的行銷策略展現了香港人能屈能伸的本土精神。

不容忽視的是，如此的本土精神其實是建立在物化女性與厭女（misogynist）情結／情節之上。電影所講述的香港電影人的故事高度陽剛化，不僅敘事以男主角的視角出發，情節上凸顯男性角色之間（杜與暴龍，杜與雷永成、黑仔達等）的兄弟情誼，促成合拍片的關鍵是透過操騾子換來襟兄弟的虛構親屬連帶，連粗口的使用亦表現了男性氣質（masculinity）與男性情誼。相對而言，女性在片中的角色形象以及與男性親密關係的刻畫大多十分兩極：不是符合男性利益的慾望客體，便是令人厭惡恐懼、避之唯恐不及的他者。前者的代表是陳靜扮演的爆炸糖，是個藉由與男性電影人發生關係獲取拍片機會的新人。其他片中女角主要皆以負面形象出現：或是代表保守中產階級價值觀的律師前妻與學校老師，或是自我中心且工作態度散漫又不懂在地文化的女祕書，另有一板一眼的性別平等調查員等。兩極化的女性形象，在敘事中讓觀眾透過男主角的視角認同爆炸糖的角色，肯定她雖然出賣色相但其實純真善良。但透過杜的眼光所見的前妻則傲慢保守有潔癖，與女兒的老師一樣，一味追求社會主流的成功價值，沒有開放寬容的胸襟——中產階級的美學和價值觀自然無法欣賞及理解杜所代表的瘋狂自由與低俗精神。另外，女祕書因為剛從國外返港（所謂「竹升妹」），聽不懂粵語俗語，誤以為杜用言語性騷擾她，一狀告上平等機會委員會，找來官僚的女性專員訪查（可

視為對中國電影審查制度的影射）。這兩個女性角色代表了可能的女性主義／衛道者對本片粗口與性暗示情節的反應，而戲謔的劇情使得對影片低俗的指控看來只是無謂的政治正確與小題大作。無論戲裡戲外，影片皆充滿了上述男性中心的性別意涵，不僅迫使女性觀眾只能透過認同男性角色或者自虐地認同女性角色方能獲得視覺快感，更排除了想像女性作為捍衛本土價值的政治主體的可能。

五、宣傳行銷與謝票活動：《低俗喜劇》戲外的（extradiegetic）親密經濟與本土主義

合拍片的成功某種程度預言了本片在香港市場的賣座，接下來將進一步說明本片如何成功創造本土市場的親密經濟。《低俗喜劇》的英文片名為 *Vulgaria*，vulgar 的低俗字義原與草根、群眾以及日常生活息息相關；影片的確也同時具體呈現了文化文本在日常生活中如何召喚本土主義，以及情感／情緒政治與電影市場的關聯，呼應了威爾遜所言公領域影響私人互動與自我認知的論點。威爾遜所謂的親密性包括日常生活，強調其中的社會身分及關係與經濟體系之間的相互影響。依此邏輯觀察香港，不難發現近年中港矛盾往往發生在日常生活的場所（如地鐵、街道、店鋪等），[19] 激進的本土論述如陳雲的《香

---

19 隨著近年中港經貿關係日趨緊密，大量內地旅客赴港消費，香港居民經常在日常生活接觸到內地旅客，雙方的衝突也在日常生活中發生。如因高檔精品名店禁止市民在店門外拍照，卻又容許店內消費的內地旅客拍照，導致網民以社群網站發起「D&G門口萬人影相活動」，號召網民到名店門外

港城邦論》（2011）也是藉由中港經貿往來對日常生活的影響（陸客與內地孕婦等），來挑動排除中國內地的香港本土想像。下文將說明《低俗喜劇》戲外宣傳活動如何透過消費與消遣女性來凸顯影片的「低俗」，塑造一種凝聚觀眾支持的共同社群意識，召喚香港社會對中港差異的想像，藉此區分本土片與合拍片的差異，以求極大化市場價值。彭浩翔與杜汶澤在電影宣傳活動與製作特輯中，[20] 多次強調性與粗口等過往經常出現在香港電影裡的「低俗」題材是港產片、尤其是喜劇片之定律（陳龍超，2012），[21] 也就是低俗代表了香港電影的傳統。而這樣的低俗性在合拍片因應電檢制度和迎合中國電影市場的口味下逐漸消失，因此《低俗喜劇》的製作正是為了重現所謂「百厭」的「香港精神」，[22] 同時反對影響香港電影發展的中國電檢制度。

　　彭浩翔聲稱其電影作品所欲保護的港片精神（低俗）與粵語及粗口密不可分。他說：「我希望能保留『廣東話』在我的作品中。合拍片歸合拍片、荷李活片歸荷李活片，廣東話是

以集體拍照的形式示威（〈2000人圍攻8小時「影」衰D&G〉，2012）。地鐵列車內也曾發生因香港市民指責內地旅客在車廂內進食，結果引發雙方罵戰並找地鐵職員主持公道（〈東鐵車廂食麵 爆中港罵戰〉，2012）。此外，也有網民以「愛祖國，用國貨」為題，在旺角、大埔等內地旅客主要購物點遊行，要求內地旅客返回中國大陸消費，部分活動更傳出示威者與顧客的衝突（龔學鳴，2014；〈大埔拖篋遊行　網民遭掌摑〉，2014）。

20 片商在電影上映前便放在YouTube上、作為行銷之用的短片，有副標為「卡士」、「拍戲」、「粗口」、「瘋狂」、「真人真事」共五篇製作特輯。

21 朗天（2013）認為準確地說，港片有不避俗的傳統。

22 「百厭」是粵語用語，形容頑皮搗蛋的行為。

最值得香港電影人出盡力去保留的文化。」（大秀，2012）這一來是反映香港社會對「撐粵語」運動的支持，[23] 以對抗2011年廣東省政府公告在多種正式場合減少粵語使用、粵語廣播節目需審批等規定，[24] 同時這也具體強調了粵語片是香港電影在中港合拍片與好萊塢影片之外的出路。特別的是，彭浩翔並未沿用周星馳喜劇中著名的無厘頭粵語來表達香港文化身分與本土性，而是企圖透過他認為最市井通俗的粗口來保衛廣東話。彭認為廣東話最有代表性的是粗口，粗口背後展現了文化意識與文化的歷史向度（大秀，2012；Iris，2012）。[25] 在影片的製作特輯中，彭指出電影之於地方文化的重要性，將本片定位為還原粗口在現實生活中的角色，強調一直以來香港電影把粗口刪掉，導致電影對白與日常生活經驗大相逕庭（GoldenSceneHK，2012年7月9日）。

藉由論述中國電影市場所不能出現的粵語粗口，並將「低

---

23 粵語「撐」是國語「挺」、支持之意。由於有廣州市政協建議廣州電視台其中一個頻道改以全普通話播出，有廣州市民於2010年發起「撐粵語」行動，分別於廣州市人民公園、地鐵江南西站A出口舉行集會，會中有人呼口號和唱香港的粵語流行曲，抗議官方的普通話語言廣播安排，並表示對粵語的支持（〈喊「起錨」「收皮」廣州街坊撐粵語〉，2010；〈廣州萬人上街撐廣州話防暴警戒備 便衣警偷拍 80後頂硬上〉，2010）。

24 〈廣東頒布規定限制使用方言〉（2011）。

25 參見Iris，報導中彭浩翔說：「世事往往係咁得意，你愈想宣揚一崇高理想，反而愈要用最市井最通俗方法。呢套戲起因係上年廣州政府要電台減少粵語節目，其實我唔明推廣普通話，點解一定要殺絕其他方言？於是我決定拍一套地道廣東話戲去保衛我文化，而廣東話最有代表性係咩？就係粗口……」（2012：89）。

俗」與香港本土文化緊扣，影片的宣傳策略係透過「低俗」指涉的中港差異，為影片尋找論述香港文化的合理位置。不難發現導演與主要演員一再強調「低俗」不僅代表港片喜劇文化傳統，更是顯現合拍片審查制度缺失的試劑，為反抗中國電影審查制度的手段。杜汶澤在製作特輯中以「低俗」指出「港式喜劇」與內地市場和電檢制度之間的對立：杜強調「低俗」是內地用語，「形容一些內地觀眾所看不懂的港式喜劇」（GoldenSceneHK，2012年7月4日）。後來在本地媒體的訪問中，杜進一步聲稱「低俗是中國共產黨發明的用語」，理由是內地廣電總局官員以「低俗」形容他另一部電影《人間喜劇》中取笑中國製手錶會爆炸的情節（〈低俗源自內地高官口〉，2012）。彭浩翔在製作特輯裡則將電影比喻為試探檢查制度的銀針，他認為現今香港電影的真正危機是變得無趣不好看，歸根究柢是因為受到了北進合拍的箝制；基於近年鮮少香港電影有「純香港」的本土性，所以希望以《低俗喜劇》徹底表現香港電影的「百厭」精神（GoldenSceneHK，2012年7月4日）。換言之，《低俗喜劇》是刻意藉低俗代表瘋狂，而瘋狂象徵自由，以此指控中國國家廣播電影電視總局「人為文化分界主導的審查制度」（Szeto and Chen, 2012: 120）。

　　在影片的宣傳活動中，為了進一步凸顯本片在本地電影市場的獨特性，導演強調合拍片無法真正表現香港文化（Paul Chan，2012）。他指出本片是「在香港呈現其他地方不能呈現的文化故事」（GoldenSceneHK，2012年7月4日），如此的文化故事與所謂「扮港產片」這類合拍片截然不同。彭在謝票活動時諷刺同檔期的《聽風者》：「因為我自己是講廣東話長

大，我特別對用廣東話寫的港產片特別有感情，現在很多電影『扮港產片』，例如找香港明星和導演拍，但一開始是拍國語，然後來到香港再配廣東話，那些其實不是真正的港產片。我們不要講同期的電影，不然會對《聽風者》不公平。」（Paul Chan，2012）拍攝出不能出現在合拍片裡的「純港味」，成為《低俗喜劇》的主要訴求。導演論述本片的「純港味」與合拍片區隔的同時，也標示了本片在本地電影市場的定位。

　　除了媒體的宣傳行銷之外，本片並透過舉辦多場謝票活動，作為與觀眾互動的重要行銷策略，在這些活動中可見電影如何透過觀影的日常活動推動親密經濟，而與觀眾建立親密性的策略則有賴女性身體的情慾化。基於導演與演員以「本土片vs.合拍片」的對立設定「低俗」在電影製作的重要性，電影公司也理所當然以粗口和性題材作為行銷本片時賣弄的喜感。例如，安排片中飾演綽號爆炸糖的演員陳靜在映後的謝票活動裡，發送與該角色關係密切的兩項紀念品給觀眾：她與男性電影人性交時用的爆炸糖和印有女主角露乳溝性感護士裝扮的扇子「事業扇」。雖然紀念品每次都是由陳靜派發，但卻都是由杜汶澤或彭浩翔來說明，介紹過程不斷用同性戀與異性愛來開玩笑。[26]此外，他們特別發給在場情侶爆炸糖，趁機以充滿性暗示的玩笑戲弄情侶。[27]由觀眾於網路分享的謝票會片段來看，觀

26　如介紹「事業扇」時，戲稱印在事業扇其中一面的乳溝線其實是杜汶澤的股溝線，另一面是陳靜的全身照，這可供兩面都喜愛的觀眾於自瀆時使用（ilmc717，2012）。

27　如杜曾向女生說：「用爆炸糖，不管多辛苦都不能放棄，不能隨便吐出來，發生什麼事自己把它吞下去！」（babiescassy，2012）。

眾對此等性玩笑話反應都非常熱烈，讓演員和觀眾打成一片。[28]

　　值得注意的是，劇外的宣傳與映後謝票活動中，該片本土精神的代言人是彭浩翔與杜汶澤，女主角陳靜相較之下十分寡言。即使她在其中一場活動中曾主動回答觀眾關於影片對香港電影業貢獻的提問，認為電影表達不同階級的夢想、具教育意義，但導演對於陳的回答反應冷淡，只輕描淡寫地回應說：「她講的也是啦！但我自己覺得最重要的是港產片的調皮精神……」（GoldenSceneHK，2012年7月4日），接著便自己大談香港精神，忽略陳靜的話語，也沒有讓她多作說明。然而，與觀眾建立親密性的主要策略仍是消費女性身體。如前所述，在多場映後座談與謝票活動中女性成為電影以性為宣傳策略的重點，拉近導演、演員與觀眾之間距離。在這些場合中，男性氣質主導了謝票活動裡的性題材操作，男主角、導演、觀眾不斷戲弄陳靜與女觀眾來炒熱謝票活動的氣氛。

　　除了性題材，粗口也是《低》片謝票活動的重點。此時，導演與男主角的對話大量使用粗口來製造喜感，尤其在諷刺合拍片的對白與日常生活脫節、劇情不合情理時，更是大量使用粗口表達不屑。[29]有趣的是，粗口也成為電影宣傳透過論述地方文化開拓市場的媒介。彭在製作特輯中曾指出廣州、廣西講

---

28 謝票活動一再以戲謔女主角來營造歡樂的氣氛，例如有男性觀眾大喊「Dada〔陳靜英文名〕過來給叔叔抱抱！」杜也戲稱陳靜在這類場合「沒職業道德」，戲裡穿著性感，但在謝票會卻打扮保守（Peterlee123，2012）。

29 如杜罵一位香港導演只關心其電影的內地而非香港票房（Sai Wan Yeung，2012）；嘲笑為迎合內地電檢和市場口味而拍攝的合拍片情節等，都大量使用粗口加強語氣（ilmc717，2012）。

的粗口與香港不同（GoldenSceneHK，2012年7月9日）。片中暴龍使用廣西腔粵語，顯示影片既以粗口劃分香港與香港以外的粵語地區，同時又以香港普遍使用的廣東話想像暴龍這一個同時具有文化親近性與差異性的親密他者。論述這種文化親近性（cultural intimacy）之目的，除了前文分析的再現邏輯之外，另一個目的在於鎖定這群文化親近的他者為本片的觀眾群，吸引他們赴港消費觀影。杜在謝票活動時，曾特別詢問現場是否有觀眾來自廣州，並表示「**其他南中國的觀眾都跟我們一樣，好多年都沒得看香港特色電影……我們國家有好多審批制度，不會讓這種低俗的電影上檔**」（Gloria Lee，2012；強調為本書作者所加）。同樣地，接受媒體訪問時，杜表示廣州人與香港人文化非常接近，彭也表示粵語市場非常大，[30]《低俗喜劇》「都依靠了廣東省自由行來看」（〈粵語片重生　全靠自由行？〉，2013）。然而，此處的南中國與粵語市場的親密性想像是以對廣西的輕視、以及自身的相對優越感為基礎。杜在某場謝票活動中曾詢問是否有來自廣西的觀眾，有觀眾表示來自廣州後，他接著說：「有也不敢承認吧?!」（GoldenSceneHK，2012年7月4日）。由此觀之，本片的宣傳試圖以粗口操作粵語產生喜感，藉此界定粵語文化市場區域，強調地緣與文化的親密性，試圖提升香港本土電影在地方語言市場的產值，然而如此的粵語市場想像隱含了區域發展造成的文化位階差異。

　　當影片對南中國觀眾行銷時，粗口的粵語文化自然而然成為建立粵語市場親近性的媒介；而對香港人行銷時，則強

---

30 關於香港電影作為方言電影，參見Pang（2010）。

調「低俗」所象徵的「香港精神」，召喚香港觀眾的本土社群
想像。「低俗」成為動員支持本土社會的政治理念，從中形塑
本土社會的共同連結，並試圖由個人的親密關係著手，從根
本的社會連帶推動對《低俗喜劇》電影票房的支持。導演在
其Facebook貼文中，提及他對所謂「香港精神」做的犧牲：
為說服投資者放棄於中國市場上映，願意減片酬和壓縮拍攝時
間，只為堅持「打壓低俗是剝削言論創作自由的下斜坡……
香港電影不應只有一種顏色，口徑與聲音」。[31] 在他和杜的謝
票活動中更將此香港精神的拍片理念轉化為宣傳的語言，向
觀眾表示「要相信香港人有智慧」、「告訴觀眾港產片仍然是
很好笑」（GoldenSceneHK，2012年7月4日），並邀請觀眾支
持香港電影，將影片推薦給身邊的朋友、同學、同事與家人
（ilmc717，2012）：「讓投資者相信我們香港人還是很喜歡看電
影的！」（GoldenSceneHK，2012年7月4日）。彭與杜的談話
內容反映了影片創作者賦予「低俗」保衛本土文化的使命，呼
籲觀眾從自身的親密和私人關係著手，宣揚《低俗喜劇》對本

---

31 全文為：「香港本土性當然不只有低俗，但在審查與經濟大前提下，港片
忙於削足適履迎合大時代，低俗重口味紛紛第一時間拋出飛機。我認為香
港精神是多元與言論自由，因此人棄我取集中補白。你認為低俗是垃圾，
我認為打壓低俗是剝削言論創作自由的下斜坡。確實，我不過小聰明，有
大智慧的，許多都忙著北上專心合拍片。為說服老闆開拍在拍前已先放棄
13億市場上映（只是放棄上映而不是放棄觀眾）的電影，我自願減片酬，
拿原來拍合拍片的1/3酬勞，把製作壓縮到12天完成。只因我認為香港電
影不應只有一種顏色、口徑與聲音。對不起，我成長的環境，教會我不該
為了生活安逸而閉嘴，我不反對合拍片，但我反對香港只有合拍片。」（彭
浩翔，2013）

土文化的重要性，票房因而成為觀眾支持本土文化的象徵。

　　《低俗喜劇》的宣傳活動與映後活動可謂具體展現了親密經濟的操作方式，顯示並非有社會關係就會自然形成親密經濟，親密經濟的成形需要感覺結構的中介。《低俗喜劇》宣傳所強調的「低俗」，讓電影成為想像本土文化的媒介，從中再現社群內共同的親密連結，將香港社會近年盛行的本土文化置放在《低俗喜劇》戲內的內容與戲外的活動中。影片利用了香港目前方興未艾的本土主義意識形態來召喚想像共同體的社會連結，動員本土主義及其情感政治，將私人感情連結到地方認同，使觀影成為支持香港本土主義的行為，從而創造親密經濟（票房收益、市場價值）。值得思考的是，劇中對合拍片的態度模稜兩可，戲外彭浩翔的說法也有矛盾之處。宣傳活動中雖然一再強調影片的正港本土性與批評中國檢查制度，凸顯本片隱含的政治目的。然而，有時又回到為藝術而藝術的論調，聲稱「低俗」產生的電影搞笑效果只是博君一笑的「小聰明」：「電影本身就是小聰明，如果拍電影是為了說大道理，不如幫忙推動香港的民主發展。」[32]看似前後不一致的態度反映了本片的政治意圖與行銷策略難分難解。正如朗天（2013）所言：「你說我低俗，粗製濫造，我便粗拍……低俗給你看，而且以此為包裝、招徠。所謂只拍給港人看云云，也是推銷手法，明白彭浩翔的，自然知道他從未放棄內地市場，只是他更懂曲線賺錢，名利雙收。」另一方面，彭浩翔的擺盪也正凸顯了香港電影北進的難題，亦即：如何保有本土身分又同時兼顧市場利益？有

32　參見GoldenSceneHK，2012年7月4日。

別於過往北進以中國市場為主要目標的中港經濟合作模式，本
片轉向思考利用中資訴求香港本土市場的可能性。彭浩翔並非
主張放棄中港合作，而是試圖讓合拍片回歸過往港產片的特
質，訴求在地親密經濟，作為香港電影產業維持本土性及經濟
利益的一種可能出路。

六、結論

　　無論在歷史的發展或區域化經濟的連結下，中港之間的往
來互動無可避免越趨頻繁，如此密切的關係產生了緊密相連與
拒斥厭惡的（中國）他者身分。《低俗喜劇》運用珠三角的地
緣脈絡與性別政治，藉由「低俗」的劇情安排和宣傳手法，塑
造了一個在經濟上緊密合作，但又在文化論述上劃清界線、被
香港排斥的親密他者。本片以親密關係想像中港合拍片，一面
顯示必須尋求中國資源，為香港電影製造更多發展機會，一
面又傳達必須反對這個讓香港本土身分失去尊嚴的中國霸權。
影片既將此他者定義為粗鄙低下，又想像與親密他者合作的可
能，抗拒他者之際仍追求持續進行合作關係。這樣的影像再現
具體顯現了香港社會面對中國影響的兩難。

　　香港與南中國一方面具有語言文化的親近性，但影片又將
廣西再現為與香港現代文明有巨大落差的化外之地。如此在相
似中彰顯差異的再現手法，傳達的不僅是珠三角區域文化的共
同性，更是其差序性（cultural hierarchy），以此維持香港在區
域文化中的優越地位。在這個意義上，本片戲內戲外的本土主
義與其說是為了反抗中國、捍衛香港主體性，不如說是鞏固香

港在珠三角區域文化中的領導位置，以維繫自身經濟利益的商業策略。

第六章

出生公民權的文化政治
內地孕婦與女性主義的人道敘事

　　自2003年起，中國推行《內地與香港關於建立更緊密經貿關係的安排》（CEPA）促進中港貿易合作，兩地政治經濟連結愈發緊密，人口流動愈見頻繁。雖然密切的經貿互動可能促使香港的經濟更為繁榮穩定，各種新的連結互動亦同時造成港人的焦慮，認為特區政府已經難以掌控中港邊界，港人利益因而受損。晚近最能凸顯香港所面臨的治理挑戰與中港複雜的邊界政治的例子，莫過於人口流動問題。自1999年開始的居港權事件到援引2001年莊豐源案而生的人口政策，造成為數眾多的內地孕婦赴港，相關社會爭議一路延燒，直到2012年特區政府正式宣告禁止丈夫非港人的內地孕婦赴港產子才暫為落幕。為了說明過去20年來香港人口政策的意涵，以及公民權論述如何有助於理解香港回歸中國後，資本邏輯與治理邏輯之間的矛盾衝突，本章將深入剖析自2001年以來湧現的生育觀光所衍生的內地孕婦再現的爭論以及其中的情感／情緒政治。

　　本章以女性主義地緣政治學作為分析取徑以及探討跨界生育的理論依據。女性主義地緣政治的研究致力於將知識脈絡化，並從多重尺度的觀點來看待安全性（security），以此挑戰主流的地緣政治敘事。由如此的理念出發，本章聚焦香港的內地孕婦案例，首先分析主流論述的論述機制如何將內地孕婦視為帶來經濟利益卻造成社會問題的「意外訪客」（accidental visitors），進一步重新思考地緣政治學中與安全、邊界及公民權有關的概念。接著討論《是她也是你和我：來港女性訪談錄》（以下簡稱《訪談錄》）。本章將論證不論是政府帶有偏見的人口政策抑或將內地人視為蝗蟲的再現論述，皆未能完整地呈現內地孕婦的處境與經驗。而《訪談錄》則提供關於跨界婚

姻以及生育權的另類觀點，不僅呈現了主流地緣政治論述所造成的效應，亦演示了期待香港社會可能形成的社會承認與連結，即使這些連結與認同尚未堅實穩定。除此之外，本章亦將分析《訪談錄》的敘事策略與情感／情緒政治，彰顯如此一個以同情與同理心出發，試圖接納香港社會邊緣主體，從而建立新移民與港人互信機制的女性主義方案所面對的再現挑戰。

一、女性主義地緣政治的批判取徑

為了挑戰傳統政治地理學隱含的巨觀、以男性為中心的「全視」觀點（all-seeing view），地緣政治理論多半採用後結構、非體現批判形式（disembodied critical form）；女性主義地緣政治學者不僅致力於強調性別政治問題對於政治地理學的重要性，更力圖建立強調處境知識以及體現知識（situated and embodied knowledge）的架構，將關於安全、跨界、公民權等地緣政治議題視為在身體、家戶、經濟市場，乃至國家等不同尺度上的互動。女性地緣政治學因此可被視為「一種批判的取徑，以及一套因狀況而異，在多重尺度（包含國家但不限於國家）運作的政治實踐」（Hyndman, 2003: 4）。

諸多女性主義地緣政治的研究特別關注跨界移動的議題，也就是尺度的運作與建構以及公民權的空間性（Walton-Roberts, 2004; Silvey, 2004）。此類研究探討國家及其他尺度的政治經濟因素促成的「移動的地緣政治」（Hyndman, 2003），揭露個別的性別主體如何回應加諸己身的地緣政治實踐，以此跨越個人與地緣政治之間的鴻溝（Silvey, 2004）。如此的思維

或說明了公民權乃是國家、市場以及公民社會之間的互動，或呈現出女性在多重尺度下反抗壓迫與剝削的政治過程，而非僅是個人與國家之間的關係（Staeheli, 2011; Yuval-Davis, 1997）。

就方法論而言，女性主義地緣政治學最重要的政治企圖之一即是關注體現的知識（embodied epistemologies），也就是認為「知識是來自某處的片面觀點」（Hyndman, 2004: 309），強調以批判的角度檢視當前居於主導地位的地緣政治學論述。學者們引用對照的敘事來凸顯，地緣政治腳本所規範的理解安全以及世界秩（失）序的方式之不足，便在於欠缺考慮平凡人的安全或者地緣政治受害者的敘事（Hyndman, 2004）。如德比里所言（Simon Dably），地緣政治學就是關於不同的故事以及空間的文化再現的衝突（1998: 297）。戮力彰顯那些被主流地緣政治學文獻隱藏、壓抑的觀點是女性主義地緣政治學長久以來的核心關懷，學者透過討論各式各樣的文化文本，諸如作家的非小說類書寫（Brickell, 2012; Tyner and Henkin, 2015）、新聞報導（Hyndman, 2004）、民族誌研究（Hiemstra, 2012; Casolo and Sapana, 2013）以及訪談（Smith, 2009）等等，嘗試提出另類的想像來挑戰主流地緣政治敘事的預設與主張。

本章受女性主義地緣政治學的啟發，以內地孕婦的移動為例，細究官方的地緣政治論述如何利用「意外公民」（accidental citizen）的比喻來討論公民權的議題及其操作上的邏輯，以此揭示港府在跨界生育觀光相關的移民政策的意義與影響。為了更具體地解讀內地孕婦及其背後的政治意涵，文章首先檢視香港將內地孕婦比喻為「蝗蟲」，如此帶有種族、性別偏見的語言修辭如何排除內地人為「意外的他者」，繼之聚焦香港居民

的內地配偶的訪談故事，作為主流地緣政治敘事的對照。因生育觀光造成的醫療服務商品化影響了這些內地配偶的生育權，而將內地孕婦貶為蝗蟲的修辭學，並未將單非孕婦與雙非孕婦（配偶非香港居民）區分開來，暗指她們與雙非孕婦一樣是不可靠的中國人，而非自己人。

二、香港出生公民權的脈絡

　　1999 年與 2001 年港府兩度面對出生公民權爭議的治理危機。1999 年居港權爭議的重點在於港人內地子女是否擁有居港權。當時終審法院與港府對於《基本法》的居港權定義有不同詮釋，終審法院裁定港人內地子女無須經由內地政府機構審批即可獲居港權。[1]此決議撼動了兩地政府對居港權的論述權，以及中央政府的審批權。面對港人內地子女造成的公民權治理衝擊，港府之後於 1999 年 5 月提請全國人民代表大會，就《基本法》對居港權的定義進行釋法，重新規範港人內地子女的居留權仍採行配額制，讓政府的入出境制度重新操控居港權。兩年後的莊豐源案，終審法院判定父母雙方皆非香港永久居民者在香港所生的子女擁有居港權。此案裁定後內地孕婦來港跨境生育的人數明顯升高，配偶非香港居民之內地孕婦，亦即所謂「雙非孕婦」大量湧現。然而，相較於 1999 年的案例，此時港府不再向北京求助，而是透過人口政策與論述來因應內地孕婦

1　關於提請中央人民政府協助解決實施《中華人民共和國香港特別行政區基本法》有關條款所遇問題的報告，參見董建華（1999）。

港生子女的意外公民權。

值得注意的是，內地孕婦作為新興社會主體體現了經濟利益與人口治理之間的協商與衝突。奈爾斯（Peter Nyers）藉由「意外的公民」概念探討出生公民權政治主體之複雜意涵。911之後美國積極反恐，移民政策緊縮，在此趨勢下，意外公民權的定義一再被用來貶抑因屬地主義取得身分的公民（如「錨孩子〔anchor baby〕一詞」）（2006: 24）。奈爾斯借用維希留（Paul Virilio）的「意外」概念分析公民權的政治主體，以屬地主義說明公民權的再製與撤銷涉及意外性的論述策略和技術。意外的公民權將非本地父母所生之子女定義為意外的政治主體，所謂「意外」隱含「出於偶然、不純正又可能對常規帶來災難性的例外。意外的公民是有名無實（非必要的）、短暫無常（非恆存本質）、具危險性（不可欲的）（undesirable）」。如此的定義可合理化公民權的撤銷。換言之，意外的公民實為「相對於純正公民（essential citizen）的賤斥對應（abject counterpart）」（Nyers, 2006: 24）。此概念所凸顯的，並非公民和非公民的對立，而是被認定為不可或缺的純正公民與被貶抑為意外且可有可無者之差異。當擁有出生公民權者被界定為意外的他者，那麼個人與出生地的連結便可輕易被切割，公民權也就不再自然與先賦。

如果我們回到香港的狀況來看，當時的特首董建華回應1999年居港權的說詞呈現了「意外」的修辭如何用來合理化特區政府的人口政策：

新移民來港將為香港帶來巨大壓力……因此而引發的社

會問題和後果將會嚴重影響香港的穩定和繁榮，是香港無
法承受的⋯⋯因面對的情況非常特殊，在不得已之下才作
出此決定〔請全國人大釋法〕（董建華，1999）。

綜觀此時港府的應對策略，是透過對意外公民權的重新界定化
解危機，消解（unmake）港人內地子女的居港權。這種「例
外」（exceptional）之說，視港人內地子女為不受歡迎的公
民，認為他們拖垮了人口素質與生活水平，因此需要以限定配
額的方式核發永久居留權。特首「不得已」的決定實是以貶抑
論述（pejorative discourse）指出港人內地子女對於香港社會產
生的意外後果。以香港的利益為著眼點，意外的公民是社會的
負資產，必須排除於外。換句話說，港府拒絕承認港人內地子
女享有居港權，意外的說詞不僅賦予政府行使例外行政措施的
合法性，亦使港府重新掌握出生公民權的論述權。

　　有趣的是，到了2011年，當時的特首曾蔭權在施政報告
中提出了理解「意外公民」的新說法：

　　我必須強調，政府並非鼓勵內地婦女來港產子，但這些
　港生兒童是香港永久居民，我們要正面看待他們，培育為
　有利香港的人力資源。為此，我們必須在相關的公共服務
　作好規劃，對來港定居或就學兒童的數字有更好的掌握
　（曾蔭權，2011：12）。[2]

2　〈繼往開來〉，《二〇一一至一二年施政報告》，參見曾蔭權（2011）。

對照先前董建華的例外之說，曾在此以投機（speculation）的邏輯指出港人應分別看待內地孕婦與其港生子女，雖然不鼓勵內地婦女來港生育，但需將其港生子女視為潛在利益，可能提供香港高齡化社會所需的人口新血。港府利用人口政策的論述，以「出生地」區別內地孕婦與她們在香港出生的子女，試圖藉由母子分離（排除內地孕婦但接納其港生子女）的治理方式，緩解香港社會對內地孕婦問題的不滿。而此處所謂「有利」的意義，不僅是表面的人力資源來源，更是曾蔭權沒有明白指出的跨境生育收益。

三、內地孕婦：非符合資格人士與生育觀光消費者

　　探討香港的跨境生育觀光市場的形成之前，必須先釐清香港本地醫療資源如何與以營利為前提的觀光市場嫁接，使得非符合資格人士（non-eligible person）能以消費者的身分進用醫療資源。事實上，市場邏輯與醫療資源分配的關係，一直存在於香港的醫療系統中。周翠雯與余偉錦（Chau and Yu, 2003）指出，奉行不干預（laissez-faire）政策的香港政府，向來以剩餘主義（residualism）和市場原則（market principle）處理醫療服務（199-200）。究其歷史，二次大戰後港英政府原無意為香港社會提供公共福利，直到六七暴動後，為平息當時社會對殖民政府的不滿，港府於70年代開始提供社會救助、公共房屋等福利政策，並於1974年加強公共醫療服務（202）。目前香港的醫療系統主要奠基於所謂「雙醫療經濟」（dual medical economy），亦即由政府補貼的非營利（non-profit）機構和政

府直接管理的醫院提供超過92%的臨床醫療服務，另由私人診所提供76%的非臨床服務（R. Chan, 2011: 18-19）。雖然港英政府提供大部分的臨床醫療服務，但政府再三強調滿足人民醫療需求的政策有其補助性質，面臨公共醫療經費上漲時，也一直以「用者自付」（user pays）為由漲價，說服公眾接受醫療收費的調整（Chau and Yu, 2003: 202-203）。特區政府成立後，金融風暴等經濟衰退現象造成財政赤字，更促使政府提出醫療改革以刪減醫療開支（203-204）。2002年提出增加個人醫療收費，同時表示日後將讓有需要的使用者負擔較高的醫療費用（204）。另一方面，改革亦試圖強化市場邏輯在醫療資源分配的重要性（206）。透過剩餘主義和市場化的操作，香港政府自視為資本市場的守護者，對醫療服務的發展扮演舉足輕重的角色。

港府以「用者自付」的說詞強調剩餘主義與市場化對醫療收費重要性的論述，指向了醫療福利的政治性，在於醫療資源長期面臨分配原則的爭議問題。陳國康（R. Chan, 2011）的研究指出了問題的癥結。香港醫療系統的最終決定因素是社會價值（societal values）。然而現行系統將納稅者與使用者兩分──支撐公共醫療系統的付費者主要是前往私立醫院消費的中上階層，而享用公共醫療資源的則為納稅較少的中下階層。這最終導致納稅者與使用者之間的對立，尤其在金融危機之後，中產階級開始對於支付更多稅款來支撐醫療補助或醫療保險益發不滿（23）。在社會缺乏凝聚力，公民對政府治理的公平性有所懷疑之際，醫療福利政策造成的社會價值衝突也就越發激烈。

　　陳國康透過醫療財政改革分析醫療資源分配的政治性，指出醫療資源分配與政策涉及「納稅者」和「使用者」的社會位階與價值分配。前任特首曾蔭權以「把握粵港合作的機遇」為由，推動包括醫療產業在內的六項優勢產業的案例，可供我們進一步討論上述「納稅者」和「使用者」的社會關係——亦即，當使用者並非本地公民而是跨境而來的消費者時，「用者自付」的說詞是否足以說服大眾接受市場邏輯作為公、私立醫療資源分配的原則？又可能造成怎樣的社會價值衝突？曾蔭權2009年的施政報告中，針對醫療產業發展的說法是：「香港有能力吸引周邊地區居民使用本地的醫療服務，內地居民來港日益便利，為香港的醫療服務提供客源。政府繼續提供土地，推動私立醫院的發展，並鼓勵公私立醫療機構合作。」[3]他將醫療服務視為產業，顯示醫療服務的客源已經延伸至本地公民範圍以外的「周邊地區」，尤其強調「內地旅客」此一「客源」，讓內地居民以消費者的身分進用香港本地的醫療資源。換言之，跨境流動的開放產生了香港與中國內地之間的地緣親近性，內地旅客成為醫療市場重點開拓的客源。有鑑於此，特區政府決定推動私立醫院的發展，亦於同年底批出四處土地興建私立醫院，並考慮讓私人土地改作醫療用途。[4]曾蔭權出任兩任特首以來，私立醫院的病床數由2006年的3,122張上升至2012年的約4,000張，加上任內批准3所現有私立醫院擴建或重

3　〈曾蔭權：發展六項優勢產業〉（2009）；〈內地孕婦使用本地產科服務〉（2012）；〈研究內地與香港特區家庭事宜小組委員會報告〉（2012）。

4　〈撥四幅土地建私家醫院〉（2009）。

建，工程完成後讓私立醫院病床由原來的 4,000 張增加到 4,910
張，增幅約 1/4。[5]雖然輿論普遍認為曾蔭權推動的醫療產業發
展的成效有限，下一任特首梁振英任內甚至將前朝批出的一處
私立醫院土地改為住宅用地，但隨著赴港產子的內地孕婦人數
不斷增加，曾蔭權強調的邊境開放所帶來的地緣親近性，的確
為當時香港私立醫院帶來可觀的收益。

　　隨著內地孕婦以消費者的身分使用香港醫療資源，香港醫
療服務對象除了包含納稅者和使用者在內的本地居民以外，也
透過「用者自付」的市場邏輯，重新定義醫療服務系統內的
「消費者」身分，讓香港醫療市場跨境涵蓋中國內地的非符合
資格居民，中國內地亦隨之成為香港醫療產業化的重要市場。
為了化解這類消費者不符合資格的身分爭議，香港政府引進私
立醫院的收費標準來合理化不符合資格的「消費者」之進用權。

　　港府將香港／內地孕婦分為「符合／非符合」資格人士，
並在如此的分類基礎上收取不同的生育費用，藉此重新分配醫
療資源──香港孕婦擁有公立醫院生產的優先權，內地孕婦
則須負擔高額的私立醫院費用。非符合資格人士產婦原指所謂
「雙非孕婦」。但 2003 年公布的「人口政策專責小組報告」建
議應規定只有在香港住滿 7 年的永久居民才有資格享用公共醫
療服務，並優先針對雙程證持有人實施這項限制（人口專責小
組，2003）。醫院管理局（以下簡稱醫管局）也依據報告書的
建議，修訂符合資格人士的條件，定義港人內地配偶如使用雙

5　〈公營及私營醫療服務的角色及發展〉（2013）；〈本港私營醫院的發展〉
　（2012）。

程證且居港不滿7年者為「非符合資格人士」，並調整每日的
公立住院費用。[6]

　　相對於純正公民的香港居民，內地孕婦是不具享用香港公
共資源權利的外來者。「非符合資格」人士的身分合理化了政
府對醫療服務資源的治理措施，包括公私立醫院分流的價差制
訂與配額制度，此舉又間接造成了醫療資源分配的市場化，使
內地孕婦成為生育觀光的消費者。2005年起港府以市場成本取
代政府補貼機制，大幅調漲「非符合資格」人士使用公共醫療
服務的費用。提出「確保本港孕婦可在公立醫院獲得妥善的服
務」（〈醫院收費—非符合資格人士和私家服務病人〉，2005：
段落6〔A〕）之說，將公立醫院非符合資格產婦的產科服務費
用提高至20,000元，強調這是以實行回收成本的原則所實施的
收費標準（〈醫院收費—非符合資格人士和私家服務病人〉，
2005）。2007年更以「減低非符合資格人士產婦不接受產前檢
查的誘因」為由，將內地孕婦於公立醫院分娩的費用區分為定
價39,000元的預約價和48,000元的未經預約價。醫管局明白指
出，收費的標準「參考了私立醫院的收費，包括私家醫生的
收費，使非符合資格人士不會受較低收費吸引而選擇使用公
立醫院」（〈研究內地與香港特區家庭事宜小組委員會報告〉，
2012：段落8）。

6　關於醫院管理局對（非）符合資格人士的定義，詳見〈立法會十六題：非
　　符合資格人士使用公營醫療服務〉（2012）。相關報導亦可參見〈無標題
　　〔2007年4月30日衞生事務委員會「進一步討論配偶為香港居民的非符合
　　資格人士的產科服務收費」特別會議討論文件〕〉（2007）以及〈非本地婦
　　衝急症今起收9萬〉（2012）。

　　分娩收費之調整促成了內地孕婦的分流治理。一方面，港府縮小公、私立醫院收費的差距，以鼓勵內地孕婦前往私立醫院分娩。同時，公立醫院未預約價所額外徵收的9,000元亦促使內地孕婦選擇較便宜的「預約入院」，減少未經預約而前往公立醫院分娩的機率。換言之，港府的治理政策是以價差控制「誘因」，減低公立醫院對內地孕婦的吸引力，透過減少公私立醫院分娩收費的價差，將內地孕婦分流至私立醫院。這項政策造成前往私立醫院分娩的內地孕婦人數大幅上升。[7]除了以「非符合資格人士」之身分否定內地孕婦使用公共醫療資源的資格，並藉縮小收費差距鼓勵其至私立醫院，港府更從2008年起數度宣布暫停公立醫院接收內地孕婦，且分別對公、私立醫院設立配額，[8]限制她們前往公立醫院分娩。限定公立醫院接

7　政府統計數字顯示，2002年有8,506名內地孕婦赴港分娩，其中8,200名前往公立醫院。港府於2005年9月和2007年1月分別調漲公立醫院對非符合資格產婦的產科服務收費後，雖然整體前往香港分娩的內地孕婦人婦仍由2005年的19,538人大幅上升到2006年的26,132人和2007年的27,574人，但其中前往公立醫院的內地孕婦人數不升反降，由2005年的13,826人減少至2006年的11,945人和2007年的8,627人（〈配偶為香港居民的內地婦女使用本地產科服務〉，2012）。

8　醫管局於2008年8月以「預留足夠名額予本地孕婦」為由，宣布公立醫院暫停接受內地孕婦預約9至12月的分娩服務（〈公立醫院暫停接受非本地孕婦預約分娩〉，2008）；接著在2009年10月、2011年4月再次宣布暫停內地孕婦預約該年公立醫院的分娩服務（〈公立醫院暫停接受非本地孕婦預約〉，2009；〈公立醫院停止非本地孕婦預約今年分娩〉，2011）。2011年6月，食物及衛生局長周一嶽公布與私立醫院就2012年的內地孕婦配額達成共識，公立醫院僅收3,400名內地孕婦，私立醫院則收31,000人（楊玉珠，2011）。而梁振英於2012年3月當選為候任特首後，宣布2013年雙非來港

收內地孕婦名額的政策將公立醫院的內地孕婦分娩人數控制於10,000人左右。以2011年為例，赴港分娩的內地孕婦中，只有10,481人前往公立醫院分娩，有33,465名選擇了私立醫院（〈非本地孕婦港分娩的最新安排〉，2012）。

　　公私立醫院資源分流是港府管理跨境生育的具體作為，但以市場的邏輯來分配醫療資源的結果，使得內地孕婦只要負擔得起私立醫院的高額收費便可在港生產。換言之，分流的結果並未真正大幅減少跨境生育，[9]反而間接促使內地孕婦持續湧入。如此一來，內地孕婦為香港的觀光業、面臨出生率下降危機的香港婦產科，皆帶來高度的發展潛力，也連帶帶動相關機構、臍帶血與婦產科產業的興起。[10]香港和珠三角的相關產業陸續推出所謂「一條龍」（one-stop）與「套餐服務」，從中獲得可觀利益。

　　「一條龍」與「套餐服務」皆是觀光旅遊的語言，內容即是生育觀光的具體操作方式。在此過程中，內地孕婦是生育觀光的消費者，出生公民權則是可供交易的商品。「一條龍」主要是指珠三角的仲介或醫療機構與香港醫院合作，負責安排打點內地孕婦到港生產的整個流程，包括向香港醫生預約產檢、確認訂金與交付流程、安排通關及在港的交通工具與旅宿、入

分娩的配額應為「零」（陳正怡、張聲慧，2012），亦即不再接受內地孕婦赴港分娩，這也使得公私立醫院在2013年均停止內地孕婦的預約。

9　參見〈內地孕婦赴港生子新政今起實施 費用高達9萬元〉（2007）。

10 香港某私立醫院的護理長A女士受訪時表示：「香港的生育率很低，我們（婦產科）必須指望內地孕婦。如果沒有這些內地孕婦，我很早以前就要退休了。」（田野筆記，2011）

院報到、申請出生證明及回港證與回鄉證等，並在孕婦產子歸國後寄回相關文件檔案。[11] 例如，深圳和美婦兒醫院宣稱與香港在地醫療諮詢公司密切合作，提供專業醫護人員陪同內地孕婦經歷全部流程。除此之外，他們經香港婦產醫院認可，可提供港醫診療服務的優先登記權。[12] 這類「一條龍」服務從公寓套房、醫院產房到接駁車，皆提供經濟型、豪華型與總統級等不同價位選擇。[13] 例如，有媒體報導內地孕婦所租用的香港公寓，有人員前往打掃，提供「好似酒店一樣」的服務，供孕婦赴港分娩坐月子之用（梁美寶，2011）。有些保險代理人更積極擴展服務，除了幫忙內地孕婦預訂產房，也同時推銷產婦投資下一代的教育基金（〈探射燈：保險代理攻占入境處拉客〉，2012）。透過仲介與醫療機構提供的一條龍服務，內地孕婦的消費者身分中介、連結了醫療中心、旅遊住宿、產後護理、保險與其他相關產業。

　　除了仲介業者的「一條龍」之外，類似的套裝服務亦出現於香港公、私立醫院的產科安排中。港府規定非符合資格人士來港生子，必須接受所謂套餐式的產科服務，亦即三天兩夜的分娩消費項目，包括一次產前檢查服務、分娩服務以及普通病房首3日（即留宿兩晚）的住院服務費用。一方面是為了確保公立醫院的「合理回收成本」（嚴敏慧，2011），再者是聲稱有內地孕婦深夜闖進公立醫院急診室，生產後便自行出院，3

11　參見仁安寶貝（無日期a）。

12　參見深圳和美婦兒醫院（無日期）。

13　參見仁安寶貝（無日期b）。

圖1　福州的赴港產子一條龍服務廣告

資料來源：胡貴、錢小敏、藍倪（2010）。

天的住院期間可減少產後併發感染的風險（劉慧卿，2011）。
如此的法令賦予醫院販售生育觀光套裝行程的正當性。產科服
務與消費的結合，讓私立醫院拓展跨境生產的市場活動，成為
婦產科重要的收入來源。於是可見香港的私立醫院紛紛提供客
製化生產的服務。以仁安醫院為例，產科服務包含了「瑤柱蛋
白薑飯」、「產後護理指導雷射光碟」等產後護理，[14]孕婦更可
透過額外付費指定生產時間。[15]隨著私立醫院提供越來越多無關

14　參見仁安醫院（2011）。

15　本章的兩位受訪者 A 女士（香港某私立醫院的護理長）與 B 小姐（來自廣
　　東的雙非孕婦）皆表示，能夠挑選吉時生產是內地孕婦選擇在香港生產的
　　主要理由之一（田野筆記，2011）。

醫療的服務，內地孕婦不僅需付出更高的費用，也讓套餐服務超越了所謂「回收成本」以及確保生產安全的保證，走向更為觀光化的趨勢。總體而言，港府近10年的治理政策促使多數內地孕婦前往私立醫院生產，但此舉並未有效遏阻跨境生育，而是推動生育觀光的發展。旨在保護公共資源的治理政策，實際上促進了商業利益的積累。

　　如上所述，官方採行的治理政策中對「非符合資格人士」的規定隱含了市場邏輯。特區政府以「用者自付」的市場消費邏輯重新定義「內地孕婦」的進用權，除了為私立醫療市場帶來可觀的收益，其跨境流動的操作也讓醫療福利的政治性變得更複雜。在公民身分的邏輯裡，邊界劃分了「本地人」（符合資格）和「境外者」（非符合資格）的使用者身分定義，為醫療資源的分配提供了進用權的規範。前文提及關於納稅者和使用者之間的對立，基本上是就「本地人」的資格來看醫療福利的分配所隱含的階級利益衝突。但隨著邊境開放並讓香港境外的內地孕婦以非符合資格人士的身分赴港分娩，生育觀光帶來的跨境消費者身分，讓原來不符合在港生育資格的內地孕婦獲得赴港分娩的權利，以較本地居民高昂的費用，指認其原來在公民邏輯中的「不符合資格」身分。換言之，內地孕婦既是香港政府就公民權定義下的不符合資格者，亦是資本主義邏輯中合法的跨境消費者，這使得內地孕婦的醫療資源進用資格變得矛盾曖昧，也因此難以定義其社會價值以及對香港的貢獻。當然，除了內地居民之外，也有其他國家的居民因異地通婚等原因赴港分娩，這些外地人同時是以非符合資格的身分，繳付較本地人高昂的費用，享用香港本地的醫療資源分娩。那麼為何

只有內地居民跨境赴港分娩，似乎才引起醫療福利使用資格上的重大爭議？這涉及了政權移交中國後，香港社會與中國政權之間的政治分歧，影響本地社會普遍質疑特區政府治理中港跨境流動的合法性，其中包括醫療資源的分配。如此的張力同時反映在民間對跨境生育的態度上——當特區政府以市場邏輯合理化不符合公民身分的內地孕婦赴港分娩的權利，香港社會的回應是藉由文化公民的身分否定內地孕婦的消費者資格。

　　換言之，除了經濟邏輯，對於意外公民的想像亦涉及排他政治與打造新興社會主體的階序差異。上述的治理政策顯示了經濟論述如何將意外公民權自然化為政府控制的商品。仔細來說，香港內地孕婦論述的核心是文化公民權的邏輯。此處所言之文化公民權乃援引人類學家的研究，意指取決於主流文化標準的歸屬方式（Ong, 1999）。羅麗莎視文化公民權為奠基於約定俗成的集體情感與文化邏輯所形成之主體化及伴隨的吸納與排除機制，進而決定社會是否接受尋求加入其中的外來者（Rofel, 2007: 95）。在分類定義公民權時，香港政府與媒體皆挪用了文化歸屬與道德論述來再現他者，借用道德權威來貶抑非符合資格孕婦並切割其與香港社會的緊密關聯。正如普拉特（Geraldine Pratt）所言，母性論述通常是在高度道德與倫理的框架底下運作（2009: 3）。這類貶抑內地孕婦的論述往往圍繞著「有問題的母親」如此的刻板形象。舉例而言，前述「非符合資格人士」必須接受公、私立醫院的分娩套餐服務的規定，以及提高未經預約至公立醫院急診生產的費用，政府均以確保孕婦母子安全為由，間接暗示了內地孕婦無視生產的風險與自身及子女的安危，是不負責任的母親。媒體報導更直接將內地

孕婦的形象再現為臨盆急衝急診室、規避產檢、投機大膽，譴責她們隨性魯莽、缺乏生育常識，為了爭取香港公民權更可能不顧生產安全與胎兒健康。如此冒險的結果不僅容易生下有缺陷的嬰兒，亦可能危及醫護人員的安全，因而被媒體視為香港醫院沉重的負擔。[16]

　　值得一提的是，原本以消費邏輯主導的治理語言中，並不強調非符合資格人士之「內地」身分，內地孕婦僅是在使用者付費的原則下，因其非符合資格之身分，必須以高價購買香港之醫療服務。然而，作為消費者的孕婦，其身體仍受港府的管理與規範，當政策需要合理化對孕婦生命政治的監控時，內地孕婦的身體與身分指涉便以貶抑的形象出現。舉例來說，上述2007年大幅調漲收費的說詞是「減低非符合資格人士產婦不接受產前檢查的誘因」（〈醫療收費〉，無日期：段落丙），對於沒有預約而經急診入公立醫院的非符合資格人士，政府以「防截外來孕婦，在臨盆一刻才趕到急症室求診的危險行為」為由（〈婦產服務和入境新措施細節公布〉，2007：段落2），規定必須繳交48,000元。醫院的套餐服務政策的訂定則是由衛生福利及食物局在立法會衛生事務委員會會議上提出，指出有非符合資格產婦午夜到公立醫院的急診室求診，之後違反醫生勸告，在嬰兒出生後立即出院，導致分娩過程出現併發症的風險大為增加（〈醫院收費─非符合資格人士和私家服務病人〉，2005）。雖然官方並未提供未接受產檢或者產生併發症的孕婦人數，但政策明白指出外來孕婦在港消費醫療服務的身體充滿

16　參見于令華（2010）；〈愛滋內地婦衝閘危及醫護〉（2012）。

危險與不確定，因此需要受到嚴格管控。而規範的方式便是加強醫院對孕婦產前產後的監測照護，此舉也等同於增加其跨境生育的消費項目。同時，即使政策沒有明指「內地」兩字，而是用「非符合資格人士」與「外來孕婦」一語替代，然而指涉之對象昭然若揭。

　　媒體論述中不及格的母親到了激進的本土論述中進一步被去人性化，成了侵害香港居民公共資源的「蝗蟲」，將內地孕婦與意外的公民比喻為蝗禍天災。傾瀉於蝗蟲論之仇恨情緒使自我與他者的區隔被進階概括為我群與他群的心理界線。除了導論中提及的高登網民抗議雙非孕婦的海報，另一個明顯的例子是臉書社群「反對內地孕婦來港產子！10萬人Like俾政府睇！」。這個成立於2011年的網路社群強調港媽優先、港人優先的權利，認為涉及生育及教育子女時，必須一切以當地為重。該社群的臉書貼文顯示，中港之間多年來的緊張關係透過內地孕婦議題具體浮現，包括對大陸人士跨境生育、搶購奶粉、賣水貨等現象的種種不滿。他們主張控制內地孕婦入境以防止中國蝗蟲侵擾、捍衛自身文明，並確保下一代的健全發展及當地居民應有的權益。

　　蝗蟲修辭的效力亦擴及內地孕婦港生子女，指其為「蟲卵」，未來將造成香港社會價值觀「扭曲」。2011年由香港高登論壇音樂台的網友所改編的歌曲〈蝗蟲天下〉，歌詞批評內地人為掠奪香港資源的蝗蟲，其愛喧譁、不守秩序、闖邊境、占地盤的亂港行徑，使得香港的未來堪憂。[17]此曲一出獲得香港

17　參見AUMAN（2011）。

民眾廣大迴響。其中一段歌詞明白諷刺跨境生育的現象。蝗蟲修辭不僅強調蝗蟲本身掠奪資源的天性，亦結合其他害蟲常有的負面特質與想像（如寄生特性和異形樣貌），形容內地孕婦為侵占香港資源的懷胎怪物。歌詞透過蝗蟲蟲卵的隱喻，將內地孕婦腹中具居港權之公民身分的胎兒與出生地分離，視其本質上為母體的延續——有其母必有其子，蝗蟲之子皆為蝗蟲。這些在香港繁衍後代的蝗蟲，不僅攫取資源，更可能洗腦香港人，貽害後代。在蝗蟲修辭的邏輯下，內地孕婦不僅被問題化為資源掠奪者，更昭示了香港社會價值觀將逐漸「內地化」，而成為港人恐懼與憎恨的對象。

四、看見單非孕婦／港人內地配偶

當雙非孕婦有了跨境生育的新選擇，那些嫁給香港丈夫的內地女性卻發現香港政府對生育權的分配機制對她們十分不利。這些「單非」母親不僅在政府主導的生育權上是不完整的政治主體，就輿論而言，強調純正公民（本地孕婦）與意外公民（內地孕婦）壁壘分明的本土論述若不是忽視單非與雙非的差別，對其視而不見，便是指責她們嫁給香港人只是為了滿足物質慾望。以下本章將概述港府取消單非孕婦在港生育合法性的地緣政治操作對孕婦造成的影響，進而分析單非母親的故事來體現女性主義地緣政治關注的「個人與國家政策互動方式的策略」（Hiemstra, 2012: 296）。

如果說前述中產階級的雙非孕婦是透過生育觀光購買出生公民權，港人內地配偶則是被迫付費行使其生育權。港人的內

地子女遵行屬血主義，需以單程證申請居港權，過程往往需要經過數年的漫長等待。因此，中港家庭通常優先選擇於香港生產以加速家庭成員團聚。港府將港人內地配偶同樣定義為非符合資格人士，此舉切割了港人配偶及其腹中胎兒與香港的親屬連結，不僅指涉婚姻移民的內地妻子本身為不可欲的意外公民，其腹中胎兒若於內地出生（港人內地子女）也將成為不純正的意外公民。

公立醫院於2005與2007年陸續調漲非本地孕婦的分娩費用之後，港人內地配偶在此政策下亦成為觀光生育的消費者。近年政府限制公立醫院接收內地孕婦的配額，導致港人內地配偶在公立醫院停止非本地孕婦預約後，只能前往私立醫院分娩。數據顯示，單非孕婦於公立醫院分娩的嬰兒數由2004年的8,203人逐年減少到2007年的3,817人，之後也一直維持在3,000多人左右（〈配偶為香港居民的內地婦女使用本地產科服務〉，2012）。此數字意味多數港人內地配偶只能在收費更高的私立醫院生產，某種程度反映了高昂的費用是中港家庭選擇在港分娩的經濟負擔，也呼應當時部分媒體的報導，述說中港家庭因分娩費高漲致使生活陷入困境。[18]不僅如此，分娩費用調漲政策甚至迫使中港家庭在生命與金錢之間做抉擇。有些中港家庭在經濟能力有限的情況下，無法負擔每次700元的產前檢查費用，或為了存夠公立醫院預約分娩費用所需的39,000元，

---

18 例如伍瑋瑋（2007）；黃綺琴、邵瑞珊（2007）；〈三萬九分娩費多向親友賒借〉（2007）；吳志森（2008）。此外，港府於2011年發表統計調查，顯示單、雙非家庭在香港的社會、經濟地位有明顯差異，參見〈內地女性在香港所生的嬰兒〉（2011）。

常未能按規定做定期產檢。換句話說，調漲政策直接造成港人內地配偶的生產風險並連帶影響胎兒的優生保健（曹疏影、鄧小樺，2008：37）。儘管如此，政府仍以「締結跨境婚姻的夫婦有責任就其醫療需要做出適當的安排」為由（〈研究內地與香港特區家庭事宜小組委員會報告〉，2012：段落22），拒絕對港人內地配偶採用有別於內地孕婦的收費規定，以及對這類家庭提供醫療服務的資助。衛生福利及食物局長周一嶽解釋：「香港的醫院制度，與很多外國的公立醫療制度一樣，針對照顧本地即香港居民……如非在特別情況下，公立（醫療）系統不會接收這麼多屬香港市民以外身分的產婦。」（〈食物及衛生局局長談塑化劑、大腸桿菌及產科服務〉，2011：段落17）亦即，如欲獲得（優先的）公共資源或是生產服務，就必須具備相對的資格──香港公民的身分。周表示內地孕婦「可選擇在居住的地方即內地分娩……若她們長期居於（內地）家中，或有家人照顧，這對她們的健康更有保障」（〈食物及衛生局局長談產科服務及猩紅熱〉，2011：段落16）。政府將跨境婚姻家庭對醫療補助的需求視為「個人責任」，基於港人內地妻子尚無居港權，否認她們與港人丈夫和家庭的親屬關係，同時否定她們對公共醫療資源的進用權，以及於香港公立醫院分娩的權利。在缺乏公共醫療和社會福利的支援下，跨境婚姻中的內地孕婦只能選擇返回內地分娩，或是以消費者的身分購買較本地人昂貴的香港公立醫院服務，甚至更高價的私人醫療。儘管港府決定於2012年安排提供香港內地配偶生產的私立醫院，這些私立醫院的相關服務仍然要價港幣80,000到100,000元，與其他非符合資格產婦在公立醫院所需付出的港幣39,000元有

重大價差。總體而言，港府忽視雙非家庭與港人內地配偶的差異，以非符合資格人士身分的定義，作為人口政策的論述依據，對所有內地孕婦制訂無差異的單一分娩費用，不僅變相鼓勵經濟充裕的雙非家庭選擇來港生育、消費出生公民權，同時亦剝奪了港人內地配偶生育權之社會福利保障，更可能對來自基層的單非家庭造成生活上的壓迫。[19]

如前所述，統計數據顯示了中港家庭的單非孕婦選擇在香港生育時要面對的龐大經濟負擔。有些必須借錢才能負擔生產所需的收費，亦有孕婦為了省錢逃避產前檢查。媒體報導指出了單非孕婦身為產科服務「不符合資格」的使用者所陷入的龐大經濟壓力，但這些報導並非從單非孕婦的經驗與感受來探討經濟問題以及社會排擠所造成的影響。有別於一般媒體報導，香港婦女基督徒協會所出版的《是她也是你和我：準來港女性訪談錄》透過訪談，再現了新移民女性的生育經驗與身為單非孕婦的感受。本書由10位準來港女性受訪、10位香港女性作家訪談撰寫。旨在揭示加諸準來港女性身上的各種不正義（歧視性的政策、經濟弱勢與父權），並訴求寰宇主義社會好客包容的理想。作者群不僅致力重述婦女們的種種經歷，更試圖理解內地婦女在香港的處境下，內心的情緒及感受。訪談的框架是以訪談者與受訪者之間的姊妹情誼（sisterhood）為基礎，從

---

19 羅婉禎（2008）指出，（靠收費調漲）的政策無法減少經濟充裕的內地孕婦來港生育的數目（3）。但卻為來自基層的單非孕婦帶來壓力，一方面，她們欠缺經費而無法做產前檢查，影響母體與胎兒安全；另一方面，政策迫使她們選擇逾期居留或隱匿懷胎等到最後關頭入院生產，造成許多悲劇（4）。

而建立情感聯繫與信任。如其書名所示，本書是訪談雙方的親密對話，因互相信任而能暢所欲言。此處姊妹情誼的概念與其說是面對共同壓迫下形成的政治結盟策略，更像是彼此之間情感／情緒的交流與交換，以緊密、深入的方式來重新理解並且真正關懷身處完全不同社經背景下的對方。[20]如編者所言，「多位訪問者提到自己是個普通的香港未婚女子，而極力希望接近和了解已婚、背景和教育程度迥異、有極端遭遇的被訪準來港婦女──誠實承認陌生，而熱切關懷。」（16）如此的訪問方式在方法上的重要意義在於不僅關注訪談者清楚表達認知的部分，同時貼近訪談者與受訪者的情感狀態。換言之，訪談本身被雙方體驗為溝通交流（communion）而非傳統一問一答、充滿雄性「征服」意涵的對談形式（Ezzy, 2010）。

　　為了達成「姊妹」間對話形成的共同理解與情感交流，這些訪談常常讓受訪者的情感從不開心與失落轉化為自我肯定與希望，如此的轉化敘事一般始於來港女性面臨的困境，描述她們歷經千辛萬苦終能在香港社會立足。在聚焦內地女性心路歷程的「類成長」（quasi-*bildungsroman*）小說中，移民故事的開展既是承認內地女性的權利的過程，也提供了香港訪談者重新看待自我和香港這座都市的機會。例如20出頭的媒體人黃靜採訪了同樣年輕的內地配偶平平，在〈得到自由，抑或幻影〉一篇中娓娓道來平平的故事。平平未能在內地取得婚姻許可（marriage license），於是懷著八個月的身孕搭乘貨車偷渡

20　關於以姊妹情誼作為女人之間政治連帶的有效模式的激烈論戰，參見胡克斯（hooks, 1984）。

來港，之後藏匿在丈夫家中待產。一直到在當地醫院急診室產
下兒子之前，平平都活在恐懼之中。產後的平平在域多利監獄
中度過一段憂鬱的時光。作為一個在香港入獄的非法移民，平
平起初感到羞辱和害怕，但6年來她設法從兒子的成長得到慰
藉，並開始在香港上課與求職。訪談者來回比對平平和自己母
親的人生，試圖理解平平不平常的經歷的意義。在1960年代
中國文化大革命期間，港英政府採行抵壘政策，許多內地移民
獲准落腳香港，黃媽媽也是眾多逃港者的一員。黃靜對平平訴
說自己母親的故事，告訴她偷渡來港過往並非罪惡之事，取得
香港身分是抵壘勝出後應得之賞（86）。值得注意的是，訪談
期間兩人之間出現了緊張關係——黃靜一度難以理解平平如何
能從如此深刻的傷口復原，也因她急遽的情緒起伏感到困惑。
平平時而在先生以及新生兒身旁痛哭，時而又表示自己並非弱
女子而是堅強的母親。疑惑不解之際，黃靜再一次回想起母親
的韌性：「我覺得有點不可思議，但同時又想起自己的媽媽，
其實也是這樣——為了照顧我，她的復原能力也是自主而神
奇的。」（87）這讓她對受訪者的情緒反應抱持開放的心態，
而非套用刻板印象，將平平視為誇大自身經歷的不可靠的敘事
者。故事的結尾凸顯了移情（empathy）的作用與訪談者的反
身性思考。黃靜試圖理解，平平自視為香港的獨立女性，「獨
立」的意義為何？或者說，對這些新香港母親來說，自由的意
義究竟是什麼？平平努力地找尋一份好工作來贏得社會的認
可，但黃靜困惑的是在香港不友善的工作環境和傳統式家庭性
別分工的壓力下，平平還能享有什麼樣的自由？內地女性的故
事也促使訪談者反思自己的人生：「〔以一個〕在香港出生成

長的我，在媒體做事的二十多歲女子，『自由為何總像幻影』這個問題，從來亦都是嚴苛的。」（91）某種程度來說，黃靜筆下平平的故事為我們示範了主體與他者之間如何透過「認知到彼此相同與相異之處的一刻」達到「溝通交流」的訪談經驗（Ezzy, 2010: 164）。

　　關於內地孕婦的主流論述往往充斥著陽剛且父權的隱喻——前述曾蔭權施政報告對意外公民的說法正是建立在父權邏輯的前提上，近似「要子不要母」的行徑；本土派蝗蟲論的內涵亦不乏男性的憂患與焦慮。然而，《訪談錄》中深入情感／情緒和身體面向的女性主義跨界敘事，描繪出準來港女性生活經驗的具體輪廓，為內地孕婦提供了主流說法之外的詮釋。另一方面，這些訪談呈現出更為複雜而細緻的敘事——內地孕婦作為「邊緣的圈內人」（marginal insiders）（Lan, 2003），亦即，她們受婚姻法承認為香港社會的成員，但同時被雙程證和生育法令排除於香港社會之外。這些邊緣的圈內人是社會中不穩定的主體（precarious subject），無法工作，且深受經濟、婚姻與法律變動的影響。例如，阿瑩的故事呈現了內地女性如何落入被排除的情境。阿瑩是來自中國農村的年輕女孩，香港丈夫在兒子一歲半時病逝。突然的喪偶代表她無法繼續申請單程證，也失去了在香港生活所需的經濟支持。雖然她的兒子是香港合法居民，但身為單非寡婦，除非兒子罹患重大疾病（例如精神疾病）或者她年滿60歲，單程證的依親規定不適用於阿瑩。假如阿瑩無法續留香港，她的兒子便會被送到香港的孤兒院。在另一個案例中，雪晴由於和香港夫家的關係不睦，她希望與丈夫離婚，並將女兒帶回內地撫養。然而她單非

母親的身分使得雪晴一旦離婚就會失去她的女兒。除非雪晴取得單程證，家事法院才會承認她擁有女兒的監護權。如果雪晴不顧一切逕自將女兒帶回內地，她將被控綁架子女（parental kidnapping）的罪名。

　　新的產科定價使得書中多數孕婦對其經濟處境焦慮不安，有些無法負擔定期產檢的費用，有些即使胎兒似乎有些異狀，也因為經濟考量而選擇不去醫院進一步檢查。阿芬和阿怡便面對了類似的狀況。阿芬懷孕時，生產的費用還是港幣20,000元，但2007年這個中港家庭發現他們必須購買價值港幣39,000元的全套產科服務。阿芬盡其所能地借錢來支付醫療費用，但困難還不止於此。由於套餐的費用只包含三天兩夜，為了避免額外被收取每日3,300元的超時費，阿芬忍耐產前的疼痛一整天才趕去醫院，以確保生產的時間不會超時（74）。阿怡就沒那麼幸運了，她和她的丈夫辛苦工作，為第一胎存了20,000元港幣，但就像許多單非孕婦，新的生產費用造成夫妻倆龐大的壓力，因為沒有多餘的錢在胎兒出現異狀時及早檢查，阿怡後來還是失去了她的孩子（37）。訪談者藉由這些故事指出政府制訂的懲罰性價格實際上只懲罰了窮人而非富人，以價制量的政策並非僅影響外來的雙非夫妻，更是讓中港家庭蒙受其害。

　　這些描述強韌的倖存者所遭遇的痛苦和不公的故事在某種程度上類似伯蘭特（Lauren Berlant）所謂的「殘酷的樂觀主義」（cruel optimism），也就是「情感上對所謂『美好的生活』的依附，而這種生活對大多數人來說，往往既是使主體筋疲力盡的糟糕生活，卻又同時讓他們感受到生活中的可能性」（2011：27）。這種「殘酷的樂觀主義」體現了編者所定義的內地女性

的雙重意象──「受害者與生活的勇士」（16）。然而不能忽略的是，如此的雙重意象並非毫無問題，殘酷的樂觀主義指向訪談和再現這些社會中的邊緣圈內人時所面對的困境，亦即，我們該如何藉由承認他者的能動性和揭露結構的限制來感動（和培力）讀者，但又不迷信正義和同情（compassion），或者像艾哈邁德所提醒的，不至於過度再現他們的痛苦（Ahmed, 2004a: 35）？

五、提升能見度及其挑戰

　　為了改變單非女性在主流媒體上的負面形象，《訪談錄》的作者們希望能扮演受訪者的姊妹與她們溝通交流。如此的訪談策略一方面鼓勵邊緣社會主體敞開心胸，吐露她們對美好生活的情感依附，亦即內地女性的香港夢。然而，並非書中所有訪談都能有效地達到預期的使命與目的，其中或隱含天真的人道主義，或近似於傳教故事。過於簡化的道德命題與自命為正義的化身雖情有可原，卻可能無助於扭轉單非女性的形象。

　　如此的再現困境可見於〈隔壁的盲山〉，訪談者謝旭雯在此描述內地配偶雪晴的故事。雪晴是個年輕女孩，她說在和香港丈夫結婚之前不知他離過婚且有成年子女。在懷孕期間，她飽受丈夫與當初同去內地哄騙她嫁來香港的婆婆虐待。在疏離的家庭與陌生的城市中備感孤獨的雪晴，只能捧著大肚子在街上漫無目的地遊蕩，晚上就睡在公園，盡可能避免待在家中。生產時，由於夫家拒絕付錢讓她多留幾天，她別無選擇地在產後第三天出院，但其實即使是這樣他們也已經花了港幣 39,000

元（45-46）。儘管面對的困難絲毫沒有減少的跡象，雪晴表現得冷靜而堅強。訪談者對雪晴訴說自己經歷時的超然態度印象深刻：「看著雪晴紅著眼卻不嗚咽，我才看到她對這種遭遇的態度，是沒有一絲退縮的。」（46）在訪談者眼中，雪晴已習慣處理身為內地配偶的不確定與焦慮。她的平靜沉著反而撫慰了訪談者，讓故事以積極正向的思考結束：「環境差對她來說不是什麼問題，因為她入微的觀察和進取的心，自然可以引領她到一個可以讓她安穩滿足的路途。」（53）乍看之下，謝旭雯筆下受害卻堅強的母親雪晴，或許是書中形象最正面的單非女性。弔詭的是，雪晴的完美形象是因為《訪談錄》情感化的風格而得以凸顯，但這樣的形象在敘事中是把雙面刃。從一開始訪談者便不避諱她對受訪者的情緒反應，強調她是以一個愧疚的香港人的身分進行這項計畫，冀望能替這些單非女性做點什麼補償（43）。如此的償還行動部分說明了為何她採取強烈的道德立場來指控香港是一個人吃人的罪惡社會，強調施加於這些移民上的不公和殘酷。

　　此外，訪談中的謝旭雯和冷靜的受訪者在情感反應上形成了對比，激動的訪談者表示「著實聽不下去」雪晴丈夫的所作所為（46）。訪談結束時，她困惑是什麼讓她成長的香港，變成一個比李楊《盲山》中綁架、虐待年輕女性的中國農村，更不適合人居之地？雪晴的經驗也讓謝思考造就這21世紀寰宇都會中野蠻的「盲山」的多重因素：「香港男人迷信內地婦女比香港女生更聽話、香港人對內地人的歧視、香港體制上對內地人的剝削……香港真是一個會吃人的地方。」（53）此處，訪談者在雪晴的故事中夾雜的多種情緒（沮喪、憤怒、混亂與

希望）雖然合理化了她悲憫、公正的正義使者角色，然而訪談中強勢的倫理位置與激烈的情緒表達，卻可能減低了敘事的可信度。如果那些情緒性的內容如此輕易地影響了訪談者，她對內地女性的辯護可能只是過度再現了他者的痛苦，而未能細緻地反思她們的處境。香港和中國農村間的戲劇性比較在此是另一把雙面刃——雖然以《盲山》影片作為隱喻來描述香港持雙程證的女性可能適切又引人注目，但如此的比喻也讓雪晴落入了「受騙的內地女性」的刻板印象。

　　這類過度再現他者痛苦的問題也反映在書中內地配偶的賢妻良母形象上。不少故事強調這些內地女性是照顧重病或重傷丈夫的好太太，或是不辭辛勞生育子女的好媽媽，以對比媒體上普遍的負面形象。訪談者時常著墨中港婚姻中值得尊敬的動機，例如這些內地配偶是為了愛、陪伴或尋求平靜的生活而結婚，藉此反駁雙方都是為了某些隱蔽的真正動機（內地女性是來騙男人錢、香港男性是覬覦年輕女性的失敗者）才成婚的指控。在《訪談錄》中，林太就體現了好老婆的角色。林太在第一場婚姻失敗後，為了尋找伴侶度過餘生，嫁給了現在的香港丈夫。她非常細心地照顧丈夫與前妻所生的兩名幼子，多年來更盡其可能地讓丈夫從工安意外造成的嚴重脊椎傷害中存活下來。她回憶起狀況最糟的時候，自己還得背著丈夫就醫（95-98）。林太的故事中如此自我犧牲的妻子形象意在挑戰內地配偶只為物質利益而結婚、以結婚換得社會與文化資本的刻板印象。訪談者在敘事中穿插著對林太的經驗與反思：「誰說『大陸女人』都是為了錢和居留權才嫁到香港？可是，在『香港人』眼中，她們每一個彷彿都背負著這個罪名。」（98）此處

訪談者真誠地將林太描繪為好女人，但如此的形象是奠立在她對香港有所貢獻之上。正面的再現雖然平衡了對於內地配偶的負面報導，但亦同時可能強化了對中港婚姻（特別是有顯著年齡差距的婚姻）採取雙重標準的道德論述。就中港婚姻而言，配偶間的年齡差距經常被主流媒體視為婚姻另有真正動機的證據，以及內地妻子遭遇悲劇的起因。本書對內地妻子諸多「值得尊敬的動機」的一再強調，隱含了所謂老少配的意識形態假設——即使所有婚姻的考量皆有不同程度的算計，但是對年齡差距大的配偶來說，任何這類動機都會被放大，暗示雙方並非出於真愛而成婚。除了年齡差距，內地女性的刻板印象、異性戀霸權的雙重標準與性別分工的家父長觀點等等，亦是使得這類婚姻的動機備受質疑的原因。這或許也說明了為何在取得單程證和找到工作之前，內地配偶對香港丈夫的經濟依賴不僅被視為算計，更被認定是不道德，即使她們可能也是全職的家務勞動者。由此觀之，看見這些持雙程證的女性如何一肩挑起家中雜務固然重要，但同樣重要的是看見她們所處的異性戀霸權的運作機制與脈絡。

　　前述許多描繪單非母親勇氣的故事中，這些母親爭取任何可以生養子女的資源，證明自己堅強無比；長年忍受家中的各種衝突矛盾，只為能陪伴或獨力養育孩子（例如林太的故事）。毫無疑問地，當個好母親或是想像自己是個好母親本身，就足以給予這些常常被貶抑為沒有價值的內地女性自尊與勇氣，讓她們能以此對抗多重的歧視在香港生存下去。然而正如史匹曼（Elizabeth V. Spelman）所言，弔詭的是，「同情心就像其他形式的關心，可能強化造成這種苦痛的經濟和政治的

附屬模式。」（引自 Ahmed, 2004a: 35）位居母愛修辭中心的道德論述很容易被自然化，從而規訓異性戀常規範式下的女性。更準確地說，受訪者越是符合香港社會中好媽媽的形象，她們便越值得尊敬，受訪者的故事也更令人感動，然而，就另一方面而言，這些理想的母親所承受的身心負擔也就越沉重。

六、結論

　　內地孕婦作為新社會主體，總是被設定了各種身分——生命政治的治理對象、生育觀光的消費者、不負責任的母親或是香港資源的掠奪者。換言之，在公民身分的爭議中，「母親」的身分因其不同的政經利益而變得彈性多變，而正是這些利益造就了種種不同的再現方式。本章認為政府治理意外公民的人口政策與本土派的蝗蟲論，可能僅片面且偏頗地呈現了內地孕婦的故事，《是她也是你和我：準來港女性訪談錄》一書則讓我們看見內地配偶／單非母親的不同面貌。值此中港矛盾不斷升溫、對內地移民的不信任情緒滋長蔓延之際，看似同情或理解內地人的書寫皆可能被視為罔顧本地利益的人道主義。《訪談錄》的作者從姊妹情誼的價值中汲取能量，試圖趨近當代香港亟需的一種社會性。若沒有這類再現，我們難以看見主流地緣政治敘事之外的內地配偶的處境與經驗。另一方面，藉由仔細檢視女性主義跨界主體敘事的訪談技巧及修辭，本章同時指出了述說他者的痛苦來再現邊緣群體能動性的侷限與挑戰。

第七章

為愛走他方

晚近香港「哈台」敘事中情感的地緣政治

　　觀察晚近台港關係，不難發現香港社會近年的「哈台」風潮，社群網站可見眾多移居台灣的社群，[1]大眾出版市場出現移民台灣的各類教戰手冊、[2]經驗分享與訪談實錄（如圖1及圖2），香港電視台與廣播節目亦不乏介紹台北巷弄文化的旅遊節目以及移民台灣的港人故事等等。一夕之間台灣似乎成了香港人的一方夢土與機會之地。參照近年客居香港的經驗，如此的「哈台風」或者「台灣熱」（Taiwan Fever）似乎並非只是媒體效應。在與港人的日常互動中，我深刻體會了香港人對台灣的好感。一般來說，即使開口說國語時，可能因為被誤認為中國人而遭冷眼對待，但只要適時透露自己的台灣人身分，霎時之間便彷彿施了魔法，說出通關密語，芝麻開門引我走入隱密的盛情世界。有幸相遇的港人敞開胸懷，訴說各自與台灣的淵源與情感。他們之中或前任／現任男友／女友是台灣人，或家人曾在台灣留學或工作。他們或正準備去台灣旅行（因此尋求我的建議）要不就是剛從台灣返港（因此樂於分享所見所聞）。雨傘運動後不止一次聽到學界朋友打算退休後移民台灣，有些人已多次訪台「睇樓」（看房），這些未來的移居者或許對台灣城市的印象與描述不一，但都評價甚高：台北雖然像香港但有文化氣息，台中天氣好到處都是棕櫚樹，台南的日式老屋很

1　臉書社群如「移居去台灣」，「香港人在台北／台灣交流平台」，「在台灣的香港人和在香港的台灣人」等。

2　例如《真人示範：90日移民台灣》一書，作者的自我介紹提到對香港「哀莫大於心死」，於是決定「移居台灣，在更自由的地方追求初衷」（長毛太，2017），並將她的經驗寫成教戰手冊，分享移民台灣的過程，其中包括各項申請程序以及解決日常生活問題的妙方。

圖1　《天下雜誌》封面，2013年8月

圖2　《號外》雜誌封面，2016年7月

迷人，高雄最有人情味等等。總體而言，近年所遇到的香港人若能聊上兩句，都會熱情地表示他們喜歡台灣，熱愛寶島。我的個人經驗並非特例，因為從統計數據來看，自2011與2012年起，港人無論申請居留（表1）、[3]留學（表2）或赴台觀光（表3）的人數都有顯著增加。這些數據顯示近年香港社會的確普遍對台灣有好感（表4），認為台灣是一處吸引港人旅遊及移居的目的地。

身為台灣人，面對平日生活步調快，嚴守工作本位，似乎不走溫情路線的港人對台灣的高度好感與直言表達，心情其實十分複雜，除了起初的受寵若驚（對比被誤認為中國人的差別態度），更多時候的反應是困惑不解。一方面，港人眼中的寶島也是我們口中的「鬼島」，而此一稱號其來有自；更重要的是，港台兩地地理位置相近，互動歷史久遠。例如，改革開放以來、兩岸三通之前，香港在兩岸三地所扮演的轉運位置至為

---

3 因香港人申請移民台灣的人數不斷增加，行政院於2014年修改移民法，緊縮港澳居民移民台灣的規定，包括將原有存款或投資500萬元新台幣的要求，改為必須投資1,000萬元新台幣，又刪除兄弟姊妹或配偶之父母在台有戶籍者的申請資格。目前，以不同條件赴台申請居留的港澳居民，需要按《香港澳門居民進入臺灣地區及居留定居許可辦法》規定的條件申請來台灣居留，並在台灣居留一段時間後，才能申請定居。居留的條件眾多，如直系親屬依親、對僑教或僑社工作有特殊貢獻、投資或具專業能力等。而申請定居所需要的居留時期，一般需要在申請日往前推算連續居留滿一年，或連續居留滿兩年且每年在台灣地區居住270日以上，投資移民則需連續居留滿5年，且每年在台灣地區居住183日以上，而以結婚或收養而申請定居者，其關係需存續3年以上。關於台灣政府修改移民法的相關資訊，參見韓耀庭（2014）；關於台灣政府對港澳居民核定居實施的規定內容，參見《香港澳門居民進入臺灣地區及居留定居許可辦法》（2018）。

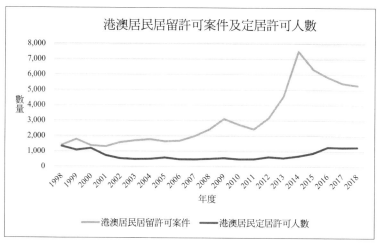

表1　港澳居民居留台灣許可案件數（上方折線）及定居許可人數（下方折線）

資料來源：《大陸地區、港澳居民、無戶籍國民來臺人數統計表》（2020）。

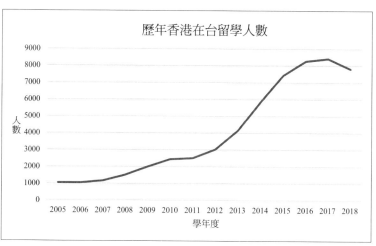

表2　歷年香港在台留學人數

資料來源：《僑生及港澳人數概況統計》（2020）。

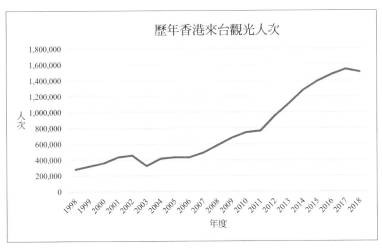

表3　香港來台觀光人次

資料來源：《87年～107年來臺旅客統計》（無日期）。

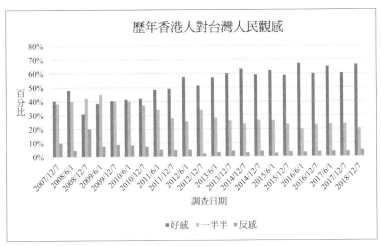

表4　港人對台灣的好感度

資料來源：《整體黎講，你對台灣人民有幾好感或者反感呢？（半年結）》（2017）。

重要，但其時香港與台灣的密切互動並未衍生出如今所見之情感連結。就觀光而言，雖自80年代起已經有一定數量的旅客到訪台灣，但人數一直保持穩定，並未急遽增加。何以今時今日港人對台灣產生了如此深切的情懷，又有如此頻繁的互動？港人的「哈台」是一廂情願的凝視或者促成了新的台港社群？港台的新連結又反映了近年什麼樣的地緣政治變動？該如何從文化研究的視角理解並概念化香港人的「哈台」現象？從以上的問題出發，本章將剖析香港在台生活方式型移民敘事中的政治無意識，深入闡述台港關係新連結的文化邏輯，進而提供批判的視角，以此審視晚近兩岸三地變動的邊界政治。

首先，若從近年的中港關係來看，或可說是日益激化的中港矛盾驅動了香港將希望繫於台灣的想像。換言之，港人對台灣的認同，某種程度源於一種所謂「反中聯盟」的想像，也就是說，如此的社群連帶感來自於想像彼此面對類似的困局與「共同敵人」。此類台港連結的論述因而或將香港比喻為北京專制政權下的「沉沒之島」（sunken island），（如「今日香港／明日台灣」的警語）[4]或強調以台灣為方法，作為香港仿效的民主典範。例如，陳冠中和李歐梵認為，如果台灣90年代混亂的民主今日終究開出了「小清新」與「小確幸」的花朵，那麼香港便仍有希望（2016）。

4　香港立法會議員范國威、毛孟靜、環保人士譚凱邦等人，發起「一人一百換特首」的集資活動，除了在香港《明報》、《都市日報》刊登廣告，指責特首政府「赤化」的施政，也以〈香港面對嚴重中國化　請台灣引以為鑑〉為標題，在台灣《自由時報》刊登類似的廣告內容，參見陳慧萍（2013）。亦可見 Tsoi（2014）。

　　港人如此的情感反應提供了一個複雜的例子讓我們思考個體對政治共同體的愛與恨以及情感／情緒與地緣政治的交錯糾結。在此一新興、或可稱之為「反中／哈台」的脈絡下，本章試圖藉由港人近年的移居／移民台灣敘事，分析其中情感／情緒的文化政治來闡釋香港的自我書寫及其指涉的多重意涵。此處借用導論中史帕克所言之「恐懼」與「希望」之雙重視域來檢視香港的台灣熱，探問港人何以與如何透過地緣政治的介面來表述情感／情緒？這些敘事使用了什麼樣的語言與意象來呈現台灣的親密他者身分？而愛與恨的語言又指向哪些政治經濟的意涵？為回答上述問題，首先必須脈絡化近年香港的「哈台」現象與相關論述。本章的第一部分將爬梳歷史研究，追溯港台在1949年之後的社會文化與政治互動，繼而文章將分析幾部大眾出版品，包括移居／移民台灣的故事與指南[5]以及媒體對移居台灣港人的報導等。本章在分析文化邏輯的同時，亦關注論述所呈現的情感／情緒如何促成個人與社會成形的效果（effects）。換言之，本章強調文本產生的效果，尤其是此類敘事所形塑的社會邊界乃至身分認同等，而非僅將文本視為反映現實的時代紀錄。艾哈邁德指出，「移民回憶錄與小說提供了研究移民經驗與情感的質地與複雜性」（2010: 154）。雖然文類不同，本章所聚焦的香港人在台灣的故事、指南與報導亦為重要的文化形式（cultural forms），分析這些蘊含豐富多樣

5　主要分析文本包括：《愛‧來去‧住台灣：一百樣擁抱台灣的理由》（以下簡稱《愛‧來去‧住台灣》）、《島嶼‧浮城：15則香港人在台灣的生活札記》（以下簡稱《島嶼‧浮城》）、《樂戶台灣：移居生活提案》與《小港包的台北五四三》等。

情感經驗的素材，得以深入思考晚近香港對兩岸三地的社會想像。這部分將援引移民研究中對優勢流動（privileged mobility）與生活方式型移民（lifestyle migration）的討論，以此闡述香港「哈台」敘事中充滿張力的情感／情緒政治。如克勞瑟（Rebecca Clouser）所言，「情感難以預測且非靜態，在關係性過程（relational process）中演變，並且常是混亂矛盾的。」（2016: 322）本研究將說明港人對台灣的凝視及情感／情緒有其歷史脈絡，生活方式型移居敘事中透過「愛台灣」所呈現的好生活想像與新生代企業人自我（entrepreneurial self），隱含了近年香港本土糾纏複雜的「愛的政治」。綜上所述，思考台灣作為香港的他者時，必須檢視香港的政治、社會與文化的變化及相應而生的台灣他者想像。

一、從冷戰到回歸：近代台港關係歷史

　　早在英國殖民時期，台港兩地社會之間的往來已相當頻繁，但由於港英政府對兩岸事務的參與極為有限且低調，台港兩地的互動受限於民間活動。回顧英殖時期香港社會對台港互動的處理，可望釐清台港之間地緣政治關係的變化。

　　台港關係之所以集中於民間往來與香港在兩岸關係中的角色以及港英政府的參與取向息息相關。冷戰時期，港英政府為維持香港社會的政局穩定，對兩岸事務的參與極為有限，並嚴格限制兩岸政權在香港的政治活動。1955年萬隆會議前發生中國代表團飛機爆炸事件，更促使港英政府宣告「不得容許以香港為反對中國之國際軍事基地」、「不許在香港有任何以

破壞中國權威為目的之活動」，以及「過港之中國官員必須獲得保護」。此三項條款限制了台港之間的政治關係（蕭全政，1995：402-403、405）。1967年香港暴動期間，港英政府亦破壞了中國在港的情報組織網絡，大量基層被捕入獄（許家屯，1993：28）。

　　1950與1960年代時期港英政府對參與兩岸事務並不熱衷，與兩岸政權的關係也有重大差異。作為英國殖民地，冷戰時期的香港位處西方陣營接壤共產國家的前沿。雖然港英政府基於意識形態的對立、安全考量以及遏止過境走私犯案等原因，於1951年沿中港邊界設立邊境禁區（阮志，2014：39），但中港之間的頻繁互動並未因此而停頓。一方面，香港是冷戰時期的中國面對西方敵對陣營之重要窗口，中國在香港開設銀行，也在香港廣設國貨公司，販賣大陸產品賺取外匯；另一方面，香港毗鄰中國，長期仰賴其糧食、蔬菜、水、日用品以及其他工業原料的供應（王家英，2000：26）。相較於中港關係，冷戰時期台港兩地皆以出口導向的勞動密集工業為發展主軸，競爭多於互補；加之英國不承認台灣的國際地位，因此台港之間往來有限，基本上僅止於政治上的情報蒐集和與親台僑團的聯繫（王家英，2000：26）。換言之，冷戰時期英殖香港與中國之間的關係，深深影響港英政府與台灣政府的互動。

　　雖然冷戰時期台港政治和經濟關係不若中港之間緊密，但兩地的民間往來從未停止。台灣的中華民國（ROC）政府仍積極利用香港的殖民地社會向海外華人宣傳反共意識形態，進而鞏固中華民國作為唯一代表「中國」的合法政權。例如1949年國民政府因內戰戰敗而遷往台灣之後，部分從中國逃難至

香港的國府支持者被港英政府安排前往調景嶺暫住，如此的歷史淵源使得調景嶺成為「國民黨海外反共堡壘」的象徵。調景嶺的地景與日常充分展現了國民黨的政治意識形態，碼頭與建築物屋頂青天白日旗海飄揚，反共復國、擁護蔣總統的標語四處可見，嶺內也持續舉辦雙十節與兩蔣壽辰等慶典（楊孟軒，2011：172-173）。台灣的國民政府致力維繫調景嶺的名號與其所代表的反共精神象徵，另一方面希望中國大陸災胞救濟總會利用港九救委會持續進行嶺內的救濟和教育事業（楊孟軒，2011：168）。調景嶺在冷戰時期再現的反共意識形態，成為當時台灣的國民政府在海外華人社群（包括香港）之政治宣傳重點。

　　除了藉由調景嶺在香港凸顯「中華民國」的反共意識形態外，國府在冷戰時期亦通過香港社會的足球運動來展現自身為「中國」的唯一合法政權，並以此建立與僑胞之間的民族主義情感連結。從50年代到60年代初，大部分被視為一線好手的香港球員並非香港代表隊的成員，而是「中華民國」的國腳。雖然代表「中華民國」的香港球員不一定認同「中華民國」，但代表「中華民國」到外地參賽往往能得到當地僑胞的熱烈支持，而如果代表「香港」出賽則可能被視為「漢奸」而被擲物品（李峻嶸，2015：39-40）。1959年「中華民國」隊於菲律賓舉行的亞洲盃外圍賽遭遇「香港」隊時，《香港時報》便刊登了一份聲稱為香港隊球員所寫的文章，作者表示自己的認同是「中華民國國民」，萬一幫助香港隊獲勝那便成為國家的「罪人」，因而「無面目見江東父老」。藉香港球員宣示「中華民國」為僑民必須效忠的「祖國」（李峻嶸，2015：51），如此

的報導召喚海外華僑視「中華民國」為唯一合法政權的情感認同。英殖時期的香港社會成為台灣再現「中國」政權合法性的重要場域。

　　冷戰時期香港社會的台灣再現並非僅限於爭奪政權正統性的意識形態。二戰後至今的不同階段中，冷戰時期是台灣對香港文化影響最深遠的時代，某種程度來說，醞釀了香港今日對台灣的文化他者想像。例如，就文學場域而言，70年代香港文壇開始關注台灣文學和風土人情，其中代表人物為作家也斯。向來擅長書寫遊記的也斯，於1976年出版的散文集《新果自然來》中記錄了他第一次的台灣環島旅行，旅遊路線的安排則是依據他所熟悉的台灣文學。陳建忠指出，《新果自然來》雖是遊記散文，但不僅是地誌書寫，更是對香港文學與文化的評論，藉由台灣的鄉土地景與香港都會文化的差異，尋找屬於香港本土的文學之路（2015：238、242）。也斯以台灣的「鄉土」作為書寫的題材，對比香港的「現代化」所欠缺的情感題材，陳建忠認為這反映了也斯希望保留「鄉村」的美好情感質地，用以對抗無所不在的「現代」。透過尋找台灣的「鄉土」，他的台灣遊記試圖超越冷戰的反共與流亡格局，探索香港的「本土意識」（2015：242、246）。換言之，在香港70年代本土身分萌生的時期，也斯脫離了兩岸敵對的政治歸屬問題的議程，轉而將目標設定為香港人在台灣尋根。他以台灣之旅探尋香港本土精神的書寫，成功地將再現台灣的脈絡由冷戰的兩岸對立轉化為香港的自我建構。除了嚴肅文學的再現，台灣的流行文化在香港亦逐漸受港人注目。60年代香港的瓊瑤小說熱，由此帶動台製電影來港放映，電影《意難忘》（1965）在香港的

賣座，更促成台灣時代曲漸受香港社會歡迎（黃湛森，2003：85）。歐陽菲菲、姚蘇容、鄧麗君等人的作品在香港掀起熱潮，「即使不會講國語的港人也能哼上幾句姚蘇蓉的名曲〈今天不回家〉」（黃霑，2005：163）。台北在60、70年代盛行的歌廳表演，亦隨歌舞團及歌星到香港登台的熱潮流行香江（黃湛森，2003：88），歌廳夜總會皆以國語歌曲壓陣，當時的台柱也必然是台灣歌星（黃志華，2000：228），其時香港聽眾對改編自日本歌曲的台灣流行音樂十分喜愛。70年代更有校園民歌跨海而來──當時三毛的幾本遊記著作如《撒哈拉的故事》、《哭泣的駱駝》與《稻草人手記》等已廣受香港青年青睞，她填詞的〈橄欖樹〉一曲尤其吸引眾多年輕人，「不要問我從哪裡來」朗朗上口者所在多有。其後如〈忘了我是誰〉、〈龍的傳人〉等台灣校園民歌也相繼走紅，引發了香港的校園民歌創作風氣（黃湛森，2003：135）。

　　自1979年中國與美國建交，北京開始推動改革開放之後，香港在兩岸關係的地緣政治位置產生了變化。香港由西方資本主義對抗共產中國的策略場域，轉變為兩岸之間的轉運與中介，彌補兩岸因政治分歧而無法建立的交流管道。這樣的中介角色強化了香港與台灣的民間經貿關係（王家英，2000：27-28），也讓台港兩地的民間往來涉及的層面更廣。台港之間的資本與人口流動前所未見地快速增加。例如，1992年兩岸經由香港轉口貿易金額已達74億美元，是1979年的約一百倍（翁松燃、鄺英偉，1995：383）。台港兩地的貿易額持續上升，由1984年的30.55億美元，升至1997年的206.61億美元；也由於台灣對港台貿易的高度依存，以及兩岸當時並無直航，

種種因素促使往返兩地的旅客人次大幅增加（王家英，2000：28-29）。觀光局的統計數據即顯示，自80年代起到90年代末，除1989年後數年因天安門事件的影響有所減少以外，前往台灣的香港旅客人數一直穩定地維持在20萬人次以上。[6]

隨著80年代中英開始就香港前途問題進行會談，台灣方面亦積極建立與香港社會更深入多元的互動與連結，香港社會與台灣民間的連帶關係也更顯密切。例如，當時的行政院長孫運璿於1983年表示歡迎香港人「隨時回到自由祖國」，並在台灣行政院下設立「行政院對外工作會報香港小組」，專案小組於1984年10月升格為「行政院香港小組」（張結鳳，1987：213；翁松燃，1998：124）。僑務委員會設置了「香港僑胞回國事務諮商服務處」，協助香港「僑胞」回國定居、投資置業、就學（翁松燃，1998：123）。財政部與經濟部極力推動港資進入台灣，推出政策利多，降低尚未開始投資前之港資銀行存款利息稅（張結鳳，1987：218）。與此同時，台灣也擴大在香港的媒體宣傳，包括利用台灣在香港的喉舌《自由中國評論》設立讀者服務中心，提供關於中華民國的國情資訊、電影播放、舉辦演講、銷售台灣報刊和電視錄影帶等服務，以及改革《香港時報》版面，加強對香港讀者的吸引力（張結鳳，1987：220、223-224）。如此的政策與行銷有其功效，到了1987年之後，隨著兩岸關係趨緩，台港關係也進一步開展。台灣增加駐港辦事處，如經濟部的遠東貿易中心駐香港辦事處、

6　關於前往台灣的香港旅客人數變化，參見《87年～107年來臺旅客統計》（無日期）。

新聞局的光華新聞文化中心等，台銀、彰銀等台資銀行亦在港設置分行（翁松燃，1998：128）。1991年起港澳台灣同鄉會、台灣商會等民間組織陸續獲准在港成立，針對台灣官員以非官方身分訪問香港之簽證也大為放寬。

　　90年代之後北京對台港關係的影響日漸深重。1992年香港總督彭定康上任後，曾公開接待曾任台灣全國總工會理事長的許勝發，此舉引起香港新華社的不滿。1995年台海危機之後，港英對台灣在港活動的默許範圍再度收緊（翁松燃，1998：130-131）。儘管兩岸關係在香港政權移交之前低迷不振，但北京對台港關係秉持務實穩定的基調。王家英認為，香港在兩岸中介的角色，基本上受到兩岸之間相互針對的政經政策所影響。北京方面在政經分離的立場上，一方面主張香港政權移交不對台港經貿及民間往來造成任何重大衝擊，同時極力促使台港關係轉向非政治化的路線。回歸後的特區政府須與北京就台港關係進行溝通及配合，香港必須嚴守中國政府對兩岸事務的立場，並以民間名義模糊台港交流的政治敏感性（2000：26-36）。

　　目前關於台港關係的研究，主要將香港置於兩岸關係的脈絡中，討論香港如何作為兩岸關係的中介角色與對兩岸政權的意義，鮮少注意香港社會內部的變化對兩地互動產生的政治性如何影響香港社會對台港關係的理解。大多學者皆將如此的政治性聚焦於兩岸政權對台港關係的影響，以及港英政府如何以民間互動為兩岸建立看似無關政治分歧的連結，並認為台港之間民間跨境互動的「非政治化」乃面對兩岸分治之必要做法。然而不能忽視的是，台港民間往來涉及的政治性並非僅受兩岸關係影響，香港社會內部的發展和變化亦可能影響台港互動。

前述也斯70年代的文學書寫便顯示了在香港本土文化萌芽的時期，作家的台灣觀光如何成為本土身分的尋根之旅，開始藉由異地反觀自身文化與認同。

　　相較於前述台港民間互動的歷史，大約2010年之後台港關係有了顯著的變化，除了觀光與留學人數增加，台灣更成為港人移民的主要目的地之一，社會對台灣的好感度也快速提升。面對如此的台港關係新階段，本研究試圖探問：究竟台灣因何贏得港人高度的認同與好感？也斯遊記中的台港之別是「落後鄉土」與「高度現代都會」的發展差異，當年詩人前瞻性的現代性反思中台灣代表的「落後鄉土」何以轉變為今日的「慢活天堂」？如果也斯認為理性／冷靜與感性／熱情是港台文化身分的重要對比，我們該從何理解今日港人愛台灣展現的感性與熱情？再者，近年港人的「哈台」並非源於台灣流行文化的輸出（如60與70年代），那麼「哈台」想像的中介為何？下一節將討論晚近被香港人視為理想棲居之地的台灣，如何持續成為香港的文化他者，以及香港如何以新的台灣意象與想像重建其本土身分與社群想像。

二、台灣是個好地方？生活方式型移民的選擇與他者化的集體地緣想像

　　在現今的移民研究文獻中，香港移民在台灣的研究少有關注，多半集中在港人於北美（主要是加拿大）的案例。如此的研究空缺主要是由於當香港面對中英草約的簽訂與回歸期限的倒數時，中產階級港人移民的優先選擇為北美。因此有研究探

討移民加拿大的港人如何改變當地的消費和房地產市場，又如何同時受當地社會環境的影響（Lee and Tse, 1994; Olds, 1998），亦有研究「太空家庭」此類遊走港加兩地的移民生活形態（Waters, 2006），或探討不同地理尺度之間的移動對家庭成員不同生命歷程（life course）之影響（Kobayashi and Preston, 2007），以及回流和兩地旅居對不同年齡層的家庭成員不同的重要性（Ley and Kobayashi, 2005）。部分研究則探討港人移民澳洲後，如何論述自身與異鄉和故鄉的空間關係，進行移民主體的協商（Mar, 1998）。在少數探討港人在台移民的研究中，姜蘭虹與林平以質性訪談，探討香港移民在台的政治態度，文中24位從40歲到70歲不等的移民皆為優勢移民：他們大多為專業人士，有穩定的工作與較高的社會地位。參照其研究成果，本章試圖檢視新一代香港移民敘事中的政治傾向與情感。在姜蘭虹與林平的研究中，冷戰時期移民台灣的港人大多表示，移民台灣是由於對於共產黨的恐懼與不信任（2016：11），也就是出於政治因素選擇移民台灣。這個時期的移民者儘管抱持堅定的反共立場，但對當今台灣自詡先進的民主態度上多所保留，同時對近年來台港的反中浪潮與太陽花及雨傘運動不表認同（2016：14-15）。此一前導研究提供了比較的視角來檢視新一代香港生活方式型移民敘事中的移民動機及政治態度。

乍看之下，在台港人的敘事似乎與一般的移民故事大相逕庭。有別於強調融入異地生活與認同新國家艱辛歷程的移民（如英國與美國的移民），在台港人敘事少見身分認同上的困擾，多半展現對新生活的滿足與對移居地的熱愛。同時，他們似乎並不關注在台灣的新身分或稱號，而是使用「在台灣的

香港人」自稱。如此積極正面的基調或者不強調融入的特性，皆可歸因於這類敘事中的港人多為生活方式型移民（lifestyle migrants）。所謂生活方式型遷移是指相對優渥的個人，或短期暫居或永久移民，[7]出於不同原因遷移至對移民者而言有生活品質之處（Benson and O'Reilly, 2009: 621）。托京頓（Kate Torkington）指出，生活方式型的移居是「消費主導、與觀光相關，奠基於休閒」（2012: 74）。歐瑞里與本森（Karen O'Reilly and Michaela Benson）認為，生活方式型移民嚮往的空間通常是「現實與想像的庇護所或重生之地，一個具有療癒之效，能提供自我實現，讓人逸樂忘憂、提供逃避之所在」（2009: 6）。

　　整體而言，關於生活方式型移民的研究，目前仍以西方的脈絡與案例為主（Amit, 2007; Benson and O'Reilly, 2009; O'Reilly and Benson, 2009; Benson, 2011; Torkington, 2012; Croucher, 2012）。以下將以在台港人敘事中的重要特性為例，深入探討港人生活方式型移民的特殊性，藉以與目前的文獻對話。本章將探問：台灣在哪些意義上符合或有異於一般生活方式型移民的空間想像？倘若「空間流動性本身促成了某種形式的自我實現」（O'Reilly and Benson, 2009: 5），移居台灣的經驗讓香港人在新的感覺結構下建構了什麼樣的自我實現？其中的情感／情緒表述又呈現了怎樣的地緣政治？

7　台港之間的近距離使得港人移民台灣擁有高度的流動性，亦即，如果生活不順利，發展不如預期或者有其他需求，港人可以選擇返回香港。這亦是生活方式型移民一個常見的特性（Torkington, 2012: 89）。

　　生活方式型移民的移居地雖然看似皆為高度個人化的選擇，然而，某些移民目的地的意義其實超越個人層次，早存在於文化想像中，成為集體想像之神話（Benson, 2011: 12）。因此，分析移居／移民敘事可以彰顯香港集體意識中的台灣形象與想像，指認是什麼樣的文化邏輯構成合理化跨境流動的框架（justificatory framing），從而思考敘事中的地緣政治與情感／情緒。具體來說，深究其想像機制（mechanism of imaginary），港人試圖藉由「哈台」的行為（凝視與移居）滿足當下香港自我敘事中紛亂矛盾的部分情感需求——透過愛的修辭，挪用「小確幸」論述來凝視台灣，將其界定為新生活的好地方，從而建構移居／移民之主體性。

三、愛台、愛港與反中：「小確幸」與情感政治

　　如本森所言，刻板印象常被用來合理化移民動機，並顯示其對他者之域的文化想像（例如在法國鄉間的英國移民）（Benson, 2011: 119-122）。港人對台灣的「小確幸」刻板印象即是生活方式型移民敘事中港人用來定義台灣作為好地方的核心概念，也是理解「哈台」現象的關鍵。在深入分析生活方式型移民或者香港媒體盛讚褒揚的「小確幸」意涵之前，先將此語置入台灣的現實來檢視其曖昧與複雜。在大眾媒體的脈絡中「小確幸」保留了日本作家村上春樹原來的用法，意指「人生中小而確切的幸福」[8]（2002：80-81），泛指日常生活中隨手

8　「小確幸」取自日文「小さいけど確かな幸せ」的漢字。

可得、看似微不足道的樂趣，代表一種知足常樂的正向心態。隨著此語的流行，開始出現對台灣「小確幸」文化政治的解讀。例如，日人本田善彥（引自杜宗熹，2016）指認「小確幸」為台灣政治逃避主義遺留至今的託辭：「『這個國家』」早期為『偏安』，但元氣和志氣喪失後，多數居民活在桃花源記般的『避秦』境界，可憐自己，迴避棘手議題，只在乎眼前的「小確幸。」[9]趙剛（2014）以更批判的觀點指出台灣「小確幸」文化的逃避主義，反映的其實是在高度問題化的社會情境中的一種「苦中指樂」：「它是這個資本主義世界中飽受不確定與無望感的青年人與中年人的挫折與痛苦的一種表達。它是一種失去理想、夢想、未來，或任何自我超越可能的『主體』的自衛／自慰性精神狀態。」除了「苦中指樂」的虛無幸福感外，趙剛進一步指出「小確幸」更涉及台灣的政治主體建構：「『小確幸』遠遠不只是一個軟綿綿的生活態度，而是一個強悍的政治建構」──「80與90年代民主政治之後台獨運動第三波主體自尊感的建構，是以『小確幸』作為『文化無意識』。在這第三波裡，『中國崛起』被論述成『中國威脅』的單一可能性，青年學運的『台派』以『小吃』、『捷運文化』、『最美麗風景是人』指認『小確幸』，並進行政治動員。」[10]文化評論者張鐵志亦藉由「小確幸」指認同樣的歷史群體，但有別於趙的批判，他為「小確幸世代」辯護，認為此語除了消費層面的意義，代表某種生活方式的追求之外，趙剛所謂「台獨運動第三

9　參見杜宗熹（2016）。
10　參見趙剛（2014）。

波主體」其實是新時代價值的創造者，代表多元價值：不以競爭力或賺大錢為最高價值，而是追求自我實踐（微型創業、返鄉創業等等）（張鐵志，2016：54）。換言之，「小確幸」的台灣新世代是繼承了80年代以來台灣民主運動與社會運動的價值，「讓環境保護，社區改造，多元平權，民主參與等改變台灣社會……並且讓這些價值開花結果」，其實日本等先進國家青年早就有如此的實踐（2016：54-55）。上述不同立場的解讀凸顯了「小確幸」一詞在台灣的意義乃是同時指涉生活態度、消費行為以及新社運世代／政治主體，承載了矛盾衝突的文化與政治意涵。

　　「小確幸」文化跨境流通之後，在港人的移居／移民故事中成為描述移民動機以及對比移居地與故鄉差異的常見修辭。生活方式型移民書寫的一個典型的敘事邏輯是移居者藉由對移居地的歸屬感與認同，來定義其追求的好生活。同時，移居者經常比較移居地與原居地的好壞（冷漠疏離的危險大都會／和善熱情的安全鄉間鄰里，寒冷陰鬱的北國／溫暖晴朗的南國，水泥叢林的高壓生活／原始自然的緩慢悠閒），進而重塑新身分與投射新生活願景。在港人的案例中，移居地台灣的種種美好皆可藉由「小確幸」一言以蔽之，此語不僅是台灣文化與生活風格的同義詞，也成了吸引港人來台定居的主要原因。就此而言，港人眼中台灣「小確幸」和一般台灣媒體用法的意義一致，也就是某種生活方式的追求。

　　這類敘事中反覆可見「小確幸」作為描述台灣好生活的綱要。例如，定居新北市淡水的插畫家Emily在序言中自述：「生活必然有些苦的地方，但這本書要說的是我在台北嘗到的

甜，一些台北獨有的，微小但確切的幸福。」（2012：13）黎慕慈書中以「小確幸」作為擁抱台灣的理由的分類主題。此外尚有香港《經濟日報》的專題報導以「香港人眼中台灣人的八個『小確幸』」為題，分析台灣對香港的吸引力。在這些香港移民敘事中，「小確幸」成了追求美好生活而移民的現成語彙，意指許多時下流行的中產階級生活方式與反消費主義的態度。例如，不少故事中的台灣是實現慢活與綠色運動的天堂，充滿田園樂趣：「〔台灣人〕推崇休閒生活，享受生活中的『小確幸』……具體來說，就是一旦厭倦了台北的辦公室工作，可以跑到台東，退隱高山自種田，結間茅屋白雲邊，在台灣，這並不是稀奇的事。」（黃璟瑜，2016：149）此處呈現的田園理想建立在地理空間的壓縮想像（台北與台東零距離），以及將台灣人浪漫化為隨興自在的現代陶淵明（能隨時放棄辦公室的工作隱居深山或下鄉種田）。有趣的是，雖然一般生活方式型移民理想的田園是指與大都市相對的純樸鄉間，因此此類移民常被視為反城市運動的表現（Benson and O'Reilly, 2009; Hoey, 2009; Benson, 2011），但在移居港人的好生活書寫中，台灣的田園風景不僅指涉真正的鄉村原野還涵蓋了現代都市。例如，《樂戶台灣》的作者黃璟瑜在簡介中描述移居台灣的動機：「土生土長的香港人……到高雄小住，當地人的熱情、和善，讓我感動萬分，更由此發現理想生活的原型，從而萌生移居台灣的念頭……現居於高雄過著優哉游哉的日子。」（2016）許多中年中產階級來台工作或享受退休生活的港人，正是訴諸此類修辭來描述身為生活方式型移民的經驗。像黃璟瑜這般對台灣的城市（高雄或台北）懷抱田園想像的香港人所在多有。Emily

介紹台北生活的圖文書便具體地展現了如此的浪漫田園想像——在台灣即使隱於市也能坐擁溫暖人情、閒適生活以及近在咫尺的自然生態。全書以插圖為主文字為輔，溫暖甜美的童話風格夢幻地呈現了台北好生活的主旨，其中「散步就是散心」一節刻畫了大安森林公園、淡水紅樹林步道與無名小巷弄的休閒風情。作者說：「巷弄的有趣之處，就在於這些不足道的小發現。」（2012：59）在Emily的畫筆下，台北堪比19世紀漫遊者的天堂巴黎，一個只要漫步其中便歡快無比的城市。

其實與台北相較，香港並非沒有郊野綠地或公園步道，更不乏小巷弄，何以在台北能樂於尋找巷弄中的小發現，但在香港卻不能？再者，台北巷弄街道實非步行者天堂，潮濕多雨之外，更不用說都市規劃不佳，多半停滿機車或堆放商品。如此美好生活想像的破綻或可歸因於上述生活方式型移民的「小確幸」再現其實類似觀光客的凝視。在此類敘事中，台灣的地景在港人凝視之下成為浪漫化的田園理想（idyllic ideal），某個意義上仍不脫「後花園」的意象。「後花園」一語具有殖民色彩（如法國前殖民地象牙海岸有法蘭西的「後花園」之稱），一般意指近距離、低物價，適合短期休閒旅遊之地，並暗示觀光客與觀光地的發展差異與現代性位階高低。台灣作為香港「後花園」的說法十分普遍，[11]暗指兩地現代性發展的高下之別。值得注意的是，對今日香港人而言，台灣這個「後花園」

11 關於「台灣作為香港後花園」的說法，主要用於形容台灣的地理位置鄰近香港（馬岳琳，2011），「彷彿在香港不能實現的都可以在那裡〔台灣〕成真」（李秀嫻，2016），也能忙裡偷閒的安排假期到台灣「充電」，「補充『養分』」（鄧予立，2009）和「釋放心情」（孫儀威、林豔，2013）。

似乎從短期旅遊之地轉變為理想生活之夢土，現代性發展的落差被賦予不同的價值，原本「鄉土台灣」可能意味著窮鄉僻壤與化外之地，如今卻成了悠閒慢活、友善生態的桃花源。港人紛紛重新凝視這個親近的地緣他者，並毫不保留地抒發愛台灣之情。除了香港近年政治紛擾、經濟發展遲滯、社會流動趨緩的脈絡之外，究竟該如何解釋如此集體想像的變化？這樣的變化又是以什麼樣的方式表達？在台港人敘事中愛的政治為我們提供了重要的線索。

首先，在這些移居／移民敘事中常見求愛的語言（language of courtship）——「墜入情網」、「一見鍾情遇上夢中情人」、「尋找白馬王子」、「跟台灣談戀愛」等詞彙屢見不鮮。這是一個有趣的特色：一方面，這類語言的頻繁出現對於不直接表達情感的香港人來說並不尋常；另一方面，雖然生活方式型的移民也常以近似的詞彙描述移居之地，例如，移民葡萄牙鄉間的英國人談到移民經驗時，會說自己「完全愛上了此地」（Torkington, 2012: 83），但港人的台灣敘事中出現的「愛」並非僅是隨興一提、輕描淡寫，而是以各種通俗劇的求愛語言，將移居之地比喻為慾望客體。幾個具體的例子可以清楚看到這個浪漫化的傾向。插畫家Ali為《島嶼・浮城》一書寫的推薦詞便使用了如此的語言：「《島嶼・浮城》記錄了21世紀的香港人怎樣跟台灣談戀愛的故事，從相識、交往、以至計畫白頭偕老的生活歷練實證……」年輕作家紅眼則是以失戀的經驗來描述他旅居台灣幾年之後首次以觀光簽證入台時的心情：「就像多年以來牽手逛街的戀愛，如今見面卻要隔開五釐米，有一種失戀的哀傷，我已經『被不屬於台灣了……』。」（李雨夢，

2015：249）某個意義上，這樣的慾望投射類似19世紀以來的他者敘事，此類敘事的主體常將他者陰性化來確認自身的陽剛位置與現代性發展之優勢。其實如此的性別化他者傾向早已出現在香港的影視與媒體中。例如，在回歸前的經典愛情片《甜蜜蜜》（陳可辛，1996）中便有跡可尋。片中的幫派大哥「豹哥」偷渡來台之前以玩笑話安慰情人，要她不必以他為念：「不用擔心，我很有辦法的，在台灣有很多老婆，高雄有一個，台中有一個，花蓮有一個，阿里山也有一個……。」片中暗夜送行的場景凸顯了黑道大哥的鐵漢柔情與風趣幽默，角色的說服力來自於將台灣的形象陰性化，提供落難的香港陽剛主體既現實又虛構的庇護，使其既能遁逃於法網之外，又能坐擁妻妾成群。此處對他者的凝視潛藏現代性主體對化外之地的刻板想像。

近年台灣的陰性氣質的具體形象是「台妹」，此語泛指所有年輕台灣女性。香港媒體報導將「台妹」再現為溫柔順從、有女人味，而這樣的他者形象對比的是強勢獨立、要求高的「港女」與向來形象不佳的大陸女性。[12]如有網路媒體專欄作家直言港男喜歡台妹，主要因為「台灣女生就是天生會撒嬌的能耐……香港女人太聰明，太有成就，太bossy；台灣女人的笨，剛好補上男人缺少的那一塊自尊」（李聲揚，2017）。[13]

---

12 最近的例子包括港劇《不懂撒嬌的女人》（2017）。劇中來自上海與台南的女性角色分別代表潑辣豪放與溫柔可人，對比直率有效率但不懂得撒嬌的香港女性。

13 又如：「港女太強勢硬朗，聰明能幹但就是欠一點圓滑柔勁……港男總愛台妹嬌嗲、日本妹可愛，每次提起港女總要手撐頭」，參見楊麗珊（2016）。

即使是聲援港女批評台妹的報導都強調：「講起台妹，最令港男幻想亦最令港女討厭嘅，就係台妹嘅嬌嗔。可能因為港女嘅『獨立』，更令港男追求台妹呢啲小鳥依人嘅溫柔。」（路以苡，2016）此類媒體再現、傳播的「台灣」與「台妹」提供了既成的文化形象，空間被性別化並賦予差序價值（香港／陽剛，台灣／陰柔）。當性別化的地理想像進入社會的集體潛意識，訴諸男歡女愛來描述移居台灣的經驗與對台灣生活的嚮往似乎也就不足為奇了。

　　值得注意的是，港人移居／移民故事中以愛戀修辭所表達的台港關係，除了對他者的深情凝視之外，更與對故鄉香港的情感息息相關。如前所述，生活方式型移民敘事中普遍可見的是將移居地與故鄉相互比較。在香港的案例中一個特別的例子是兩地人民對家國的愛的表現方式——前者似乎總是直言無諱，而後者多半有口難開。例如，黎慕慈說：「問台灣人愛不愛台灣？跟問香港人愛不愛香港？答案比例絕對截然不同。」（2014：11）李雨夢（2015：196、276）也以其書中幾個故事指出，在台港人深感困惑的一點是似乎台灣人可以很輕易地說出愛台灣，但現在恐怕沒有太多香港人能自在地說他們愛香港。乍看之下，台灣人的愛國成了香港人的對比——以近年的狀況來說，港人對北京與特區政府表達強烈的失望、反感與不信任等情緒，並將愛轉向他方，一個似乎能提供好生活的承諾之處。但必須深究的是，當「愛國」似乎與香港作為共同體的諸多基本價值扞格不入，但「愛國愛港」這類政治主張又將「愛國」定義為「愛港」的前提與必要條件時，身處特區的香港主體應如何、或是否能投注對國家的情感？如此的複雜情感

／情緒又該如何表達？某種程度而言，近年香港的「哈台」現象可視為港人對上述難題的回應。因此，在這些移民敘事中，「愛台灣」並非只是針對移居地單一對象的情感／情緒投注，而是透過對台灣（親密的他者）的好感來表達對於自身（追求好生活但不忘香港的跨境主體）與中國的種種複雜感受。舉例而言，來台經營咖啡館的夫婦 Raymond 與 Kia 的故事呈現了愛在心口難開的香港人心境：「『愛台灣』、『愛台北』、『愛台南』，說起愛的時候台灣人臉上總會掛著得意的面容，反觀自己和香港，我們從不輕易說出愛香港的字眼，總會覺得異常肉麻。那些在香港打著『愛』旗號的團體，往往利用令人起著雞皮疙瘩的愛國情懷操弄著人們的情感，於是愛這個字，很難說得出口。」（李雨夢，2015：70）如這些生活方式型移民所言，「愛香港」一語如今已與中國的愛國主義無法脫鉤。如此一來，對香港家城難以表述的愛，部分歸因於港人不認同「愛國愛港」的宣傳口號或者如「愛港力」等親中團體。對許多年輕港人如 Raymond 與 Kia 而言，愛（中）國被設定為愛香港的前提，但如此的前提違背了他們的情感經驗以及香港諸多基本價值。於是，當「愛港」隱含了親中愛國的政治主張，抱持不同政治理念與認同，或無法感受自身對「祖國」之愛的港人也可能因而失去了表達對在地情感的語言。[14]

　　另一方面，移民台灣的身分提供了移居港人一個新的脈絡與契機，讓他們重新檢視過往的生活並藉此表達他們對於香港

---

14 由此觀之，或許可以理解為何本土派常訴諸仇恨修辭來表述對香港的關懷與認同。對某些港人而言，反中的激烈話語是訴說香港之愛的唯一語言。

的情感。在生活方式型移民的故事中，有不少港人被問到對於離開香港到台灣的感受時，指出遠離家鄉的新生活讓他們以不一樣的方式看待香港，且得以重新審視在雨傘運動之後對家鄉的愛與責任（李雨夢，2015：278）。作家紅眼的故事便見證了如此的心境轉變。他自述經常往返台港的自己是個對於香港或任何駐足的城市毫無情感依附或任何感覺的都會人；然而，在雨傘運動後一次返台的心情讓他有了新的體認：「我才終於明白我真正在意的正是我的家鄉，香港。」（250）李雨夢以這則故事得到的啟發作結，她寫道：「我開始明白，對某些人來說，不是對香港沒有歸屬感。而是因為離家不夠遠，看不見家的全貌。以及對自己心中所繫掛的地方，那最深層的愛護與難以言喻的情感。」（250）紅眼的故事顯示，時間與空間的距離容許生活方式型移民不僅在移民初期比較「此地／他方」，並能在之後反思對家鄉的情感，尤其當家鄉有難之際。

　　再者，「愛台」除了用來表達「愛港」，亦是一種仇恨修辭，表達港人對國家的不滿與失望。在這些敘事中，對台灣的好感常引發港人抒發自身對今日失落的香港的情感／情緒，或表感傷或顯憤怒。在眾多的敘事當中普遍出現的對比是台灣的幸福美好與香港的問題重重，當香港今日的種種困難（政治、社會、經濟與環境等）反覆指向中國因素，港人對台灣田園想像的熱愛也一再伴隨著強烈的反中情緒。換言之，在此類敘事中，對於台灣是個好地方的禮讚同時直接或間接表達了對中國的反感。以下兩個例子或可證明此觀點。Kiky 與 Jacky 是一對移居南台灣偏鄉後灣經營民宿的年輕夫婦，兩人「因為**深愛這片土地**，所以希望能為當地出力，特別是環境保育這一塊，他

們的態度與後灣居民的立場是一致的」（227；強調為本書作者所加）。這個民宿故事的保育理想對比的是迎合毫無環保意識的陸客的觀光景點（如墾丁）（229）。兩者的比較顯示民宿主人歡迎的客人絕非喜歡到墾丁旅遊的陸客。民宿女主人強調生活方式型移民不僅要為在地社區付出，並且必須入境隨俗：「移民不是有錢就了不起，如果你準備要去一個地方展開新生活，卻又不打算適應及貢獻當地的社會，這種心態與行為跟蝗蟲又有什麼分別呢？」（216）敘事中出現的「蝗蟲」比喻，明白指涉近年港人認為造成香港社會問題與生活壓力的內地人（陸客、水貨客、內地孕婦、陸生等等）。又如，退休記者黎慕慈的自序陳述了移民台灣的理由，也是她告別香港的原因：「生活的品質，不是決定住在哪一區吃過多少家米芝蓮餐廳，是平日可以漫步街頭，休假可以徜徉大自然，是在路上看到樹木與腳踏車，而不是金行與藥房。」（2014：10）與台灣悠閒生活方式對比的是香港消費主導的生活：豪宅與美食在道德上難比反璞歸真的美德，樹木與腳踏車則進一步凸顯藥房與金行這類討好陸客的消費空間，代表香港近年的惡托邦（dystopian）地景。

　　在這兩個例子當中，「愛台灣」背後的價值無論是社區意識與生態保育，或者簡單生活與崇尚自然，皆指向「小確幸」文化。若以趙剛的觀點來看，與台灣的情況類似，「小確幸」亦提供了港人表達反中情感／情緒的具體詞彙。在此意義上，以在台港人，尤其是年輕世代的移居港人如Kiky與Jacky來說，「小確幸」也如趙剛所言，不僅是生活態度更是一種政治表態與主體建構。

四、化「無用」為「有用」：「小確幸」與新企業人主體

　　「小確幸」作為主體建構並非必然是政治主體，「愛台灣」與「小確幸」亦是這類書寫中形塑企業人身分不可或缺的想像機制。對於生於80與90年代的香港青年而言，「小確幸」不僅是一種生活方式的選擇，更是實現求職與創業夢想，創造自身階級流動的機會，而此時愛的語言除了正當化生活方式型移民的選擇，更承載了港人務實算計的企業人精神。若從經濟理性來看，港人來台圓夢似乎完全不合理。台灣的經濟表現長期衰退不振，大學畢業生每月平均收入之低人盡皆知（約2.2萬新台幣）。如果海之彼岸的樂土其實是荒原，那麼該如何理解年輕港人看似違反理性經濟人（*homo economicus*）逐利原則的移居選擇？問題的答案部分可從近年香港艱難的就業市場中看出端倪。初入職場的香港年輕世代，所謂「沒有希望的一代」（Pau, 2014），身處北進前景黯淡、中港矛盾激化的時代（呂大樂，2014）。不願前進中國，或者北進之後並未找到理想工作的年輕人眼前是荊棘滿布的道路──香港本地的經濟發展趨緩、生活消費水平日漸高漲，同時必須與來港的內地菁英激烈競爭。除此之外，香港的經濟結構向來嚴重偏向金融與房地產業，年輕的畢業生職業工種的選擇有限。雪上加霜的是，當代科技的發展與境外外包（outsourcing）降低了白領服務業工作的需求，而創業的初始基金又非人人負擔得起。上述種種香港就業市場的嚴峻使得鄰近的台灣成為港人另謀出路的可能。然而，不能忽視的是，台灣夢似乎對某些類型的年輕人特別有

吸引力。雖然沒有官方的數據統計，但從媒體的報導以及這些生活方式型移民的故事中可以看出，香港年輕人在台謀生主要是從事文創業（包括自由工作者）或者經營咖啡廳、民宿、手工藝品商店與設計師工作室。換言之，他們從事的是張鐵志（2015）所謂的「小確幸產業」或「生活方式產業」。

　　港人來台多從事「小確幸」工作的原因除了近年文創相關產業在台灣的快速發展之外，更與香港社會長久以來講求實際，以賺錢多寡為職業好壞判準的文化息息相關。如果說今日年輕港人是社會流動性受限，飽受桑尼特（Richard Sennett, 2006）所言之「無用的幽靈」（specter of uselessness）縈繞糾纏的一代，那麼有志於「小確幸產業」者必是其中感受最深的族群。這類工作除了在收入上難以追趕香港的消費水平，在香港中環價值的緊箍咒下，與金融財務等產業相較，更在價值判斷的階序中居於低下的位置。亦即，在主流社會的刻板印象中被認為是不切實際且沒有出路的職業，因而難脫「無用」的汙名：「〔香港的文創工作者〕一旦賺錢少，買不起樓，便被社會冠以**廢青**之名。」（強調為本書作者所加）[15] 相較於此，台灣社會的工作選擇較多，年輕人即使是市井攤販似乎也不失尊嚴。在花蓮經營服飾品牌的香港歌手蔣雅文羨慕這樣的工作文化：「台灣年輕人可以推著車巷弄賣雞蛋糕，這不是『小確幸』，這是一種很大的幸福。」[16] 香港《經濟日報》的專題報導中，台灣的8個「小確幸」之一便是：「工作種類多元化……

15　參見SJ（2016）。

16　參見謝素娟（2014）。

炸雞排的小販可以創造豪大大雞排的**國際品牌**。」[17]來台經營青年旅館的林維源也說：「在這裡生活就是開旅館也好，賣菜的也好，**做得出色都有存在價值！**」（強調為本書作者所加）[18]此處對工作價值的認定充分凸顯了香港邏輯。首先，對港人而言，台灣職場的「小確幸」並非狹義地指涉從事生活方式產業，而是意味在香港價值中看來低賤無用的各類營生方式在台灣似乎都能堂堂正正，不受汙衊歧視。也就是「台灣對於各行各業的寬容度都比香港來得高」（李雨夢，2015：281）。台港對於工作價值的認定差異，無疑強化了台灣對年輕港人跨海移居的吸引力。另一方面，這個過於理想與浪漫化的觀點隱含了更深層的香港價值。仔細檢視上述的引言，可發現《經濟日報》的報導與林維源的訪談都將「小販有尊嚴」與「小販也能大成功」兩者混為一談，其實話語中強調的仍是工作成功與否（把炸雞排變成「國際品牌」與「做得出色」），而非工作本身不計成敗的尊嚴。此處道德語言（工作無貴賤）與經濟理性（成功的結果）的混淆正凸顯了在香港的脈絡中，任何無法發達賺錢的工作便代表無用而沒有尊嚴。由此觀之，台灣的「寬容」或許便是職業貴賤與主流價值定義的成功與否，兩者之間沒有必然的連結。

　　黎慕慈對台灣的「小」文化的精準觀察可供我們進一步理解「小確幸」對年輕世代生活方式型移民的雙重功能（追求理想生活／擺脫無用的幽靈）：「〔台灣人〕活在小時代，台灣人

17　同註15。

18　參見蕭惟珊（2014）。

安於小資生活，追求小清新，滿足『小確幸』，開小店做小生意……。」（2014：11）如果此處黎所言的「小資生活」呼應了生活方式型移民的波西米亞想像，那麼「開小店做小生意」召喚的則是欠缺各項資本（資金及社會、文化），在嚴峻時代將「小」（成本／生意）視為躋身企業家世界入場券的年輕港人。在《商業周刊》的訪談中，她更明言，「台灣最可貴的是每個人都有作夢的空間」：「香港人不是沒有夢想，而是不敢作夢，整個經濟已經膨脹到一個階段，一般人的生活是很卑微的。**但是在台灣，就算只有一點錢，也有實現夢想的機會。**」（177；強調為本書作者所加）正如許多敘事中的創業者所言，他們之所以選擇來台創業是因為此地低廉的租金、初始成本與生活開銷。例如，華山文創區的 3D 列印咖啡館的創辦人黃駿賢便說：選擇台灣創業，一方面是台灣向來以中小企業為主的經濟特性，其次是成本的考量：「同樣有十塊錢，在那邊活三個月，在這邊可以活兩年」（陳怡如，2014：178）。無論是黎口中的「就算只有一點錢也能實現夢想」或者黃駿賢的「十塊錢」說法，都說明了港人移居來台並非皆是所謂「心口掛個勇字」，有勇無謀不切實際，而是有物質基礎的尋夢，是經過計算與考量的理性選擇。

　　仔細審視這些年輕港人企業家的故事，不難發現港人在台灣的創業故事大致符合常見的成功學或富人傳記的敘事梗概，旨在敘述個人如何具體展現在市場經濟中成功的不同路徑與經驗，但不同之處在於，故事中常見以生活方式型移民的浪漫語言來敘述創業精神與經營之道，強調台灣的慢活與人情味等特性而非著眼於商業逐利的經濟理性。例如，黃駿賢說要開

設 3D 列印咖啡館這樣具有新興實驗性質的商家，「在香港只顯得不切實際」。而台灣不僅給了他「工作上的空間，更重要的是思考上的空間」（陳怡如，2014：179）。在台北西門町經營漫步旅店（Meander Hostel）的林維源的故事更具代表性（李雨夢，2015：144-161；陳怡如，2014：170-172）。這位李雨夢筆下的「慢活的創業家」原本想在香港經營青年旅店，房東卻因為覺得這在香港不是門好生意、不可能賺錢而毀約，他只好輾轉到台北。不久後在西門町的一處老社區找到便宜的房子，便投入資金開設了漫步旅店。台灣低廉的租金與相對開放的租賃環境提供了林維源創業的空間：如果來台灣「創業租金可以省下一大半」（李雨夢，2015：150）。而對台灣「小」與「慢」文化的認同則輕易成為另類經濟邏輯的論述基礎，使得這個原本是頂尖業務員的年輕男孩搖身一變成為具有「浪漫主義特質」的生意人：「生意人開酒店都是為了賺大錢，但他開青年旅社的最大心願卻不是為了這個。旅店不需要每日都呈現客滿的狀態，只要住在漫步旅店的客人都是適合的旅人，那便足矣。」（李雨夢，2015：158）林將這樣的浪漫歸功於台灣教他的人生智慧，在佳樂水旅遊發現了不是為賺錢而開的衝浪店與好客不惜成本的茶園民宿，都讓他重新思考賺錢與追逐夢想的平衡，教會他「不為錢而活」的生活態度（李雨夢，2015：171）。此處，所謂「不為錢而活」的態度可視為跨境主體對香港社會主流價值（搵錢至上）的反思——援用台灣「小確幸」代表的工作價值，亦即，前述張鐵志的定義：「不以競爭力或賺大錢為最高價值，而是追求自我實踐。」（2016：54）以個人的移居經驗重新賦予創業與工作之價值，建立有別於中環精

神的企業人主體。另一方面，台灣的「小確幸」文化既能在象徵意義上翻轉中環價值，浪漫的生活風格也能被挪用為實際的商業利基。林維源便精明地利用慢活的概念以及台灣的好客精神，成功地行銷了他的青年旅社，使其成為一個讓旅客可以品味「小確幸」／台灣味的起點。旅店的網站上是這麼寫的：「Meander Hostel 不僅僅是一個歇息的地方，同時也是一種旅行、人生的態度……希望旅客們都能體會到我們**愛台灣**的用心與喜愛旅行的熱忱。」（強調為本書作者所加）[19]換言之，生活方式型移民的創業家的浪漫，所謂開旅店是為了「分享慢活與漫遊的生活態度」（李雨夢，2015：146），本質上仍是以愛之名行銷生活風格的逐利修辭。

五、結論

　　為理解近年香港的「哈台」以及連帶的人口移動，尤其是該現象的意識形態，本章梳理台港兩地的地緣關係的歷史連結，取徑情感／情緒的文化政治研究，除了試圖發掘孕育香港人「哈台」風氣的社會脈絡，並針對生活方式型移民敘事中的文化邏輯，分析這些故事中展現的情感／情緒如何塑造香港人的個體與集體性，重新定義自身與台灣及中國的邊界，乃至尋求新的想像社群的可能。而如此的社群想像乃是建立在（大）香港主體的視角、本位與需求之上。

　　綜上所述，移居／移民論述中的各種愛的語言可視為港人

---

19 參見〈關於漫步〉（無日期）。

與台灣建立新連結的政治無意識。在這些「哈台」故事中，「愛台灣」某種程度上是一種「速記」（shorthand）功能，或用來抒發港人不慣於表達的激烈情感／情緒，或者用以對照愛香港卻失語的困境。此處的「速記」概念是借用史凱斯（Beverly Skeggs）對工人階級再現的研究發現，意指在英國的肥皂劇中常使用勞工階級來表現（激烈）的情感／情緒，用以再現中產階級節制與禮儀符碼所不能表達之行止。「速記」因此是「想像的『原真真實』之簡化」（an imaginary simplification of "authentic truth"）（2004: 110）。在「哈台」敘事的脈絡中，「愛台灣」作為一種速記，經常只是字面意義，去歷史化及去脈絡化之後方能作為修辭工具。由於主要是用來對比愛香港之難，因而常是相對空洞的能指，忽略「愛台灣」作為意識形態建構與政治修辭，有其自身的歷史複雜性與多重意涵。例如，在本土化運動之後，「愛台灣」通常具有表演性，亦是用來區分自我／他者的排他政治的主要修辭。對於香港人而言，似乎所有的台灣人都能輕易地大聲說愛，然而事實上，「愛台灣」對台灣某些族群（例如新移民或者第二代／第三代外省人等）而言同樣有口難言。[20]如此對「想像的『原真真實』之簡化」說

---

20 雖然限於主題與篇幅，本章無意在此深究「愛台灣」的論述建構與如何被動員挪用，但至少必須釐清的是，就此論述晚近的發展而言，從90年代台灣開放民選總統後，「愛台灣論述」成為每任總統大選的文宣及討論焦點。雖然相關論述的主軸隨時代的變化而有所不同，但其內容主要是以論述特定的行為表現來指認自身對台灣的認同和情感連帶；有時亦以批評的方式，指認競爭者的「賣台」行為和言論。民進黨主席蔡英文參選2016年總統的過程，認為台灣的主體意識，「已經變成年輕世代的『天然成

明了對他者之愛是港人主體建構的慾望投射，「哈台」不必然能促成對台灣的理解。

總體而言，欲釐清晚近港人的「愛台灣」現象不能忽視情感政治與地緣政治的分析面向。「哈台」情感／情緒的成形乃是與香港、台灣與中國彼此連動的發展狀態以及地緣關係息息相關。唯有將香港對台灣的情感／情緒凝視置放於歷史與地緣政治的框架下檢視，方能理解生活方式型移民敘事中，香港人對理想生活以及企業人主體的想像實與回歸後的集體「愛的政治」緊密鑲嵌、難分難解。探討香港近年「哈台」敘事中社群想像的政治無意識，不僅啟發我們批判性地理解新階段的台港關係，更得以進一步思考邊界研究中情感／情緒與地緣政治的交互作用。

分』」。民進黨大老林濁水隨之以「自然獨」進一步論述如此的「天然成分」，認為有別於慷慨激昂的老台獨，太陽花世代是「自然而然」的台獨，也認為台灣國叫中華民國很自然（林濁水，2014）。此種將獨立意識視為自然而然產生的台灣主體觀念亦出現在近年的愛台灣論述中。如台灣《蘋果日報》於2010年舉辦網路投票，選出最具代表性的十大愛台灣的理由，其中「我生在這、長在這，這是我的故鄉」票數最高；入選的十大理由中有三項和飲食有關，其他理由主要圍繞在人情味、自由與民主。這類愛台灣論述與選舉時期的煽情語言大不相同，也不強調悲情歷史，主要以日常生活訴說對台灣的「愛」，但同樣以自由、民主等政治價值和「故鄉」的文化連帶，強化主體意識的自尊自豪與情感認同。有趣的是，網路投票的愛台灣理由中的人情味與自由民主等選項，亦符合港人哈台敘事中對台灣的好感印象。

告別「大中華」？
建構跨地域視野的可能性

今日不得不承認，新世紀的東亞區域性經驗是新自由主義全球化獲得普遍性勝利之下的經驗。如陳光興所言，中國70年代後期重返世界以來的發展恰恰也「是新自由主義全球化得以形成的重要條件，特別是對整個東亞區域而言」（2006：17）。世紀之交，東亞區域整合的關鍵特徵之一便是中港台大都會在新自由主義全球化趨勢之下耀眼的連結與合作。香港、台北、上海，在後冷戰的「大中華」經濟圈脈絡下共享相近的「全球城市」文化身分想像，以及朝向未來的發展敘事。遙想2000年初，香港與上海雙城雖然競爭激烈，但同時互相凝視參照，共享互為過去與未來的發展鏡像。台北與上海某種程度上似乎可以超越兩岸分隔政治，憑藉寰宇主義與彈性身分（flexible identities）想像連結彼此（黃宗儀，2008）；與此同時，作為港台的追趕者、曾經的「東方巴黎」上海，也成為其他中國城市接軌世界的引領者。不過，新自由主義作為一個描述性的、看似放諸四海皆準（但仍受特定歷史脈絡限定）的既有概念，在解釋由經濟融合主導的東亞發展敘事時，往往難以真正觸及我們置身其中的矛盾處境。正如我們所目睹的：今時今日，香港、台北和上海已難如以往那般被全球城市的共同未來凝聚統合，兩岸三地看似同質的新自由主義經濟人也在情感／情緒政治驅動下陷入緊張乃至敵意的凝視與充滿不解的交往互動之中。因此，要提出真正具體切實、言之有物的剖析，還需沉潛入兩岸三地發展敘事與情感／情緒政治的實際脈絡，直面其複雜性。

一個有趣的例子有助於理解近年發展敘事中的情感／情緒政治糾葛——曾經廣受歡迎的「大中華」（Greater China）一

詞在近年遭受了反感和冷遇。卡蒂耶強調「大中華」是一套建構區域觀念的語言，透過文本再現所建構的區域身分認同，接合了廣東、福建等南中國省份與香港、澳門、台灣以及海外華人之間文化、政治和經濟關係（Cartier, 2001: 38, 56-57）。中港台在談論彼此時往往面臨用詞上的困擾，由於各自堅持的「政治正確」不同而產生衝突。在1980及90年代，「大中華地區」／「大中華區」一詞便是因應此類矛盾而生，成為經濟與商業領域最「政治正確」的用語。「大中華區」單純在地理層面指的是中國大陸（含香港、澳門）、台灣以及其附屬島嶼地區，[1]為避免引發任何一方不滿，此一說法不對地區的政治地位或統獨狀態做明顯的政治判斷。「大中華」作為一個區域空間概念，其流行之時也正是中國改革開放以來兩岸三地開始大量投資貿易往來的歷史時刻，很多商業機構和跨國企業都頗為中立地以「大中華區」命名其在兩岸三地的業務，尤其多用於涉及台灣問題的文字。如果說「大中華區」看似去政治化的概念是為了無障礙地服務發展主義的意識形態，[2]那麼近幾年來作為文化概念的「大中華主義」一詞則是在未消解的冷戰知識結

---

1 有時「大中華」也包括華人人口比例高的國家（如新加坡）；或是泛指有華人居住及活動的地區（如馬來西亞）。

2 雖然一些華人商界人士倡議「大中華」作為中立性語彙，但「大中華」一詞並非總是受到歡迎。例如《中華人民共和國政治文化用語大典》（He, 2001）指出，中華人民共和國官方不止一次反對此一地域名詞的使用，認為此語將「中國大陸」和「中國台灣」相提並論；學者王賡武則指出此一地域名詞有負面效果，會讓鄰近地區感受到政治上的擴張暗示或是文化上過於自負的誤導（Wang, 1993）。

構內，更為廣泛地捲入了由社會運動所引發的政治性衝突和對抗，成為表達疏離感、排斥感與危機意識的負面語彙。在台灣年輕一代日趨主流的獨立意識表述中，「大中華主義」被視為中國中心、親中華文明或主張統一的「統戰」言辭；香港亦有類似情形，香港自治及港獨主義的聲音創造了網路詞彙「大中華膠」，用以批評親中或非本土派者（「愛國不愛黨」的博愛左派／「左膠」亦包含在內）。「大中華」反對者對回歸後的香港種種惡評而後快，乃至以「中國殖民」形容之，但與此同時卻頗為弔詭地懷念港英時期。總而言之，台港近年的「反大中華」論述往往以加速脫離中國或劃清界線為訴求，呼籲建立以本土利益為首要（乃至唯一）考量的價值觀。

　　透過對「大中華」意涵變遷的簡要梳理，不難發現有關「大中華」的認知及判斷是伴隨兩岸三地區域性整合的深入而不斷展開的，其中至少包括了經濟上的緊密連結、文化上的融合／衝突以及政治上的齟齬分歧。[3] 這一枝蔓叢生的歷史過程

3　既談到「大中華」的概念，我們也應提及近年在北美、台灣、香港學術界異軍突起、大受歡迎的學術名詞「華語語系」（sinophone），史書美、王德威、石靜遠等著名華裔學者都是此概念的推動者，儘管其觀點有所差異。如果說「大中華」以華人的「同文同種」為前提，那麼「華語語系」某種意義上從語言文化層面否定了這個前提的有效性。史書美以「華語語系」指稱中國之外的華語語言文化和群體，以及中國地域內的少數民族群體。在華人移民及其後代之中，「華語語系」屬於消逝過程中的一種語言身分；而對於主張「港獨」或「台獨」的人士而言，「華語語系」則是地方本位的，具有對抗中國性的可能（Shih, 2007; 2013）。本研究無意探討「華語語系」理論本身，但此一學術概念的流行卻有其歷史因由，某種意義上是對全球化時代來勢洶洶的「中國崛起」的回應——由在美華人學者引

中，中港台的關係更為密切但也益發緊張，人們根據自己的脈絡及處境因時因地做出不同回應。近年，台灣的太陽花運動和香港的雨傘運動乃至晚近的「反送中」[4]皆集聚了巨大的社會能量，深刻地影響了青年一代的文化政治意識，這些運動即是對於跨區域往來過程中自身困境的理解與行動，而這些反應深刻地受到「中國崛起」此一時代大背景的牽動。中國這個「後社會主義」國家在最近三、四十年所經歷的發展巨變和意識形態革新不但超出中國人自身的想像力，其壓倒性的市場競爭力也引發了區域性的驚奇與疑惑。「中國因素」成為流行的媒體話語，如此的文化邏輯同樣反映在台灣學界近年對於「中國」議題的警惕。例如，在歷史學領域，學者試圖檢討「中國」這一未經檢討便被使用的地理概念，其中杜正勝的同心圓史觀即是嘗試扭轉「中國主體，台灣附屬」的認識方式。葛兆光在《宅茲中國：重建有關「中國」的歷史論述》一書中回應了這種「消解中國」的觀點，他認為避免界定一個包括台灣的「中國」，或避免一個包含台灣史的「中國史論述」，某種程度上

發，所謂「大中華地區」的港台及海外華人學人參與。考慮「華語語系」自身的政治性元素，其所遭遇的毀譽參半並不意外：在中國大陸受批評和貶斥，在港台等地則大受歡迎。

4　亦即2019年的「反修例運動」，要求特區政府撤回具爭議性的修訂草案。《2019年逃犯及刑事事宜相互法律協助法例（修訂）條例草案》特區政府及其支持者認為有必要允許其將香港的犯罪嫌疑人引渡至中國大陸受審，藉此彌補司法漏洞，避免香港成為「逃犯天堂」；反對者則認為此一法案破壞了「一國兩制」原則下香港司法管轄的獨立性。港府於2月提交草案後引發大規模的社會抗爭行動，要求政府撤回修訂法案。連月以來的示威運動中，港九新界多處皆發生多次嚴重的警民衝突。

是一種從台灣本土化出發的政治性願望。他質疑，如果說過去台灣的中國史研究有太多迷思，那麼今天的學術潮流也可能落入以台灣為中心的「太多迷思」，從而可能變成台灣的「族群情感的黏合劑」（2011：14-18）。

在此，我們並非訴諸「中國中心主義」、「強國」民族／民粹主義的話語，也不是以冷戰結構或「帝國之眼」[5]的思維模式來看待問題（它們僅僅是症狀而非分析方法），或落入任何一種「中國」族群迷思。在今天，也就是全球化時代，社會矛盾的因與果絕非侷限於本土之內，而是深刻嵌入地緣經濟及政治的歷史結構和當下的關係性活動之中。如果說這些共享發展敘事的東亞區域在現實場域之中展開了一系列恩怨情仇的故事，那我們必須在地緣經濟及政治的整合性視野下重新梳理與連結各自的處境。

結語之際，讓我們從兩岸三地近年的發展敘事回到歷史與現實的空間版圖之中。本書的第一部分聚焦中國，首先以三章的篇幅處理中國崛起以來宏觀的社會發展、物質提升和城市重構所帶來的人的「改造」。第二部分將目光移至港台，「中國崛起」造成的改變不只在大陸內部，而是一種結構性的地緣關係變動，深刻影響著它與周邊區域的經濟合作、政治衝突與文化互動。本書以香港的電影、輿論及行動中所呈現的中港融合現象（及其矛盾）為主軸，處理香港如何在近年的變動下重塑

---

5 陳光興在《去帝國》一書中以「帝國之眼」一說批判台灣主流文化圈長期埋藏的殖民主義的知識結構，例如台灣中心論對於前殖民者知識生產的沒有批判距離的挪用，他認為這是一種「次帝國主義」的情緒（2006：24）。

自身的本土文化，並藉助連結台灣的想像來回應自身困境。不論中國大陸的城市新中產、富二代或是渴望流動的小城青年，抑或香港的北進者、新移民或「反蝗」本土主義者，又如移民台灣的「小確幸」青年，這些不同社會主體切身的、感性的、矛盾且尖銳的文化生活經驗都如此深刻地鑲嵌在中港台地緣經濟及政治關係的變動中。他們在當今的跨區域流動與網路交流中密切地互動、勾連、融合或衝突，也在相互的制約及拉扯之下調適並改變。任何一地都從來不是封閉的空間，而是共同造就新區域結構的不斷生成。在新自由主義全球化的大背景下，中港台面臨類似的發展想像與困擾，新興的社會主體也因應自身的經驗和情感不斷生成富有活力的複雜論述。

　　以如此豐富的跨地域經驗作為前提，我們也必須認真思考構建一種跨地域視野的可能性，亦即打開封閉在國族或本土中的侷限與盲點，如同賀照田所提倡的「在他者的脈絡下理解他者」（2014：219-223）。亦即，嘗試轉換自身的參照點，在不同的區域和主體位置之間游移，潛入各自歷史的疊層與褶皺之中。這就要回到本書一開始的問題意識，我們的寫作不是來自非「中國」即「本土」的情感義憤，也非左右藍綠的站隊，亦不是「反發展主義」此類空泛不及義的抗議，而是嘗試擺脫由情感／情緒政治所捆綁的意識形態論述構造，從政治經濟的關係來切入文化現象，做同情之理解的分析，以及言之有物的批判及自我審視。這意味著我們需要更誠實地面對關係中的衝突、誤解和幻想。例如，香港主體性今日似乎填充了很多內涵（如本土主義），但若未能充分理解現實與歷史結構，本土主義宣稱的主體性其中或有不少來自誤認；再如中國的中產階級，

當其熱情擁抱消費主義與寰宇主義作為新社會主體的必要條件時，他們也無可避免地面臨了後社會主義「新人」的本質性空洞。

今天我們必須正視文化批判的社會影響力已式微，尤其是當時代發展勢在必行、新技術規模宏大且模式層出不窮時，「發展的敘事」實際上落後於「發展的現實」，我們甚至缺乏準確的語言去描述發展本身對於人和社會狀況所造成的深刻影響和巨大改變。然而，這並不意味著思考社會發展敘事及情感狀態的無效，只有真誠剖解造成社會集體性症候的深層歷史結構及現實因素，才能從對創傷情緒和暴力語言的沉浸中解脫，從而發展出更開闊的、更具超越性的主體。因而，眼前尚有許多值得繼續觀察和探討的問題。諸如，香港作為特區的發展敘事的新取向（如訴諸本土）與中國的發展主義敘事（如中國夢）是否構成本質不同？如此的差異是否提供了不同的方法與路徑？假如「中國崛起」／「中國夢」無法召喚香港，那麼何種連結的想像可能有效？倘若世界已發生了結構性變化，那麼「第三世界」的路徑作為理念或實踐是否以及如何可能？歷史並未終結，而我們也必須不斷根據對現實的觀察與體認來調整自我的認知及判斷。

（黃宗儀、魯凌清）

中　文　書　目

〈《中國城市發展報告 2018/2019》出版發行〉，（2019年11月8日），中國市長協會。http://www.citieschina.org/news/c_2497/gNALBI_1.html。瀏覽日期：2020年2月27日。

〈《低俗喜劇》加國揚威〉，（2012年8月11日），《東方日報》。https://orientaldaily.on.cc/cnt/entertainment/20120811/00282_016.html。瀏覽日期：2014年4月10日。

〈「HKADC藝評獎」得主誕生〉，（2013年2月25日），《ADC藝評獎》，香港藝術發展局。http://www.hkadc.org.hk/?p=6593&lang=tc。瀏覽日期：2013年12月3日。

〈「不速之客」打亂教育福利規劃〉，（2004年11月11日），《蘋果日報》（香港），第A4版。

〈【特稿】前總理同C朗係襟兄弟!?〉，（2019年3月5日），《東方日報》。https://hk.on.cc/hk/bkn/cnt/sport/20190305/bkn-20190305141925489-0305_00882_001.html。瀏覽日期：2019年4月10日。

〈【摘編】習近平關於實現中華民族偉大復興的中國夢論述〉，（2013年12月5日），中國共產黨新聞網。http://theory.people.com.cn/n/2013/1205/c40555-23756883.html。瀏覽日期：2013年12月5日。

〈117家公司因老闆失蹤而欠薪，東莞20,000餘人口失業〉，（2008年11月20日），《太陽報》，第A31版。

〈2000人圍攻8小時「影」衰D&G〉，（2012年1月9日），《東方日報》。https://orientaldaily.on.cc/cnt/news/20120109/00176_003.html。瀏覽日期：2014年4月10日。

〈2006胡潤百富榜發布 張茵榮登中國第一位女首富〉，（2006年10月11

日），《搜狐》。https://business.sohu.com/20061011/n245729167. shtml。瀏覽日期：2011年7月10日。

〈2013中國夢踐行者致敬辭〉〔2013中國夢特刊〕，（2013年12月19 日），《南方週末》。http://www.infzm.com/content/96851。瀏覽日 期：2015年2月25日。

〈50萬「另類港人」分批殺入　勢改香港核心價值〉，（2010年12月11 日），《信報財經新聞》，第P8版。

〈三萬九分娩費多向親友賒借〉，（2007年9月7日），《東方日報》，第 A31版。

〈大埔拖篋遊行　網民遭掌摑〉，（2014年3月31日），《蘋果日報》（香 港）。http://hk.news.appledaily.com/local/daily/article/20140331/18674253。 瀏覽日期：2014年4月10日。

〈內地女性在香港所生的嬰兒〉，2011，香港特別行政區政府統計處， 《香港統計月刊》2011年9月：FB1-FB16。http://www.statistics.gov.hk/ pub/B10100022011MM09B0100.pdf。瀏覽日期：2013年2月20日。

〈內地孕婦使用本地產科服務〉，2012，香港特別行政區立法會祕書處， 立法會CB(2)2258/11-12(01)號文件，香港特別行政區立法會網站。 http://www.legco.gov.hk/yr11-12/chinese/hc/papers/hc0605cb2-2258- 1-c.pdf。瀏覽日期：2013年4月15日。

〈內地孕婦赴港生子新政今起實施　費用高達9萬元〉，（2007年2月1 日），《人民網》。http://society.people.com.cn/GB/5352712.html。瀏 覽日期：2013年10月6日。

〈公立醫院停止非本地孕婦預約今年分娩〉，（2011年4月8日），香港特 別行政區政府新聞處，《新聞公報》。http://www.info.gov.hk/gia/ general/201104/08/P201104080226.htm。瀏覽日期：2013年4月19日。

〈公立醫院暫停接受非本地孕婦預約〉，（2008年8月5日），香港特別行 政區政府新聞處，《新聞公報》。http://www.info.gov.hk/gia/general/ 200808/05/P200808050215.htm。瀏覽日期：2013年4月19日。

〈公立醫院暫停接受非本地孕婦預約〉，（2009年10月8日），醫院管理

局。http://www.ha.org.hk/haho/ho/pad/091008_chi.pdf。瀏覽日期：
　　2013年4月19日。

〈公營及私營醫療服務的角色及發展〉，（2013年1月14日），香港特別
　　行政區政府食物及衞生局，立法會CB（2）448/12-13（02）號文件，香
　　港特別行政區立法會網站。https://www.legco.gov.hk/yr12-13/chinese/
　　panels/hs/hs_hps/papers/hs_hps0114cb2-448-2-c.pdf。瀏覽日期：2013
　　年5月6日。

〈北大教授將郭敬明與張愛玲並列遭反對（圖）〉，（2013年10月24日），
　　《人民網》。http://culture.people.com.cn/n/2013/1024/c172318-23310183.
　　html。瀏覽日期：2013年11月20日。

〈北京女奪藝評獎　斥《低俗喜劇》辱內地人〉，（2013年2月26日），
　　《蘋果日報》（香港），第A2版。

〈本港私營醫院的發展〉，2012，香港特別行政區立法會祕書處，香港特
　　別行政區立法會網站。https://www.legco.gov.hk/yr11-12/chinese/sec/
　　library/1112in24-c.pdf。瀏覽日期：2013年7月2日。

〈立法會十六題：非符合資格人士使用公營醫療服務〉，（2012年3月21
　　日），香港特別行政區政府新聞處，《新聞公報》。https://www.info.
　　gov.hk/gia/general/201203/21/P201203210264.htm。瀏覽日期：2012
　　年12月8日。

〈外省女孩約辯滬籍青年被斥「上海不需外地蝗蟲」〉，（2012年12月1
　　日），《長江網》。http://news.cjn.cn/gnxw/201212/t2162386.htm。瀏
　　覽日期：2020年6月19日。

〈自己友不支持　內訌加劇　反對派22選委棄何俊仁〉，（2012年2月15
　　日），《大公報》，第A16版。

〈低俗源自內地高官口〉，（2013年8月9日），蘋果動新聞《亂噏廿四》
　　第5集，YouTube。https://www.youtube.com/watch?v=mJs77hJE7ow。
　　瀏覽日期：2014年4月20日。

〈杜汶澤勇奪德州影帝〉，（2012年9月27日），《東方日報》，https://
　　orientaldaily.on.cc/cnt/entertainment/20120927/00282_012.html。瀏覽

日期：2014年3月25日。

〈東鐵車廂食麵　爆中港罵戰〉，（2012年1月17日），《東方日報》。
　　https://orientaldaily.on.cc/cnt/news/20120117/00176_061.html。瀏覽日
　　期：2014年4月10日。

〈非本地孕婦港分娩的最新安排〉，2012，香港特別行政區政府食物及衛
　　生局，立法會CB(2)1863/11-12(01)號文件，香港特別行政區立法
　　會網站。http://www.legco.gov.hk/yr11-12/chinese/panels/hs/papers/
　　hs0507cb2-1863-1-c.pdf。瀏覽日期：2013年4月27日。

〈非本地婦衝急症今起收9萬〉，（2012年5月12日），《明報》，第A8版。

〈促「自己友」辭職　民主派內訌加劇〉，（2005年7月23日），《明報》，
　　第A7版。

〈研究內地與香港特區家庭事宜小組委員會報告〉，2012，香港特別行政
　　區立法會祕書處，立法會CB(2)2457/11-1號文件，香港特別行政區
　　立法會網站。http://www.legco.gov.hk/yr11-12/chinese/hc/papers/
　　hc0629cb2-2457-c.pdf。瀏覽日期：2013年3月15日。

〈食物及衛生局局長談產科服務及猩紅熱〉，（2011年6月24日），香港
　　特別行政區政府新聞處，《新聞公報》。http://www.info.gov.hk/gia/
　　general/201106/24/P201106240233.htm。瀏覽日期：2013年4月17日。

〈食物及衛生局局長談塑化劑、大腸桿菌及產科服務〉，（2011年6月7
　　日），香港特別行政區政府新聞處，《新聞公報》。http://www.info.
　　gov.hk/gia/general/201106/07/P201106070128.htm。瀏覽日期：2013
　　年5月25日。

〈配偶為香港居民的內地婦女使用本地產科服務〉，2012，香港特別行政
　　區立法會祕書處，立法會CB(2)2030/11-12(01)號文件，香港特別
　　行政區立法會網站。http://www.legco.gov.hk/yr08-09/chinese/hc/sub_
　　com/hs52/papers/hs520522cb2-2030-1-c.pdf。瀏覽日期：2013年2月
　　25日。

〈婦產服務和入境新措施細節公布〉，（2007年1月16日），香港特別行
　　政區政府新聞處，《新聞公報》。http://www.info.gov.hk/gia/general/

200701/16/P200701160185.htm。瀏覽日期：2013年4月30日。

〈張建宗：粵港澳大灣區將為香港青年提供新機遇〉，（2018年5月27日），《中國評論新聞網》。http://hk.crntt.com/doc/1050/8/2/4/105082459.html?coluid=0&kindd=0&docid=105082459&mdate=0527151837。瀏覽日期：2019年1月10日。

〈探射燈：保險代理攻占入境處拉客〉，（2012年1月10日），《東方日報》，第A6版。

〈終審法院的重要裁決〉，（1999年2月2日），《天天日報》，第C6版。

〈喊「起錨」「收皮」廣州街坊撐粵語〉，（2010年7月12日），《明報》，第A20版。

〈華中第一高樓誕生武漢 領銜城市樓宇經濟〉，（2019年12月20日），《人民網》。http://sh.people.com.cn/BIG5/n2/2019/1220/c134768-33650745.html。瀏覽日期：2020年6月19日。

〈彭浩翔 追求情感與瘋狂〉，（2012年10月13日），《香港文匯報》。http://paper.wenweipo.com/2012/10/13/RW1210130001.htm。瀏覽日期：2014年3月25日。

〈曾蔭權：發展六項優勢產業〉，（2009年4月3日），香港特別行政區政府新聞網。https://www.news.gov.hk/isd/ebulletin/tc/category/businessandfinance/090403/html/090403tc03002.htm。瀏覽日期：2013年7月20日。

〈港人身分及香港主體性論壇爆火 反蝗罵戰 梁國雄對撼陳雲〉，（2012年2月5日），《蘋果日報》（香港）。https://hk.news.appledaily.com/local/daily/article/20120205/16043003。瀏覽日期：2012年3月2日。

〈無標題〔2007年4月30日衛生事務委員會「進一步討論配偶為香港居民的非符合資格人士的產科服務收費」特別會議討論文件〕〉，2007，香港天主教正義和平委員會，立法會CB(2)1710/06-07(01)號文件，香港特別行政區立法會網站。http://www.legco.gov.hk/yr06-07/chinese/panels/hs/papers/hs0430cb2-1710-1-c.pdf。瀏覽日期：2013年4月25日。

〈愛滋內地婦衝闖危及醫護〉，（2012年2月12日），《東方日報》，第A2版。

〈粵十月8513家中小企倒閉〉，（2008年12月18日），《星島日報》，第A4版。

〈粵語片重生　全靠自由行？〉，（2013年8月8日），蘋果動新聞《亂噏廿四》第5集。https://hk.entertainment.appledaily.com/enews/realtime/article/20130808/51627691。瀏覽日期：2014年4月14日。

〈葉嘉安：未來社會經濟環境下的粵港澳大灣區發展與規劃〉，（2017年11月19日），《中國城市規劃網》。http://m.planning.org.cn/zx_news/7848.htm。瀏覽日期：2019年1月21日。

〈榜單〉，（無日期），作家榜官方網站。http://www.zuojiabang.cn/Rangking。瀏覽日期：2015年12月5日。

〈綠色生活：復興香港農業有可能？　農業復興（一）〉，（2014年7月13日），《明報》。https://news.mingpao.com/pns/副刊/article/20140713/s00005/1405188968251/綠色生活-復興香港農業有可能。瀏覽日期：2016年9月2日。

〈廣州萬人上街撐廣州話防暴警戒備　便衣警偷拍 80後頂硬上〉，（2010年7月26日），《蘋果日報》（香港）。https://hk.news.appledaily.com/local/daily/article/20100726/14277814。瀏覽日期：2014年4月1日。

〈廣東頒布規定限制使用方言〉，（2011年12月18日），BBC（中文）。http://bbc.com/zhongwen/trad/chinese_news/2011/12/111218_guangdong_dialect_putonghua。瀏覽日期：2012年4月8日。

〈撥四幅土地建私家醫院〉，（2009年10月14日），香港特別行政區政府新聞網。http://www.news.gov.hk/isd/ebulletin/tc/category/healthandcommunity/091014/html/091014tc05005.htm。瀏覽日期：2013年6月13日。

〈標籤「悲情城市」謂東涌將成翻版，林鄭月娥踩沉天水圍〉，（2006年7月9日），《太陽報》，第A6版。

〈鄭中基勾妻閉門同樂　笑納香港最低級〉，（2012年11月26日），《蘋果

日報》。https://tw.entertainment.appledaily.com/daily/20121126/34665639/。瀏覽日期：2014年3月25日。

〈還我們一個自給自足的香港〉，（2016年6月6日），「香港眾志」政黨網站。https://www.demosisto.hk/article/details/34。瀏覽日期：2017年10月17日。

〈醫院收費—非符合資格人士和私家服務病人〉，2005，香港特別行政區政府衛生福利及食物局，立法會CB（2）1530/04-05（05）號文件，香港特別行政區方法會網站。http://www.legco.gov.hk/yr04-05/chinese/panels/hs/papers/hs0517cb2-1530-5c.pdf。瀏覽日期：2013年5月30日。

〈醫療收費〉，（無日期），醫院管理局。http://www.ha.org.hk/visitor/fees_and_charges.asp?lang=CHIB5。瀏覽日期：2012年12月8日。

〈關於漫步〉，（無日期），漫步旅店。http://meander.com.tw/?lang=zh-hant。瀏覽日期：2018年1月12日；該網頁後來已移除，參見Internet Archive的庫存頁面http://web.archive.org/web/20160304180751/http://meander.com.tw/?lang=zh-hant。

〈竇文濤評《老炮兒》：馮小剛那臉不演都是戲〉，（2016年1月9日），鳳凰衛視。http://phtv.ifeng.com/a/20160109/41536995_0.shtml?wratingModule=1_wltx_JS。瀏覽日期：2016年1月12日。

《87年～107年來臺旅客統計》，（無日期），中華民國交通部觀光局。https://stat.taiwan.net.tw/inboundSearch。瀏覽日期：2020年7月23日。

《大陸地區、港澳居民、無戶籍國民來臺人數統計表》，（2020年7月6日），中華民國內政部移民署。https://www.immigration.gov.tw/5382/5385/7344/7350/8883/。瀏覽日期：2020年7月23日。

《內地與香港關於建立更緊密經貿關係的安排》，2012，香港特別行政區政府工業貿易署。http://www.tid.gov.hk/tc_chi/cepa/cepa_overview.html。瀏覽日期：2012年5月20日。

《主題性住戶統計調查第55號報告書：短期逗留在中國內地的香港居民的特徵》，2015，香港特別行政區政府統計處。https://www.

statistics.gov.hk/pub/B11302552015XXXXB0100.pdf。瀏覽日期：2016年5月23日。

《香港澳門居民進入臺灣地區及居留定居許可辦法》，（2018年2月6日），全國法規資料庫。https://law.moj.gov.tw/LawClass/LawAll.aspx?PCode=Q0020008。瀏覽日期：2019年2月2日。

《僑生及港澳生人數概況統計》，（2020年2月5日），中華民國教育部統計處。http://depart.moe.edu.tw/ED4500/News_Content.aspx?n=48EBDB3B9D51F2B8&sms=F78B10654B1FDBB5&s=212B2CF76078EBF4。瀏覽日期：2020年7月23日。

《整體黎講，你對台灣人民有幾好感或者反感呢？（半年結）》，（2017年2月23日），香港大學民意研究計畫。https://www.hkupop.hku.hk/english/popexpress/people/taiwan/halfyr/datatables.html。瀏覽日期：2017年3月20日。

人口專責小組，2003，《人口政策專賣小組報告書》，香港：中華人民共和國香港特別行政區。

上海證大研究所（編），2002，《新上海人》，北京：東方出版社。

于令華，（2010年1月31日），〈醫健：兩成內地孕婦無痲疹抗體易誕怪嬰〉，《東方日報》，第A12版。

大秀，2012，〈彭浩翔、杜汶澤：X，這是瘋狂喜劇！〉，《Milk》：132-134。

中共中央文獻研究室（編），2013，《習近平關於實現中華民族偉大復興的中國夢論述摘編》，北京：中央文獻出版社。

中共中央組織部人才工作局（編），2013，《我的中國夢：國家千人計畫專家心語》，北京：黨建讀物，人民出版社。

中國城市規劃設計研究院，2001，《廣州城市總體發展概念規劃》，廣州：廣州市城市規劃局。

仁安醫院，2011，〈內地孕婦分娩預約證明及安排〉。http://www.unionwomancare.org/price003.php。瀏覽日期：2012年7月26日；該網頁後來已移除，參見Internet Archive的庫存頁面http://web.

archive.org/web/20120905010341/http://www.unionwomancare.org/price003.php。

仁安寶貝，（無日期a），〈服務流程〉。http://www.hkrenan.com/liucheng.html。瀏覽日期：2012年7月26日；該網頁後來已移除，參見Internet Archive的庫存頁面https://web.archive.org/web/20160404182938/http://www.hkrenan.com/liucheng.html。

————，（無日期b），〈服務套餐〉。http://www.hkrenan.com/taocan/。瀏覽日期：2012年7月26日；該網頁後來已移除，參見Internet Archive的庫存頁面https://web.archive.org/web/20160709075049/http://www.hkrenan.com/taocan/。

尹鴻、何美，2009，〈走向後合拍時代的華語電影：中國內地與香港電影的合作／合拍歷程〉，《傳播與社會學刊》7：31-60。

方克強，2006，〈序一〉，《想像上海的N種方法：20世紀90年代「文學上海」與城市文化身分建構》，陳惠芬著，上海：上海人民出版社，頁1-3。

方創琳，2014，〈中國城市發展方針的演變調整與城市規模新格局〉，《地理研究》33（4）：674-686。

方斌、錢應華，2013，〈二三線電影市場的發展對中國電影產業的作用〉，《當代電影》（12）：18-21。

木子李，（2008年2月15日），〈不再是香港的周星馳：《長江七號》〉，《香港獨立媒體網》。http://www.inmediahk.net/node/302819。瀏覽日期：2014年3月15日。

王文華，2000，《蛋白質女孩》，台北：時報文化出版公司。

王安憶，1996，《長恨歌》，北京：作家出版社。

王家英，2000，〈兩岸關係與港台關係——回顧與展望〉，《神州五十年：香港的視野》，王耀宗編，香港：牛津大學出版社，頁17-42。

王斑，2006，《全球化陰影下的歷史與記憶》，南京：南京大學出版社。

王焱，2007，〈「日常生活審美化」論爭的三大焦點〉，《東方論壇：青島大學學報（社會科學版）》（2）：48-53。

王貽興，（2013年2月7日），〈路中拾遺：西遊降魔〉，《太陽報》。http://the-sun.on.cc/cnt/lifestyle/20130207/00502_001.html。瀏覽日期：2014年3月12日。

王夢奎、馮並、謝伏瞻（編），2004，《中國特色城鎮化道路》，北京：中國發展出版社。

王曉明，2000，〈半張臉的神話〉，《在新意識形態的籠罩下：90年代的文化和文學分析》，王曉明編，南京：江蘇人民出版社，頁29-36。

———，2002，〈從「淮海路」到「梅家橋」：從王安憶小說創作的轉變談起〉，《文學評論》（3）：5-20。

王瓊，（2009年9月3日），〈鄙視：郭敬明曬圖炫富：小本子都是千元愛馬仕〉，《重慶晚報》，第42版。

付超，（2015年12月24日），〈導演公園｜管虎：我拍的不是老北京，格局太小〉，《騰訊娛樂》。http://ent.qq.com/a/20151224/040442.htm。瀏覽日期：2016年1月28日。

史文鴻，（2003年1月7日），〈美國經濟危機與政治〉，《東方日報》。http://orientaldaily.on.cc/archive/20030107/new_f/new_f06cnt.html。瀏覽日期：2014年3月4日。

史書美，1997，〈「北進想像」的問題：香港文化認同政治〉，《文化想像與意識形態：當代香港文化政治論評》，陳清僑編，香港：牛津大學出版社，頁151-158。

任榮榮、張紅，2008，〈城鄉結合部界定方法研究〉，《城市問題》（4）：44-48。

伍瑋瑋，（2007年2月2日），〈港夫內地妻轟收費貴〉，《星島日報》，第A12版。

安徒，（2013年3月24日），〈迷失於「低俗」的文化評論〉，《明報》，第P8版。

安頓，1998，《絕對隱私：當代中國人情感口述實錄》，北京：新世界出版社。

成墨、白裕，2009，《中國憑什麼不高興：大變革時代與我們的方針、

戰略》，哈爾濱：哈爾濱出版社。

老狗，2001，〈大嶼村的昨日、今日、明日？〉，《中大學生》117：頁數不詳。http://logic.itsc.cuhk.edu.hk/~z044603/cgi-bin/publications.cgi?publication=002&issue=117&FileID=008a。瀏覽日期：2012年5月25日；該網頁後來已移除，參見Internet Archive的庫存頁面https://web.archive.org/web/20090228124155/http://logic.itsc.cuhk.edu.hk/~z044603/cgi-bin/publications.cgi?publication=002&issue=117&FileID=008a。

何春梅，2009，《中國女首富張茵：從廢紙回收到紙業女皇》，北京：中央編譯出版社。

何雪瑩，（2013年2月27日），〈回賈選凝：香港容得下低俗〉，《主場新聞》。http://thehousenews.com/society/回賈選凝香港容得下低俗/。瀏覽日期：2014年3月4日；該網頁後來已移除，參見Internet Archive的庫存頁面https://web.archive.org/web/20130502003551/http://thehousenews.com/society/回賈選凝香港容得下低俗/。

余姝、石珊珊，（2013年7月1日），〈郭敬明：我是第一個捅破這層窗戶紙的人〉，《羊城晚報》，第B1版。

吳小英，2009，〈市場化背景下性別話語的轉型〉，《中國社會科學》2：1-13。

吳志森，（2008年5月17日），〈歧視政策殺錯良民〉，《明報》，第D5版。

吳波，（2008年11月22日），〈罵完架韓寒「下水」玩PK〉，《廣州日報》，第B11版。

呂大樂，（2014年1月9日），〈回應「中國機會」的兩類意見〉，《明報》，第A34版。

宋曉軍、劉仰、宋強、黃紀蘇、王小東，2009，《中國不高興：大時代、大目標及中國的內憂外患》，南京：江蘇人民出版社。

宋燕，（2008年9月28日），〈郭敬明：2008年的上海無人書寫〉，《燕趙都市報》。http://www.china.com.cn/book/txt/2008-09/28/content_

16549847_2.htm。瀏覽日期：2015年6月2日。

李可，2007，《杜拉拉升職記》，西安：陝西師範大學出版社。

李希凡，1989，〈序〉，《京味小說八家》，劉穎南、許自強編，北京：文化藝術出版社，頁1-31。

李秀嫻，（2016年10月26日），〈台北外勞的燦爛時光〉，《香港經濟日報》。http://paper.hket.com/article/1526911/台北外勞的燦爛時光。瀏覽日期：2017年11月20日。

李卓倫，2008，〈邱禮濤的香港故事——《我不賣身‧我賣子宮》〉。https://www.filmcritics.org.hk/zh-hant/電影評論/電影新人類/邱禮濤的香港故事-——《我不賣身%EF%BC%8E我賣子宮》。瀏覽日期：2012年8月3日。

李雨夢，2015，《島嶼‧浮城：15則香港人在台灣的生活札記》，新北：南十字星文化工作室。

李紀舍、黃宗儀，2010，〈新自由主義經濟人的生命政治：中國富商傳的企業家主體敘述〉，《文化研究》（11）：55-82。

李展鵬，（2013年1月28日），〈我們距離強姦（與被強姦）有多遙遠？〉，《澳門日報》，第D6版。

李峻嶸，2015，《足球王國：戰後初期的香港足球》，香港：三聯書店。

李歐梵，2001，《上海摩登：一種新都市文化在中國1930-1945》，毛尖譯，北京：北京大學出版社。

李歐梵、李培德、余秋雨、唐振常、陳伯海、許紀霖、裴宜理、梁元生、梁秉均、王蒙、王安憶、許子東，（2000年6月24日），〈上海與香港「雙城」文化的一次對話：「首屆上海香港都市文化比較研討會」發言摘要〉，《文匯報》，第12版。

李潔非，1998，〈城市文學之崛起：社會和文學背景〉，《當代作家評論》（3）：36-49。

李聲揚，（2017年12月6日），〈「余文樂結婚了‧博評」：唔好咁多幻想 台妹點睇都唔會好過港女〉，《香港01》。https://www.hk01.com/sns/article/139172?utm_content=bufferd1b38&utm_medium=

Social&utm_source=facebook+hk01&utm_campaign=buffer。瀏覽日期：2018年1月3日。

李巍，（2011年7月11日），〈245米「河北第一高樓」主體已完工〉，《人民網》。http://he.people.com.cn/BIG5/197037/15122570.html。瀏覽日期：2015年1月2日。

村上春樹，2002，《蘭格漢斯島的午后》，張致斌譯，台北：時報文化出版公司。

杜宗熹，（2016年1月1日），〈日本媒體人擔憂：台灣這個國家終將自我解體〉，《聯合影音網》。https://video.udn.com/news/620959。瀏覽日期：2016年12月28日。

杜琪峰，2011，《單身男女》，香港：寰亞電影有限公司。

沈旭暉，2014，《解構中國夢：中國民族主義與中美關係的互動（1999-2014）》，香港：中文大學出版社。

肖揚，（2015年12月30日），〈《老炮兒》導演管虎：我不是老炮兒他們仨才是〉，《北京青年報》，新浪微博轉載。https://www.weibo.com/p/1001603925671184345547。瀏覽日期：2016年1月2日。

肖濱，2014，〈革命、改革與中國崛起——兼對安德森與吳玉山之爭的回應〉，《開放時代》5：214-223。

阮世生，2005，《神經俠侶》，香港：寰宇娛樂文化集團。

阮志，2014，《入境問禁：香港邊境禁區史》，香港：三聯書店。

周天勇，2011，《「中國夢」與中國道路》，北京：社會科學文獻出版社。

周蕾（Chow, R.），2013〔1998〕，《理想主義之後的倫理學》，吳瓊譯，鄭州：河南大學出版社。

季天琴、王東、吳蕙予，2014，〈中年郭敬明〉，《博客天下》167（7）。ledu365.com/a/renwu/42476.html。瀏覽日期：2015年3月5日。

房偉、宋嵩、郭帥、計昀、龍會，2013，〈「大時代」還是「小時代」？關於《小時代》的症候性解讀〉，《創作與評論》（24）：83-90。

林志文、劉韜，（2003年9月19日），〈董建華：香港的定位必須「背靠祖國，面向世界」〉，《中國網》。http://news.sina.com.cn/c/2003-09-

19/1655783387s.shtml。瀏覽日期：2017年3月12日。

林沛理，（2012年5月6日），〈失去本土性的焦慮〉，《亞洲週刊》，第
　　P37版。

林莉麗，（2008年9月18日），〈30年合拍片歷程：開放　合作　共贏〉，
　　《中國電影報》。http://www.dmcc.org.cn/mainSite/zt/gkf30znnctcgcyxy
　　pzy/134355/496947/index.html。瀏覽日期：2011年9月7日。

林濁水，（2014年7月25日），〈「華山論劍」：年輕世代的「自然獨」
　　（一）〉，《想想論壇》。http://www.thinkingtaiwan.com/content/2275。
　　瀏覽日期：2017年12月15日。

邱禮濤，2008，《我不賣身，我賣子宮》，香港：美亞娛樂資訊集團。

金一虹，2006，〈「鐵姑娘」再思考：中國文化大革命期間的社會性別與
　　勞動〉，《社會學研究》1：169-93。

長毛太，2017，《真人示範：90日移民台灣》，新竹：老三文化。

阿乙，2011，《寡人》，重慶：重慶大學出版社。

——，2012，《模範青年》，北京：海豚出版社。

——，2015，《陽光猛烈，萬物顯形》，北京：北京十月文藝出版社。

阿果，（2013年2月17日），〈港味不再的周星馳〉，Blogger。http://
　　kennymysky.blogspot.com/2013/02/blog-post_17.html。瀏覽日期：
　　2014年5月3日。

姚麗萍，（2014年2月24日），〈滬青少年人口比重嚴重偏低〉，《新民晚
　　報》，第A4版。

姜濤、邊靜，2013，〈二三線電影市場：成長與成熟〉，《當代電影》
　　（12）：14-18。

姜蘭虹、林平，2016，《香港專業移民在台灣的政治態度》，香港：香港
　　亞太研究所。

封小雲，2017，《回歸之路：香港經濟發展優勢重審》，香港：香港城市
　　大學出版社。

胡賁、錢小敏、藍侃，（2010年9月16日），〈「讓孩子換個活法」
　　——中國白領掀起海外生子潮〉，《南方周末》。http://www.infzm.

com/content/50157。瀏覽日期：2012年7月12日。

胡鞍鋼，2005，〈如何看待現代中國崛起〉，《開發研究》3：1-5。

保羅・福塞爾（Fussell, P.），1998〔1992〕，《格調：社會等級與生活品味》，梁麗真、樂濤、石濤譯，北京：中國社會科學出版社。

范伯群，2011，〈論「都市鄉土小說」〉，《中國現當代鄉土文學研究》，王光東、楊位儉編，上海：東方出版中心，頁50-62。

郁瀟亮、謝克偉，（2009年1月14日），〈俞正聲：人才口子要開得更大些〉，《新聞晨報》，第A4版。

孫傑、魏冕，（2010年3月12日），〈華西建中國農村第一高樓，城鎮化路徑如何選擇〉，《新華每日電訊》，第13版。

孫進，（2012年8月24日），〈《低俗喜劇》與香港之路〉，《蘋果日報》（香港）。https://hk.news.appledaily.com/local/daily/article/20120824/16630377。瀏覽日期：2014年3月25日。

孫儀威、林豔，（2013年10月27日），〈屏東觀光業者：期待香港朋友來「後花園」！〉，《中國評論新聞網》。http://hk.crntt.com/doc/1028/2/2/9/102822946.html?coluid=7&kindid=0&docid=102822946。瀏覽日期：2016年12月20日。

孫劍，2013，〈二三線電影市場助力國產片發展〉，《當代電影》（12）：4-11。

家明，（2008年2月9日），〈當周星馳不再好笑時〉，《香港電影評論學會》。https://www.filmcritics.org.hk/zh-hant/%E9%9B%BB%E5%BD%B1%E8%A9%95%E8%AB%96/%E6%9C%83%E5%93%A1%E5%BD%B1%E8%A9%95/%E7%95%B6%E5%91%A8%E6%98%9F%E9%A6%B3%E4%B8%8D%E5%86%8D%E5%A5%BD%E7%AC%91%E6%99%82。瀏覽日期：2014年3月12日。

徐雯，（2015年12月24日），〈管虎：致終將逝去的老炮兒〉，《博客天下》209，搜狐文化轉載。http://cul.sohu.com/20151224/n432418373.shtml。瀏覽日期：2015年12月25日。

朗天，2011，〈新香港電影 新的主體性——從《打擂臺》獲香港電影金

像獎說起〉，《當代電影》（7）：107-110。

——，（2013年3月3日），〈誤讀與顛倒：從得獎藝評看香港電影的低俗與主體〉，《明報》，第P2版。

翁子光，（2012年8月15日），〈狂歡的呼聲〉，《am730》，第A50版。

翁松燃、鄺英偉，1995，〈九七與中、台、港關係〉，《一九九七前夕的香港政經形勢與台港關係》，朱雲漢等著，台北：業強出版社，頁369-390。

翁松燃，1998，〈兩岸三地的港台關係政策及其互動〉，《轉化中的香港：身分與秩序的再尋求》，劉青峰、關小春編，香港：中文大學出版社，頁115-143。

耿化敏，2007，〈關於《「鐵姑娘」再思考》一文幾則史實的探討〉，《當代中國史研究》14（4）：69-72。

馬岳琳，（2011年4月13日），〈香港人比陸客還愛台〉，《天下雜誌》。http://www.cw.com.tw/article/article.action?id=5001758。瀏覽日期：2018年1月15日。

馬亮，2013，〈城市排行榜：流行、問題與展望〉，《甘肅行政學院學報》（3）：24-35。

馬彧、周姣姣，（2013年7月6日），〈《小時代》被批太物質，昨日來寧辯解——郭敬明：《紅樓夢》更物質〉，《揚子晚報》，第A23版。

馬傑偉，2013，〈香港重現：「跨境文化政治」〉，《邊城對話：香港・中國・邊緣・邊界》，彭麗君編，香港：香港中文大學出版社，頁259-274。

———，（2019年6月9日），〈七情上面：拒絕黑暗 選擇光明〉，《明報》。https://news.mingpao.com/pns/副刊/article/20190609/s00005/1560017301908/七情上面-拒絕黑暗-選擇光明。瀏覽日期：2019年8月10日。

商務印書館辭書研究中心（編），2003，《新華新詞語詞典》，北京：商務印書館。

張少強、羅永生，2013，〈論電影《葉問》中的殖民香港故事〉，《香

港‧論述‧傳媒》，張少強、梁啟智、陳嘉銘編，香港：牛津大學出版社，頁141-164。

張生、張英進、千野拓政、陳季冰、湯惟杰、張念、張屏瑾、祝宇紅、韓潮、張堯均，2010，〈上海文化身分的建立、回歸與重構〉，《上海文學》（10）：98-105。

張宇，2010，《杜拉拉升職的Ｎ個祕訣》，北京：中國財政經濟出版社。

張卓，2013，〈郭敬明：明利場〉〔封面故事〕，《人物》293（7）。https://new-read.readmoo.com/mooreader/210020218000101/preview。瀏覽日期：2015年4月18日。

張尚國，2010，《解讀杜拉拉升職訣竅》，北京：北京科技大學出版社。

張屏瑾，2012，〈日常生活的生理研究：《繁花》中的上海經驗〉，《上海文化》（6）：12-17。

張貞，2006，〈日常生活審美化：中產階層大眾文化的意識形態表述〉，《黑龍江社會科學》98（5）：16-21。

張結鳳，1987，〈台灣海、深圳河：變動中的中港台關係〉，香港：《百姓》半月刊。

張慧瑜，2016，〈「老炮兒」之眼與曖昧的主體位置〉，《北京電影學院學報》（4）：53-57。

張潔、鄭雁詢，2013，〈從產業繼承人到特權代表者：「富二代」媒介話語的建構與變遷（2004-2012）〉，《國際新聞界》（10）：53-64。

張頤武，2004，〈實現新的「中國夢」：中關村給我們的承諾〉，《中關村》9：36-37。

———，2009，〈「中國夢」：想像和建構新的認同——再思六十年中國電影〉，《上海大學學報（社會科學版）》5：5-17。

———，2013a，〈《小時代》的「小」〉，《新浪博客》。http://blog.sina.com.cn/s/blog_47383f2d0102e5br.html。瀏覽日期：2015年2月18日。

———，2013b，〈全國化的世界性：華語電影新未來〉，《當代電影》（12）：11-14。

———，2013c，《中國夢的世紀》，合肥：安徽教育出版社。

張鐵志，（2015年1月14日），〈中國不是機會，香港才是〉，《香港獨立媒體網》。http://www.inmediahk.net/node/1030512。瀏覽日期：2016年10月25日。

———，2016，《燃燒的年代：獨立文化、青年世代與公共精神》，新北：印刻文學生活雜誌出版公司。

曹疏影、鄧小樺（編），2008，《是她也是你和我：準來港女性訪談錄》，香港：香港婦女基督徒協會。

梁美寶，（2011年4月21日），〈住豪宅 大陸孕婦生仔套餐 炒上25萬〉，《壹週刊》（香港）1102。http://hk.nextmgz.com/archive/article/1102/15185972。瀏覽日期：2012年8月30日。

殺破狼，2013，〈香港文化，你賈選凝識幾多？〉，《香港獨立媒體網》。https://www.inmediahk.net/node/1015648。瀏覽日期：2019年4月1日。

深圳和美婦兒醫院，（無日期），〈關於和美赴港產子〉。http://www.hm91.com/Topics/HKBirth/HKBirthAbout.html。瀏覽日期：2012年7月26日；該網頁後來已移除，請見Internet Archive的庫存頁面http://web.archive.org/web/20120623005940/http://www.hm91.com/Topics/HKBirth/HKBirthAbout.html。

章夫、雅蘭、鞏勝利，2009，《中國很高興：全球視野下中國時代來臨的前瞻與後顧》，上海：東方出版社。

符志明，（1999年2月6日），〈對大量新移民湧來的憂慮〉，《文匯報》，第C4版。

許家屯，1993，《許家屯香港回憶錄》，新北：聯經出版公司。

許鞍華，2009，《天水圍的夜與霧》，香港：影王朝有限公司。

許寶強，2015，〈愛的政治〉，《香港本土論述2013~2014：中國因素：土意識與公民社會》，陳志傑、王慧麟編，香港：漫遊者文化，頁93-97。

郭冠華，（2015年12月31日），〈《老炮兒》：「文革」青年一代的道德遺產〉，《搜狐文化》。http://cul.sohu.com/20151231/n433092711.shtml瀏覽日期：2016年1月1日。

郭敬明，2013a，《願風裁塵》，武漢：長江文藝出版社。

──，2013b，《小時代電影全記錄》，武漢：長江文藝出版社。

──，2013c，《小時代1.0摺紙時代（修訂版）》，武漢：長江文藝出版社。

──，2014a，《守歲白駒》，上海：東方出版中心。

──，2014b，《小時代2.0虛銅時代（修訂版）》，武漢：長江文藝出版社。

──，2014c，《小時代3.0刺金時代（修訂版）》，武漢：長江文藝出版社。

陳可辛，1996，《甜蜜蜜》，香港：嘉禾娛樂。

陳正怡、張聲慧，（2012年4月17日），〈梁振英叫停雙非配額〉，《星島日報》，第A1版。

陳光興，2006，《去帝國》，台北：行人文化實驗室。

陳怡如，（2014年10月9日），〈香港人瘋台灣〉，《商業周刊》：168-179。

陳果，2001，《香港有個荷里活》，香港：高先電影有限公司。

陳冠中、李歐梵，2016，〈香港作為方法〉，《香港研究作為方法》，朱耀偉編，香港：中華書局，頁128-144。

陳建忠，2015，〈在浪遊中回歸：論也斯的環臺遊記《新果自然來》與1970年代臺港文藝思潮的對話〉，《也斯的散文藝術》，曾卓然編，香港：三聯書店，頁230-250。

陳映芳，2012，《城市中國的邏輯》，北京：三聯書店。

陳剛（編），1985，《北京方言詞典》，北京：商務印書館。

陳清僑（編），1997，《文化想像與意識形態：當代香港文化政治評論》，香港：牛津大學出版社。

陳雪玲，（2007年7月5日），〈金錢vs.尊嚴　內地來港性工作者被捕實錄〉，《文匯報》，第C5版。

陳惠芬，2006，《想像上海的N種方法：20世紀90年代「文學上海」與城市文化身分建構》，上海：上海人民出版社。

陳景輝，（2012年8月16日），〈《低俗喜劇》，港產片的回歸？〉，《明報》，第A28版。

───，（2013年2月28日），〈中港矛盾下的港產片和藝評獎〉，《明報》，第A32版。

陳雲，2011，《香港城邦論》，香港：天窗出版社。

陳慧萍，（2013年9月4日），〈香港中國化 港人盼台灣引以為鑑〉，《自由時報》。http://news.ltn.com.tw/news/politics/paper/710901。瀏覽日期：2017年3月12日。

陳龍超，（2012年8月3日），〈杜汶澤＋Dada＋彭浩翔 低俗是港產片定律！〉，《am730》。http://archive.am730.com.hk/article-115322。瀏覽日期：2014年3月4日。

陳顯玲、黃怡、徐楚函，（2015年4月25日），〈撤縣設市謹慎解凍 約200縣排隊申請〉，《南方都市報》，第A11-12版。

陶東風，2002，〈日常生活的審美化與文化研究的興起：兼論文藝學的學科反思〉，《浙江社會科學》（1）：165-171。

───，2011，〈走出精英主義，堅持批判精神：日常生活審美化十年談〉，《江蘇行政學院學報》60（6）：30-33。

單讀，（2017年9月14日），〈「我開始變成一個天體物理學家」──許知遠對話賈樟柯〉，單讀的微信公眾號（ID:dandureading），cinephilia迷影轉載。http://cinephilia.net/60413。瀏覽日期：2017年10月10日。

喻德術，2013，〈小鎮青年撐起中國電影 二三線城市貢獻7成票房〉，《騰訊娛樂》。http://ent.qq.com/a/20131101/001057.htm。瀏覽日期：2015年1月15日。

彭浩翔，2012，《低俗喜劇》，香港：正在電影。

───，（2013/2/26），無標題，Facebook。http://www.facebook.com/PangHoCheung/posts/547944688572453。瀏覽日期：2014年5月31日。

彭麗君，2010，《黃昏未晚：後九七香港電影》，香港：中文大學出版社。

曾蔭權，2011，〈繼往開來〉，《二〇一一至一二年施政報告》。http://

www.policyaddress.gov.hk/11-12/chi/pdf/Policy11-12.pdf。瀏覽日期：2012 年 12 月 15 日。

程乃珊，2002，《上海探戈》，上海：學林出版社。

費孝通，1984，〈小城鎮大問題〉，《小城鎮大問題：江蘇省小城鎮研究論文選（第一集）》，江蘇省小城鎮研究課題組編寫，南京：江蘇人民出版社，頁 1-40。

賀桂梅，2004，〈20 世紀八九十年代的京味小說〉，《北京社會科學》（3）：12-21。

賀雄飛（編），2009，《中國為什麼不高興：中華復興時代知識分子的文化主張》，北京：世界知識出版社。

賀照田，2014，〈當中國開始深入世界⋯⋯ —— 南迪與中國歷史的關鍵時刻〉，《開放時代》3：211-223。

馮驥才，2004，〈中國城市的再造：關於當前的「新造城運動」〉，《現代城市研究》19（1）：4-9。

黃平，2011，〈「大時代」與「小時代」：韓寒，郭敬明與「80 後」寫作〉，《南方文壇》（3）：5-10。

黃志華，2000，《早期香港粵語流行曲（1950-1974）》，香港：三聯書店。

黃宗儀、李紀舍，2007，〈東亞多重現代性與反成長敘述：論三部華語電影〉，《中山人文學報》24：65-86。

黃宗儀，2004，〈都市空間的生產：全球化的上海〉，《台灣社會研究季刊》53：61-83。

———，2008，《面對巨變中的東亞景觀：大都會的自我身分書寫》，新北：群學出版有限公司。

———，2011，〈中國南方「新流動女性」：女性發達史敘事與珠江三角洲的發展想像〉，《中外文學》40（4）：121-155。

黃湛森（黃霑），2003，《粵語流行曲的發展與興衰：香港流行音樂研究（1949-1997）》，博士論文，香港大學。

黃綺琴、邵瑞珊，（2007 年 2 月 2 日），〈中港夫婦：咁大條數好慘　內

地夫婦：3.9萬不算貴〉，《經濟日報》（香港），第A22版。

黃璟瑜，2016，《樂戶台灣》，香港：天窗出版社。

黃霑，2005，〈流行曲與香港文化〉，《香港文化與社會》，冼玉儀編，香港：香港大學亞洲研究中心，頁160-168。

楊玉珠，（2011年6月25日），〈私院減收2千內地婦勢加價　孕婦衝急症室續爆　配額成效存疑〉，《經濟日報》，第A17版。

楊立青，2005，〈「我們」如何論述香港〉，《讀書》（8）：82-89。

楊宇軒，（2013年3月3日），〈低俗以外〉，《明報》，第P6版。

楊孟軒，2011，〈調景嶺：香港「小台灣」的起源與變遷，1950-1970年代〉，《臺灣史研究》18（1）：133-183。

楊雪梅、劉陽，（2010年7月13日），〈一本書衍生出一條產業鏈　杜拉拉「升值」記〉，人民網。http://book.people.com.cn/BIG5/69839/197069/index.html。瀏覽日期：2011年8月5日。

楊麗珊，（2016年2月13日），〈「扮靚籽」：鋼管尤物　黑絲誘惑〉，《蘋果日報》（香港）。https://hk.lifestyle.appledaily.com/lifestyle/retails/daily/article/20160213/19488623。瀏覽日期：2017年2月10日。

溫鐵軍、溫厲，2007，〈中國的「城鎮化」與發展中國家城市化的教訓〉，《中國軟科學》（7）：23-29。

葉蔭聰，2009，〈新政治力量：香港獨立媒體的發展〉，《新聞學研究》99：221-239。

———，（2012年3月11日），〈一個沒有公共性的獎項：評藝評獎風波〉，《明報》，第A24版。

葛兆光，2011，《宅茲中國：重建有關「中國」的歷史論述》，北京：中華書局。

董子琪，2014，〈拒絕「北漂傷痕文學」標籤　強調「戲謔」語境分享〉，《騰訊文化》。https://cul.qq.com/a/20140116/015857.htm。瀏覽日期：2016年4月25日。

董建華，1999，〈關於提請中央人民政府協助解決實施《中華人民共和國香港特別行政區基本法》有關條款所遇問題的報告〉。http://www.

basiclaw.gov.hk/tc/materials/doc/1999_05_20_c.pdf。瀏覽日期：2012年12月18日。

賈樟柯，2015，《山河故人》，中國：上海電影。

賈選凝，（2013年2月25日），〈從《低俗喜劇》透視港產片的焦慮〉，《ADC藝評獎》，香港藝術發展局。http://www.criticsprize.hk/result.php#jump22。瀏覽日期：2013年12月3日。

路以茵，（2016年6月5日），〈香港女生輸了？港男喜歡台妹的原因〉，《香港01》。https://www.hk01.com/01博評-藝%EF%BC%8E文化/24210/香港女生輸了-港男喜歡台妹的原因。瀏覽日期：2017年7月7日。

路遙，1982，《人生》，北京：中國青年出版社。

圖賓根木匠，2013，〈《小時代》：「硬盤」們的上海灘〉，《時光網》。http://i.mtime.com/t193244/blog/7637800/。瀏覽日期：2015年3月4日。

寧越敏，1997，〈90年代上海流動人口分析〉，《人口與經濟》（2）：9-16。

熊月之，2002，〈上海人的過去、現在與未來〉，《新上海人》，上海證大研究所編，北京：東方出版社，頁117-130。

———，2006，〈鄉村裡的都市與都市裡的鄉村：論近代上海民眾文化特點〉，《史林》（2）：70-76。

熊秉文，（2012年7月27日），〈專訪彭浩翔與杜汶澤 他們都百厭 我們都低俗〉，《都市日報》，頁6-8。瀏覽日期：2014年3月4日。

熊家良，2003，〈三元並立結構中的小城文化與小城文學〉，《湛江師範學院學報》24（5）：5-7。

———，2007，〈小城文學：一個地域文化空間的命題〉，《文藝理論與批評》（3）：130-134。

管虎，2015，《老炮兒》，北京：華誼兄弟。

管虎、趙斌，2015，〈一部電影的誕生——管虎《老炮兒》創作訪談〉，《北京電影學院學報》6：34-40。

趙春音，2003，〈城市現代化：從城鎮化到城市〉，《城市問題》（1）：
　　6-12。

趙剛，（2014年12月23日），〈「小確幸」：台灣太陽花一代的政治認
　　同〉，《苦勞網》。http://www.coolloud.org.tw/node/81194。瀏覽日
　　期：2016年3月17日。

趙振江，（2015年4月1日），〈「縣城青年」綠妖〉，《江南時報》，第B1
　　版。

趙智謀，2010，《升職記中有升職技》，北京：北京科技大學出版社。

趙新平、周一星、曹廣忠，2002，〈小城鎮重點戰略的困境與實踐誤
　　區〉，《城市規劃》26（10）：36-40。

趙新平、周一星，2002，〈改革以來中國城市化道路及城市化理論研究
　　述評〉，《中國社會科學》（2）：132-138。

趙蘊穎，（2010年9月29日），〈東港將建518米東北第一高樓〉，《大連
　　日報》，第A1版。

劉士林，2006，〈都市化進程論〉，《學術月刊》38（12）：5-12。

───，2013，〈關於我國城鎮化問題的若干思考〉，《學術界》（3）：
　　5-13。

劉慈欣，2011，《三體》，台北：貓頭鷹出版社。

劉慧卿，2011，〈內地孕婦到香港分娩的得失利弊〉，《新社會政策雙月
　　刊》17：65-69。

廣州市城市規劃局，2010，《廣州城市總體發展策略規劃（2010-2020）》，
　　廣州：廣州市城市規劃局。

歐陽覺亞、周無忌、饒秉才，2009，《廣州話俗語詞典》，香港：商務印
　　書館。

滕威，2000，〈英雄隱去處中產階級的自我書寫：關於1998年中國文化
　　市場「隱私熱」現象的報告〉，《書寫文化英雄：世紀之交的文化研
　　究》，戴錦華編，南京：江蘇人民出版社，頁292-324。

蔡明菲，2009，《我們的杜拉拉：每個人心中的杜拉拉，分享感動與收
　　穫》，西安：陝西師範大學出版社。

衛慧，1999，《上海寶貝》，瀋陽：春風文藝出版社。

鄧小樺，（2011年4月11日），〈港女之消失？〉，《星島日報》，第E7版。

鄧予立，（2009年7月8日），〈「老鄧和台灣」：後花園（一）〉，痞客邦。https://tangyulap.pixnet.net/blog/post/253676687-【老鄧和台灣-】後花園（一）。瀏覽日期：2016年4月5日。

鄧景衡，1982a，〈第二級產業〉，《中華百科全書》第6冊，《中華百科全書（Chinese Encyclopedia Online）》，中國文化大學等編，台北：中國文化大學。http://ap6.pccu.edu.tw/Encyclopedia/data.asp?id= %205827。瀏覽日期：2011年12月6日。

———，1982b，〈第三級產業〉，《中華百科全書》第6冊，《中華百科全書（Chinese Encyclopedia Online）》，中國文化大學等編，台北：中國文化大學。http://ap6.pccu.edu.tw/Encyclopedia/data.asp?id=5828。瀏覽日期：2011年12月6日。

魯迅，1996[1934]，〈「京派」與「海派」〉，《魯迅雜文全集》，北京：九州圖書文物有限公司，頁721-732。

黎慕慈，2014，《愛‧來去‧住台灣：一百樣擁抱台灣的理由》，香港：三聯書店。

蕭全政，1995，〈一九九七前後香港在兩岸政經關係中的角色〉，《一九九七前夕的香港政經形勢與台港關係》，朱雲漢等著，台北：業強出版社，頁391-426。

蕭惟珊，（2014年4月28日），〈「香港人台灣夢」：勇闖美麗島 絕不回頭〉，《蘋果日報》。https://tw.appledaily.com/headline/daily/20140428/35795279。瀏覽日期：2017年6月20日。

戴錦華、羅皓菱，（2016年3月1日），〈戴錦華：「基」「腐」元素已成為全球娛樂工業新賣點〉，《北京青年報》，中國新聞網轉載。http://www.chinanews.com/cul/2016/03-01/7778587.shtml。瀏覽日期：2016年3月10日。

戴錦華，2000，《霧中風景：中國電影1978-1998》，北京：北京大學。

謝友順、石非，2001，〈物質生活及其幻覺：朱文穎和她的《高跟

鞋》〉，《當代作家評論》（6）：89-94。

謝素娟，（2014年4月30日），〈「香港人台灣夢」：歌手蔣雅文花蓮慢
　　活〉，《蘋果日報》。https://tw.appledaily.com/headline/daily/20140430/
　　35799945。瀏覽日期：2017年6月20日。

韓素梅，2014，《傳媒之城：媒介視野下的城市中國》，北京：中國社會
　　科學出版社。

韓耀庭，（2014年2月7日），〈控制人口收緊港澳人士申請　投資移民
　　台灣倍增至256萬元〉，《蘋果日報》（香港）。https://hk.news.
　　appledaily.com/local/daily/article/20140207/18617989。瀏覽日期：
　　2016年11月27日。

簡博秀、周志龍，2002，〈全球化，全球城市和中國都市發展策略〉，
　　《台灣社會研究季刊》47（9）：141-194。

瀨名安彥，（2013年2月27日），〈淺談「國家／地域電影」與賈選
　　凝〉，《主場新聞》。http://thehousenews.com/society/淺談國家地域電
　　影與賈選凝/。瀏覽日期：2014年4月10日；該網頁後來已移除，
　　參見Internet Archive的庫存頁面http://archive.vn/HHbFU。

羅永生，2014，《殖民家國外》，香港：牛津大學。

羅婉禎，2008，〈前言：我們看見，我們在聽！〉，《是她也是你和我：
　　準來後女性訪談錄》，曹疏影、鄧小樺編，香港：香港婦女基督徒
　　協會，頁2-6。

羅崗，2015，〈「中國夢」的關鍵在於如何理解「中國」〉，《蟬歌》雜
　　誌，第二期國慶特輯‧卷首語。

羅雪揮、潘麗，2004，〈「富二代」動搖中國人的財富觀〉，《中國新聞
　　週刊》36：54-57。

麗婕，2010，《人人都是杜拉拉》，北京：人民日報。

嚴敏慧，（2011年3月5日），〈倘按醫療服務通脹11%計　料收費或高於
　　私家醫院　研加內地婦分娩費　公院更貴〉，《文匯報》，第A16版。

蘇豫，2010，《把杜拉拉徹底說清楚》，北京：化學工業出版社。

顧崢，2010，〈我們一起「耍」電影〉，《賈樟柯故鄉三部曲：小武》，

趙靜編，濟南：山東畫報出版社，頁196-206。

龔學鳴，（2014年3月10日），〈香港激進派旺角鬧劇嚇怕旅客　叫囂侮辱國歌〉，《紫荊》。http://news.zijing.org/2014/0310/588280.shtml。瀏覽日期：2014年3月25日。

AUMAN，（2011年2月27日），〈［高登音樂台］《蝗蟲天下》MV（原曲：富士山下）〉，YouTube。http://www.youtube.com/watch?v=aWZFgkJNxDM。瀏覽日期：2013年6月30日。

babiescassy，（2012年8月5日），〈20120805低俗喜劇　彭浩翔＋杜文澤謝票〉，YouTube。https://www.youtube.com/watch?v=4P5nBNzdAdM。瀏覽日期：2014年3月16日。

Dirlik，2009，〈重訪後社會主義：反思中國特色社會主義的過去、現在和未來〉，呂增奎譯，《馬克思主義與現實（雙月刊）》5：24-35。

Emily，2012，《小港包的台北五四三》，新北：一起來出版。

Gloria Lee，（2012年7月28日），〈『低俗喜劇』謝票@UA 朗豪坊〉，YouTube。https://www.youtube.com/watch?v=jBIzoC4o3k0。瀏覽日期：2014年3月21日。

GoldenSceneHK，（2012年7月4日），〈『低俗喜劇』Vulgaria 製作特輯之「瘋狂」8月9日　笑能死人〉，YouTube，https://www.youtube.com/watch?v=-kZRTD1YD0o。瀏覽日期：2014年3月16日。

──────，（2012年7月9日），〈低俗喜劇 Vulgaria 低俗之製作特輯 -「粗口」8月9日　笑能死人〉，YouTube。https://www.youtube.com/watch?v= 4WCZGjCu5b4。瀏覽日期：2014年3月18日。

ilmc717，（2012年8月11日），〈『低俗喜劇』現場謝票〉，YouTube。https://www.youtube.com/watch?v=SbWD1eNeb1A。瀏覽日期：2014年3月18日。

Iris，（2012年8月7日），〈彭浩翔的低俗抗爭〉，《東touch》：86-89。

masaga，2015，〈《山河故人》：賈樟柯的最高野心〉，《商業週刊中文版》。http://mp.weixin.qq.com/s?__biz=NzgzNTc1NTIx&mid=209038030&idx=1&sn=624b5652c2784722afa2f880831657f4&3rd=MzA3MDU

4NTYzMw==&scene=6#rd。瀏覽日期：2015年7月15日。

Paul Chan，（2012年8月4日），〈『低俗喜劇』彭浩翔 陳靜 完場謝票（內含少量劇情）〉，YouTube。https://www.youtube.com/watch?v=-hweoJpHmUs。瀏覽日期：2014年3月18日。

Peterlee123，（2012年8月11日），〈杜汶澤和陳靜為影迷慶祝生日：『低俗喜劇』UA朗豪坊午夜場（Aug. 11, 2012）〉，YouTube。https://www.youtube.com/watch?v=GujYdDYTFWg。瀏覽日期：2014年3月18日。

Sai Wan Yeung，（2012年8月26日），〈『低俗喜劇』：杜汶澤、DaDa送爆炸糖都唔夠！仲送$10000機票！》，YouTube。https://www.youtube.com/watch?v=cVbsfxQhygc。瀏覽日期：2014年4月10日。

SJ，（2016年5月2日），〈香港人眼中 台灣人的8個「小確幸」〉，《香港經濟日報》。https://topick.hket.com/article/1418343/香港人眼中%20台灣人的8個「小確幸」。瀏覽日期：2017年1月14日。

英文書目

Abbas, A. 1997. *Hong Kong: Culture and the Politics of Disappearance.* Minneapolis: University of Minnesota Press.

Abbas, A. and Dissanayake, W. 2009. "Series preface." *Fruit Chan's Made in Hong Kong.* Ed. Cheung, E. M. K. Hong Kong: Hong Kong University Press. pp. ix-xi.

Ahmed, S. 2004a. "Collective Feelings: Or, the Impressions Left by Others." *Theory, Culture & Society*, 21(2): 25-42.

———. 2004b. *The Cultural Politics of Emotion.* New York: Routledge.

———. 2010. *The Promise of Happiness.* Durham: Duke University Press.

Amin, A. and Graham, S. 1997. "The Ordinary City." *Transactions of the Institute of British Geographers*, 22(4): 411-429.

Amit, V. 2007. "Structures and Dispositions of Travel and Movement." *Going First Class? New Approaches to Privileged Travel and Movement.* Ed. Amit, V. New York: Berghahn Books. pp. 1-14.

Appadurai, A. 1996. *Modernity at large: Cultural dimensions of globalization.* Minneapolis: University of Minnesota Press.

Arditi, J. 1999. "Etiquette books, discourse and the deployment of an order of things." *Theory, Culture & Society*, 16(4): 25-48.

Barmé, G. R. 1999. *In the Red: On Contemporary Chinese Culture.* New York: Columbia University Press.

Benjamin, W. 1999. *The arcades project.* Cambridge, MA: Belknap.

Benson, M. 2011. *The British in Rural France: Lifestyle Migration and the Ongoing Quest for a Better Way of Life.* Manchester: Manchester

University Press.

Benson, M. and O'Reilly, K. 2009. "Migration and the Search for a Better Way of Life: A Critical Exploration of Lifestyle Migration." *The Sociological Review*, 57(4): 608-625.

Berlant, L. 2011. *Cruel Optimism*. Durham: Duke University Press.

Berry, C. 2004. *Postsocialist Cinema in Post-Mao China: The Cultural Revolution after the Cultural Revolution*. New York: Routledge.

Bourdieu, P. 1984. *Distinction: A social critique of the judgement of taste*. Cambridge, MA: Harvard UP.

Brickell, K. 2012. "Geopolitics of Home." *Geography Compass*, 6(10): 575-588.

Brownell, S. 2001. "Making dream bodies in Beijing: Athletes, fashion models, and urban mystique in China." *China urban: Ethnographies of contemporary culture*. Eds. Chen, N. N., Clark, C. D., Gottschang, S. Z. and Jeffery, L. Durham, NC: Duke University Press. pp. 123-142.

Buchanan, I. 2010. "Structure of Feeling." *A Dictionary of Critical Theory*. Ed. Buchanan, I. New York: Oxford University Press. pp. 454-455.

Buckley, J. H. 1974. *Season of Youth: The Bildungsroman from Dickens to Golding*. Cambridge: Harvard UP.

Cartier, C. 2001. *Globalizing South China*. Malden: Blackwell.

——. 2005. "City-space: Scale Relations and China's Spatial Administrative Hierarchy." *Restructuring the Chinese City: Changing Society, Economy and Space*. Eds. Ma, L. J. C. and Wu, F. New York: Routledge. pp. 19-33.

——. 2013. "What's Territorial about China? From Geopolitical Narratives to the 'Administrative Area Economy'." *Eurasian Geography and Economics*, 54(1): 57-77.

Casolo, J. and Sapana, D. 2013. "Domesticated Dispossessions? Towards a Transnational Feminist Geopolitics of Development." *Geopolitics*, 18(4): 800-834.

Chan, C. K. 2014. "China as 'Other': Resistance to and Ambivalence toward National Identity in Hong Kong." *China Perspective,* 2014(1): 25-34.

———. 2017. "Discursive Opportunity Structures in Post-handover Hong Kong Localism: The China Factor and Beyond." *Chinese Journal of Communication,* 10(4): 413-432.

Chan, R. K. H. 2011. "The Politics of Health Finance Reform in Hong Kong." *International Journal of Public and Private Healthcare Management and Economics,* 1(2):17-25.

Chau, R. C. and Yu, S. W. 2003. "Marketisation and Residualisation – Recent Reforms in the Medical Financing System in Hong Kong." *Social Policy and Society,* 2(3): 199-207.

Cheah, P. 2010. "Global dreams and nightmares: The underside of Hong Kong as a global city in Fruit Chan's Hollywood, Hong Kong." *Hong Kong culture: Word and image.* Ed. Louie, K. Hong Kong: Hong Kong University Press. pp. 193-211.

Chen, M. 2008. "Women Entrepreneurs: Personal Wealth, Local Politics and Tradition." *The New Rich in China: Future Rulers, Present Lives.* Ed. Goodman, D. S. G. New York: Routledge. pp. 112-125.

Chow, R. 1998. *Ethics after Idealism: Theory, Culture, Ethnicity, Reading.* Bloomington: Indiana UP.

Clouser, R. 2016. "Nexus of Emotional and Development Geographies." *Geography Compass,* 10(8): 321-332.

Croucher, S. 2012. "Privileged Mobility in an Age of Globality." *Societies,* 2(4): 1-13.

Dably, S. 1998. "Geopolitics and Global Security: Culture, Identity, and the 'Pogo' Syndrome." *Rethinking Geopolitics.* Eds. Dably, S. and Tuathai, G. Ó. New York: Routledge. pp. 295-313.

Davis, D. and Wang, F. 2009. *Creating Wealth and Poverty in Postsocialist China.* California: Stanford University Press.

Davis, M. 2006. *Planet of Slums*. London: Verso.

"Director Ann Hui completes Tin Shui Wai diptych." 2009. *South China Morning Post*. YouTube. http://www.youtube.com/watch?v=49wna1xJCT0 (Accessed 2011/6/1).

Dirlik, A. 1989. "Postsocialism? Reflections on 'Socialism with Chinese Characteristics'." *Bulletin of Concerned Asian Scholars*, 21(1): 33-44.

——. 2005. "Architectures of global modernity, colonialism, and places." *Modern Chinese Literature and Culture*, 17(1): 33-61.

Dirlik, A. and Zhang, X. 1997. "Introduction: Postmodernism and China." *boundary 2*, 24: 3.

——, (eds.) 2000. *Postmodernism & China*. Durham and London: Duke University Press.

Duthie, L. 2005. "White Collars with Chinese Characteristics: Global Capitalism and the Formation of a social Identity." *Anthropology of Work Review*, 26(3): 1-12.

Escobar, A. 1999. "The Invention of Development." *Current History*, 98(631): 381-386.

Eyal, G., Szelényi, I. and Townsley, E. 1998. *Making capitalism without capitalists*. London and New York: Verso.

Ezzy, D. 2010. "Qualitative Interviewing as an Embodied Emotional Performance." *Qualitative Inquire*, 16(3): 163-170.

Featherstone, M. 1991. *Consumer culture and postmodernism*. London: Sage.

Flint, C. 2009. "Enclave." *The Dictionary of Human Geography*. Eds. Gregory, D., Johnston, R., Pratt, G., Watts, M. and Whatmore, S. Malden, MA: Wiley-Blackwell. p. 191.

Fu, P. 2003. *Between Shanghai and Hong Kong: The Politics of Chinese Cinemas*. Stanford: Stanford UP.

Fung, A. Y. H. and Chan, C. K. 2017. "Post-handover Identity: Contested Cultural Bonding between China and Hong Kong." *Chinese Journal of*

Communication, 10(4): 395-412.

Goodman, D. S. G. 2008. "Why China Has No New Middle Class: Cadres, Managers and Entrepreneurs." *The New Rich in China: Future Rulers, Present Lives.* Ed. Goodman, D. S. G. London: Routledge. pp. 23-37.

Goodman, D. S. G. and Zang, X. 2008. "The New Rich in China: The Dimensions of Social Change." *The New Rich in China: Future Rulers, Present Lives.* Ed. Goodman, D. S. G. London: Routledge. pp. 1-20.

Gransow, B. 2003. "Gender and migration in China: Feminization trends." *Crossing borders and shifting boundaries Vol. 1.* Eds. Morokvasic, M., Erel, U. and Shinozaki, K. Opladen: Leske + Budrich. pp. 137-154.

Gudeman, S. 2001. *The Anthropology of Economy: Community, Market, and Culture.* Malden: Blackwell.

——. 2005. "Community and Economy: Economy's Base." *A Handbook of Economic Anthropology.* Ed. Carrier, J. G. Cheltenham: Edward Elgar. pp. 94-106.

——. 2008. *Economy's Tension: The Dialectics of Community and Market.* New York: Berghahn.

Guo, Y. 2008. "Class, Stratum and Group: The Politics of Description and Prescription." *The New Rich in China: Future Rulers, Present Lives.* Ed. Goodman, D. S. G. London: Routledge. pp. 38-52.

Hall, S. 1980. "Encoding/decoding." *Culture, Media, Language: Working Papers in Cultural Studies, 1972-79.* Eds. Hall, S., Hobson, D., Lowe, A. and Willis, P. London: Routledge. pp. 128-138.

Harvey, D. 2003. *Paris, capital of modernity.* New York: Routledge.

——. 2005. *A Brief History of Neo-Liberalism.* Oxford: Oxford University Press.

He, H. Y. 2001. *Dictionary of the political thought of the People's Republic of China.* Armonk, NY: M.E. Sharpe.

Hiemstra, N. 2012. "Geopolitical Reverberations of US Migrant Detention and Deportation: The View from Ecuador." *Geopolitics,* 17(2): 293-311.

Highmore, B. 2016. "Formations of Feelings, Constellations of Things." *Cultural Studies Review*, 22(1): 144-167.

———. 2017. *Cultural Feelings: Mood, Mediation and Cultural Politics*. Abingdon: Routledge.

Hoey, B. A. 2009. "Pursuing the Good Life: American Narratives of Travel and a Search for Refuge." *Lifestyle Migration: Expectations, Aspirations and Experiences*. Eds. Benson, M. and O'Reilly, K. Farnham, Surrey: Ashgate. pp. 31-50.

Hoffman, L. M. 2001. "Guiding college graduates to work: Social constructions of labor markets in Dalian." *China urban: Ethnographies of contemporary culture*. Eds. Chen, N.N., Clark C. D., Gottschang, S. Z. and Jeffery, L. Durham, NC: Duke UP. pp. 43-66.

———. 2010. *Patriotic professionalism in urban China: Fostering talent*. Philadelphia: Temple UP.

hooks, B. 1984. *Feminist Theory: From Margin to Center*. Boston, MA: South End Press.

Huang, T. M. 2005. "Mutual gazing and self-writing: Revisiting the tale of Hong Kong and Shanghai as global city-region." *Concentric: Literary and Cultural Studies,* 31(1): 71-93.

Hyndman, J. 2003. "Beyond Either/Or: A Feminist Analysis of September and Land-centred Urban Transformation." *Urban Studies*, 44(9): 1827-1855.

———. 2004. "Mind the gap: bridging feminist and political geography through geopolitics." *Political/Geography*, 23(3):307-322.

Jayasuriya, K. 1994. "Singapore: The Politics of Regional Definition." *The Pacific Review*, 7(4): 411-420.

———. 2009. "Regulatory Regionalism in the Asia-Pacific: Drivers, Instruments and Actors." *Australian Journal of International Affairs*, 63(3): 335-347.

Keith, M., Lash, S., Arnoldi, J. and Rooker, T. 2014. *China Constructing Capitalism: Economic Life and Urban Change*. New York: Routledge.

Khalid, M. 2011. "Gender, Orientalism and Representations of the 'Other' in the War on Terror." *Global Change, Peace and Security,* 23(1): 15-29.

Kobayashi, A. and Preston, V. 2007. "Transnationalism through the Life Course: Hong Kong Immigrants in Canada." *Asia Pacific Viewpoint*, 48(2): 151-167.

Ku, A. S. M. 2012. "Remaking Places and Fashioning an Opposition Discourse: Struggle over the Star Ferry Pier and the Queen's Pier in Hong Kong." *Environment and Planning D: Society and Space*, 30(1): 5-22.

Ku, A. S. and Pun, N. 2004. "Introduction: Remaking citizenship in Hong Kong." *Remaking Citizenship in Hong Kong: Community, Nation and the Global City*. Eds.Ku, A. S. and Pun, N. London: Routledge. pp. 1-17.

"Landmark ruling." 1999/1/30. *South China Morning Post*: 14.

Lau, J. K. W. 1998. "Besides Fists and Blood: Hong Kong Comedy and Its Master of the Eighties." *Cinema Journal*, 37(2): 18-34.

Lan, P. 2003. "Political and Social Geography of Marginal Insiders: Migrant Domestic Workers in Taiwan." *Asian and Pacific Migration Journal,* 12(1-2): 99-126.

Law, K. and Lee, K. 2006. "Citizenship, Economy and Social Exclusion of Mainland Chinese Immigrants in Hong Kong." *Journal of Contemporary Asia*, 36(2): 217-242.

Law, W. 2009. *Collaborative Colonial Power: The Making of the Hong Kong Chinese*. Hong Kong: Hong Kong UP.

Lee, E. 2009. "Parting the Mist." *Timeout.com.hk* May 13-26. https://edmundlee.weebly.com/uploads/4/3/0/7/4307162/28-film-annhui.pdf (accessed 2020/7/1).

Lee, V. 2009. *Hong Kong Cinema since 1997: The Post-Nostalgic Imagination.* London: Palgrave Macmillan.

Lee, W. and Tse, D. K. 1994. "Becoming Canadian: Understanding How Hong Kong Immigrants Change Their Consumption." *Pacific Affairs*,

67(1): 70-95.

Ley, D. and Kobayashi, A. 2005. "Back to Hong Kong: Return Migration or Transnational Sojourn?" *Global Networks*, 5(2): 111-127.

Li, C. S. and Huang, M. T. Y. 2014. "Culture Governance of the New Economic Human: The Entrepreneurial Biography in Contemporary China." *Position*, 22(4): 877-906.

Li, L. 2011. "The Incentive Role of Creating "Cities" in China." *China Economic Review*, 22(1): 172-181.

Liang, Z. and Ma, Z. 2004. "China's Floating Population: New Evidence from the 2000 Census." *Population and Development Review*, 30(3): 467-488.

Lin, G. C. S. 2004. "Toward a Post-socialist City? Economic Tertiarization and Urban Reformation in the Guangzhou Metropolis, China." *Eurasian Geography and Economics*, 45(1): 18-44.

———. 2007a. "Chinese Urbanism in Question: State, Society, and the Reproduction of Urban Spaces." *Urban Geography*, 28(1): 7-29.

———. 2007b. "Reproducing Spaces of Chinese Urbanisation: New City-based and Land-centred Urban Transformation." *Urban Studies*, 44(9): 1827-1855.

———. 2009. *Developing China: Land, Politics and Social Conditions.* London: Routledge.

Lo, D. 2012. *Alternatives to Neoliberal Globalization: Studies in the Political Economy of Institutions and Late Development.* New York: Palgrave Macmi.

Lo, K. 2005. *Chinese Face/off: The Transnational Popular Culture of Hong Kong.* Urbana: U of Illinois P.

Lovering, J. 1999. "Theory Led by Policy: The Inadequacies of the 'New Regionalism' (illustrated from the case of Wales)." *International Journal of Urban and Regional Research*, 23(2): 379-395.

Lu, L. and Wei, Y. D. 2007. "Domesticating Globalisation, New Economic Spaces and Regional Polarisation in Guangdong Province, China."

Tijdschrift Voor Economische En Sociale Geografie, 98(2): 225-244.

Lu, S. H. 2007. *Chinese Modernity and Global Biopolitics: Studies in Literature and Visual Culture.* Honolulu: University of Hawaii Press.

Ma, L. J. C. 2005. "Urban Administrative Restructuring, Changing Scale Relations and Local Economic Development in China." *Political Geography*, 24(4): 477-497.

Ma, N. 2015. "The Rise of 'Anti-China' Sentiments in Hong Kong and the 2012 Legislative Council Elections." *China Review,* 15(1): 39-66.

Mathews, G., Ma, E. K. W. and Lui, T. L. 2008. *Hong Kong, China: Learning to Belong to a Nation.* London; New York: Routledge.

Mar, P. 1998. "Just the Place is Different: Comparisons of Place and Settlement Practices of some Hong Kong Migrants in Sydney." *The Australian Journal of Anthropology*, 9(1): 58-73.

Moisi, D. 2009. *The Geopolitics of Emotion: How Cultures of Fear, Humiliation, and Hope are Reshaping the World.* New York: Doubleday.

Newendorp, N. 2010. "'Economically Speaking, I am the Breadwinner': Chinese immigrant narratives of work and family in Hong Kong." *International Migration*, 48(6): 72-101.

Nyers, P. 2006. "The Accidental Citizen: Acts of Sovereignty and (Un) Making Citizenship." *Economy and Society*, 35(1): 22-41.

Obama, B. 2006. *The Audacity of Hope: Thoughts on Reclaiming the American Dream.* New York: Crown.

Olds, K. 1998. "Globalization and Urban Change: Tales from Vancouver via Hong Kong." *Urban Geography,* 19(4): 360-385.

Ong, A. 1999. *Flexible Citizenship: The Cultural Logics of Transnationality.* Durham, NC: Duke University Press.

——. 2006. *Neoliberalism as Exception.* Durham, NC: Duke University Press.

——. 2008. "Self-fashioning Shanghainese: Dancing across Spheres of Value." *Privatizing China: Socialism from Afar.* Eds. Zhang, L. and Ong,

A. Ithaca: Cornell UP. pp. 182-196.

O'Reilly, K. and Benson, M. 2009. "Lifestyle Migration: Escaping to the Good Life?" *Lifestyle Migration: Expectations, Aspirations and Experiences*. Eds. Benson, M. and O'Reilly, Karen Farnham, Surrey: Ashgate. pp. 1-13.

Paasi, A. 2002. "Bounded Spaces in the Mobile World: Deconstructing 'Regional Identity.'" *Tijdschrift voor Economische en Sociale Geografie*, 93(2): 137-148.

———. 2011. "The Region, Identity, and Power." *Procedia - Social and Behavioral Sciences*, 14: 9-16.

Pang, L. 2010. "Hong Kong Cinema as a Dialect Cinema." *Cinema Journal*, 49(3): 140-143.

Pau, J. 2014/10/21. "Lack of Opportunities in Hong Kong Creating a Generation Without Hope." *South China Morning Post*. http://www.scmp.com/comment/insight-opinion/article/1621365/lack-opportunities-hong-kong-creating-generation-without (Accessed 2017/8/5).

Perkmann, M. and Sum, N. 2002. *Globalization, regionalization and cross-border regions*. New York : Palgrave MacMillan.

Pickowicz, P. G. 1994. "Huang Jianxin and the Notion of Postsocialism." *New Chinese Cinemas: Forms, Identities, Politics*. Eds. Browne, N. and Pickowicz, P. G. Cambridge: Cambridge University Press. pp. 57-87.

Pratt, G. 2009. "Circulating Sadness: Witnessing Filipina Mothers' Stories of Family Separation." *Gender, Place & Culture*, 16(1): 3-22.

Pun, N. 1999. "Becoming Dagongmei (Working Girls): The Politics of Identity and Difference in Reform China." *The China Journal*, 42: 1-18.

———. 2004. "Engendering Chinese Modernity: The Sexual Politics of Dagongmei in a Dormitory Labour Regime." *Asian Studies Review*, 28(2): 151-165.

———. 2005. *Made in China: Women Factory Workers in a Global Workplace*. Hong Kong: Hong Kong UP.

Robinson, J. 2006. *Ordinary Cities: Between Modernity and Development*.

London: Routledge.

——. 2011. "Cities in a World of Cities: The Comparative Gesture." *International Journal of Urban and Regional Research,* 35(1): 1-23.

Rofel, L. 1986. *Other Modernities: Gendered Yearnings in China after Socialism.* Berkeley: U of California P.

——. 2007. *Desiring China: Experiments in Neoliberalism, Sexuality, and Public Culture.* Durham and London: Duke University Press.

——. 2012. "Between *Tianxia* and Postsocialism: Contemporary Chinese Cosmopolitanism." *Routledge Handbook of Cosmopolitanism Studies.* Ed. Delanty, G. New York: Routledge. pp. 443-451.

Sassen, S. 1996. "Whose City Is It? Globalization and the Formation of New Claims." *Public Culture*, 8(2): 205-223.

Sennett, R. 2006. *The Culture of New Capitalism.* New Haven: Yale University Press.

Shen, J. F. 2007. "Scale, State and the City: Urban Transformation in Post-reform China." *Habitat International,* 31(3): 303-316.

Shen, J. F and Luo, X. L. 2013. "From Fortress Hong Kong to Hong Kong-Shenzhen Metropolis: the Emergence of Government-led Strategy for Regional Integration in Hong Kong." *Journal of Contemporary China,* 22: 944-965.

Shih, S. 2007. *Visuality and Identity: Sinophone articulations across the pacific.* Berkeley: University of California Press.

——, (ed.) 2013. *Sinophone Studies: A Critical Reader.* New York: Columbia University Press.

Siu, H. F. 2007. "Grounding Displacement: Uncivil Trban Spaces in Post-reform South China." *American Ethnologist*, 34(2): 329-350.

Silvey, R. 2004. "Power, Difference and Mobility: Feminist Advances in Migration Studies." *Progress in Human Geography*, 28(4): 1-17.

Skeggs, B. 2004. *Class, Self, Culture.* London: Routledge.

Smith, S. H. 2009. "The Domestication of Geopolitics: Buddhist-Muslim Conflict and the Policing of Marriage and the Body in Ladakh, India." *Geopolitics*, 14(2): 197-218.

So, A. Y. 2003. "Cross-border Families in Hong Kong: The Role of Social Class and Politics." *Critical Asian Studies*, 35(4): 515-534.

——. 2011. "'One Country, Two Systems' and Hong Kong-China National Integration: A Crisis-Transformation Perspective." *Journal of Contemporary Asia*, 41(1): 99-116.

Sparke, M. 2007. "Geopolitical Fears, Geoeconomic Hopes, and the Responsibilities of Geography." *Annals of the Association of American Geographers*, 97(2): 338-349.

Staeheli, L. A. 2011. "Political Geography: Where's Citizenship?" *Progress in Human Geography,* 35(3): 393-400.

Sternheimer, K. 2011. *Celebrity Culture and the American Dream: Stardom and Social Mobility.* New York: Routledge.

Sum, N. L. 2010. "The Cultural Political Economy of Transnational Knowledge Brands: Porterian Competitiveness Discourse and Its Recontextualization to Hong Kong/Pearl River Delta." *Journal of Language and Politics,* 4(9): 546-573.

Sung, Y. W. 2004. *The Emergence of Greater China: The Economic Integration of Mainland China, Taiwan, and Hong Kong.* New York: Springer.

Szeto, M. M. and Chen, Y. 2012. "Mainlandization or Sinophone Translocality? Challenges for Hong Kong SAR New Wave Cinema." *Journal of Chinese Cinemas*, 6(2): 115-134.

Tatlow, D. K. 2010/12/14. "In China, Women Face Old Biases." *New York Times,* pp. 1, 3.

Thrift, N. 1994. "On the Social and Cultural Determinants of International Financial Centres: The Case of the City of London." *Money, Power and Space.* Eds. Corbridge, S., Martin, R. and Thrift, N. Oxford: Wiley-

Blackwell. pp. 327-355.

Thompson, S. and Hoggett, P., （eds.） 2012. *Politics and the Emotions*. London: Continuum.

Tian, L. 2008. "The Chengzhongcun Land Market in China: Boon or Bane? A Perspective on Property Rights." *International Journal of Urban and Regional Research*, 32（2）: 282-304.

Torkington, K. 2012. "Place and Lifestyle Migration: The Discursive Construction of 'Glocal' Place-Identity." *Mobilities*, 7（1）: 71-92.

Tsoi, G. 2014/8/19. "'Today's Hong Kong, Tomorrow's Taiwan': Emerging Solidarity between Hong Kong and Taiwan Activists Promises More Headaches for Beijing." *Foreign Policy*. http://foreignpolicy.com/2014/08/19/todays-hong-kong-tomorrows-taiwan/ （Accessed 2016/6/22）.

Tyner, J., and Henkin, S. 2015. "Feminist Geopolitics, Everyday Death, and the Emotional Geographies of Dang Thuy Tram." *Gender, Place & Culture*, 22（2）: 288-303.

Vélez, D. 2012/7/3. "NYAFF 2012 Interview: VULGARIA Director Pang Ho-Cheung is Serious About Playing it Raunchy." *Screenanarchy*. https://screenanarchy.com/2012/07/nyaff-2012-interview-vulgaria-director-pang-ho-cheung.html （Accessed 2013/10/25）.

Walton-Roberts, M. 2004. "Rescaling Citizenship: Gendering Canadian Immigration Policy." *Political Geography*, 23（3）: 265-281.

Wang, G. 1993. "Greater China and the Chinese Overseas". *The China Quarterly*, 136: 926-948.

Waters, J. L. 2006. "Geographies of Cultural Capital: Education, International Migration and Family Strategies between Hong Kong and Canada." *Transactions of the Institute of British Geographers*, 31（2）: 179-192.

Wei, Y. D. and Leung, C. K. 2005. "Development Zones, Foreign Investment, and Global City Formation in Shanghai." *Growth and Change*, 36（1）: 16-40.

Welsch, W. 1997. *Undoing aesthetics*. London: Sage.

Wilson, A. 2004. *The Intimate Economies of Bangkok: Tomboys, Tycoons, and Avon Ladies in the Global City*. Berkeley: U of California P.

——. 2012. "Intimacy: A Useful Category of Transnational Analysis." *The Global and the Intimate: Feminism in Our Time*. Eds. Pratt, G. and Rosner, V. New York: Colmbia UP. pp. 31-36.

Wu, F. 2007. "Re-orientation of the City Plan: Strategic Planning and Design Competition in China." *Geoforum*, 38: 379-392.

Wu, F. and Zhang, J. 2007. "Planning the Competitive City-region: The Emergence of Strategic Development Plan in China." *Urban Affairs Review*, 42(5): 714-740.

Xu, J. and Yeh, A. G. 2003. "Guangzhou: City Profile." *Cities*, 20: 361-374.

——. 2005. "City Repositioning and Competitiveness Building in Regional Development: New Development Strategies in Guangzhou, China." *International Journal of Urban and Regional Research*, 29(2): 283-308.

Yan, H. 2003. "Neoliberal Governmentality and Neohumanism: Organizing *Suzhi*/Value Flow through Labor Recruitment Networks." *Cultural Anthropology*, 18: 493-523.

Yan, Y. 2002. "Managed Globalization: State Power and Cultural Transition in China." *Many Globalizations: Cultural Diversity in the Contemporary World*. Eds. Berger, P. L. and Huntington, S. P. New York: Oxford UP. pp. 19-47.

Yanay, N. 1996. "National Hatred, Female Subjectivity, and the Boundaries of Cultural Discourse." *Symbolic Interaction*, 19(1): 21-36.

Yang, C. 2006. "The Geopolitics of Cross-boundary Governance in the Greater Pearl River Delta, China: A Case Study of the Proposed Hong Kong-Zhuhai-Macao Bridge." *Political Geography*, 25(7): 817-835.

Yang, C. and Li, S. M. 2013. "Transformation of Cross-boundary Governance in the Greater Pearl River Delta, China: Contested Geopolitics and

Emerging Conflicts." *Habitat International,* 40: 25-34.

Yau, E. 1994. "Border Crossing: Mainland China's Presence in Honk Kong cinema." *New Chinese Cinemas: Forms, Identities, Politics.* Ed. Browne, N. New York: Cambridge University Press. pp. 180-201.

Yau, W. 2010. "Translating Audiovisual Humour: A Hong Kong Case Study." *Translation, Humour and the Media: Translation and Humour* Vol. 2. Ed. Chiaro, D. London: Continuum. pp. 108-120.

Yeh, A. G. O. and Xu, J. 2008. "Regional Cooperation in the Pan-Pearl River Delta: A Formulaic Aspiration or A New Imagination?" *Built Environment,* 34(4): 408-426.

Yeung, Y. M. 2003. "Viewpoint: Integration of the Pearl River Delta." *International Development Planning Review,* 25(3): iii-viii.

Yuval-Davis, N. 1997. *Gender and Nation.* London; Thousand Oaks, Calif.: Sage.

Zhang, L., and Ong, A., (eds.) 2008. *Privatizing China: Socialism from Afar.* Ithaca: Cornell UP.

Zhang, X. 1997. *Chinese Modernism in the Era of Reforms: Cultural Fever, Avant-garde Fiction, and the New Chinese Cinema.* Durham and London: Duke University Press.

——. 2008. *Postsocialism and Cultural Politics: China in the Last Decade of the Twentieth Century.* Durham: Duke University Press.

Zhang, Y. 2007. "Rebel without a Cause? China's New Urban Generation and Postsocialist Filmmaking." *The Urban Generation. Chinese Cinema and Society at the Turn of the Twenty-first Century.* Ed. Zhang, Z. Durham: Duke University Press. pp. 49-80.

中港新感覺：發展夢裡的情感政治

2020年8月初版　　　　　　　　　　　　定價：新臺幣580元
有著作權・翻印必究
Printed in Taiwan.

著　　　者	黃	宗	儀
叢書主編	沙	淑	芬
校　　　對	陳	佩	伶
封面設計	兒		日

出　版　者	聯經出版事業股份有限公司	副總編輯	陳	逸　華
地　　　址	新北市汐止區大同路一段369號1樓	總 編 輯	涂	豐　恩
叢書主編電話	（02）86925588轉5310	總 經 理	陳	芝　宇
台北聯經書房	台北市新生南路三段94號	社　　長	羅	國　俊
電　　　話	（02）23620308	發 行 人	林	載　爵
台中分公司	台中市北區崇德路一段198號			
暨門市電話	（04）22312023			
台中電子信箱	e-mail：linking2@ms42.hinet.net			
郵政劃撥帳戶	第0100559-3號			
郵 撥 電 話	（02）23620308			
印　刷　者	世和印製企業有限公司			
總　經　銷	聯合發行股份有限公司			
發　行　所	新北市新店區寶橋路235巷6弄6號2樓			
電　　　話	（02）29178022			

行政院新聞局出版事業登記證局版臺業字第0130號

國家圖書館出版品預行編目資料

中港新感覺：發展夢裡的情感政治/黃宗儀著．初版．
新北市．聯經．2020年8月．352面．14.8×21公分
ISBN　978-957-08-5578-4（精裝）

1.政治社會學　2.文集

570.1507　　　　　　　　　　　　　　　　109010555